LA VOIE DE LA SOBRIÉTÉ

« Une présentation claire et nette de la folie et de l'absurdité de l'hypothèse économique selon laquelle nous pourrions avoir une croissance perpétuelle et illimitée sur une planète aux ressources écologiques limitées. Pic de pétrole, changement climatique, crises alimentaires et crises financières ne sont que les différentes facettes d'une crise plus globale déclenchée par le paradigme dépassé de la croissance perpétuelle. Nous avons besoin d'un nouveau paradigme basé sur l'écologie réelle de notre planète. Et le livre de Mansoor Khan est essentiel pour toutes les personnes qui veulent avancer vers ce nouveau paradigme. »

- Vandana Shiva, écrivaine et militante écologiste

« Mansoor Khan présente une contre-argumentation au concept de la croissance perpétuelle : un regard vif et acéré sur l'état de nos ressources naturelles et sur les lois énergétiques qui encadrent nos espoirs et nos projets pour le futur. La troisième courbe qu'il présente s'appuie sur des arguments originaux, des recherches approfondies, le tout avec une présentation vivante. Qui pourrait ne pas être d'accord avec ses conclusions ? Mansoor Khan présente une analyse précieuse pour les décideurs et les responsables politiques, lesquels auraient tout intérêt à prendre en considération son raisonnement sur les conséquences fatales de la croissance exponentielle. Densément argumenté et engagé, La voie de la sobriété *est une bonne introduction à ces questions. »*

- Shashi Tharoor, écrivain, ancien sous-secrétaire général des Nations unies, ancien ministre d'État aux affaires étrangères (2009-2010) puis au développement des ressources humaines (2012-2014) du gouvernement indien, et député depuis 2009

« L'effondrement économique peut se produire si nous continuons sur le chemin d'une croissance qui ne prend pas en compte le fait que nos ressources sont limitées et nos écosystèmes fragiles. La troisième courbe souligne la nécessité pour les hommes d'affaires et les financiers de prendre en compte la réalité. »

- Docteur Ligia Noronha, directeur exécutif de l'Institut pour l'énergie et les ressources de New Delhi

Mansoor Khan

LA VOIE DE LA SOBRIÉTÉ

La troisième courbe
ou la fin de la croissance

Traduction de l'anglais (Inde)
et préface par Michel Bernard

écosociété

revue S!LENCE
exploratrice d'alternatives
écologie • alternatives • non-violence

Coordination éditoriale : David Murray
Maquette de la couverture : Catherine D'Amours, Nouvelle Administration
Illustration de la couverture : Clément de Gaulejac ; dir. artistique : Jolin Masson
Typographie et mise en page : Folio infographie
Aide à la traduction et à l'édition : Aline Ranc

ISBN 978-2-89719-760-5

Titre original : *The Third Curve: The End of Growth as we know it*, 1re édition 2013,

Merci à l'association S!lence, 9, rue Dumenge, F69317 Lyon, Cedex 04, pour le soutien à la publication de ce livre.

À moins d'avis contraire, les illustrations et graphiques sont de l'auteur.

Les Éditions Écosociété reconnaissent l'appui financier du gouvernement du Canada et remercient la Société de développement des entreprises culturelles (SODEC) et le Conseil des arts du Canada de leur soutien.

Gouvernement du Québec – Programme de crédit d'impôt pour l'édition de livres – Gestion SODEC.

Canada | Canada Council for the Arts | Conseil des arts du Canada | SODEC Québec

Table des matières

Préface
Une rencontre autour de la décroissance en Inde 9

Introduction 15

I
Pourquoi la croissance économique est derrière nous 21
1.1 Concept contre réalité 23
Esprit contre corps 23
Concept contre réalité – Courbe du concept
par rapport à la réalité 24
L'inadéquation entre le concept et la réalité 26
L'entraîneur et le coureur 27
Le concept et la réalité 36
1.2 L'économie 39
La courbe de la richesse monétaire (concept)
– Les lois de l'économie 39
1.3 La réalité énergétique 45
La courbe des ressources (corps terrestre)
– Les lois de la géologie 45
La courbe de l'énergie (corps terrestre) –
Les lois de l'énergétique 46
Corrélation entre énergie et croissance 47

Principes énergétiques 47
Le taux de retour énergétique (TRE) 48
La loi du TRE minimum 50
Taux de retour énergétique et énergie nette dans les sociétés humaines 52
La falaise énergétique nette 57

1.4 L'effondrement réel du concept économique 59
Le concept économique et la réalité 59
Versions concrètes du concept et de la réalité. 59
De l'effondrement économique à l'effondrement écologique 87
Le déclencheur de la maladie 92

2
Le pic pétrolier: preuves et conséquences 95
2.1 Les pétrole dans un monde industriel 96
Le pétrole est unique 96
Notre dépendance vis-à-vis des sous-produits pétroliers. . 101
Un réseau complexe d'interdépendances liées au pétrole . 102
2.2 Les preuves du pic pétrolier 103
Pic pétrolier et courbe de Hubbert 103
Comment Hubbert a-t-il prédit le pic pétrolier américain ?. 106
Combien reste-t-il de pétrole ? 109
2.3 Les conséquences du pic pétrolier. 111
Le monde à travers le prisme du pic pétrolier. 111
Hausse des prix des aliments 112
Crise de l'immobilier aux États-Unis 113
Crise de l'euro et récession mondiale 115
Printemps arabe et troubles au Moyen-Orient 117
Occupy Wall Street 118
2.4 Le déni du pic pétrolier. 120
La lente rupture du déni. 122
Pour résumer le déni du pic pétrolier 124

3
Les énergies alternatives 125
Les solutions énergétiques alternatives, un faux espoir. . . 125
3.1 Les fausses solutions 128

Première fausse solution : poursuivre sans s'affoler, car il reste encore la moitié du pétrole. 128
Deuxième fausse solution : trouver plus de pétrole. 133
Découverte contre production 133
Troisième fausse solution : augmenter l'efficacité énergétique. 137
Le paradoxe de Jevons. 138
Changez votre objectif ! 140
Le bateau avec un trou exponentiel 142
Quatrième fausse solution : développer de nouvelles technologies. 144
Qu'est-ce que la technologie ? 145
Cinquième fausse solution : utiliser les énergies alternatives. 149
Sixième fausse solution : miser sur l'ingéniosité humaine.. 159
3.2 Évaluation des énergies alternatives 160
Types d'options en matière d'énergie alternative 160
1. Autres combustibles fossiles : charbon et gaz naturel . . 161
Charbon 161
Le gaz de schiste 164
2. Carburants liquides alternatifs : agrocarburants (éthanol), combustible extrait des sables bitumineux, schistes bitumineux 167
Les agrocarburants (éthanol) 168
Les sables bitumineux 170
Le schiste bitumineux 173
3. Solutions alternatives électriques 174
L'énergie solaire 177
L'énergie éolienne 178
L'hydraulique. 179
Les centrales nucléaires 182
L'hydrogène. 184
Les piles à combustible 185
La géothermie 186
L'énergie des vagues. 187
L'énergie marémotrice 187
La fusion 189
Résumons les fausses solutions alternatives 189

4
Vision de la troisième courbe 191

5
La transition. 197
Reconstruire un monde post-pic pétrolier 197
Dilemme personnel à propos du pic pétrolier et de la fin de la croissance 197
La méthode de transition. 201
Efficacité contre résilience 204
Le renforcement communautaire. 206
Passer du global au local 208
L'alimentation locale 209
L'agriculture alternative. 210
Matériaux et produits locaux. 212
Conscience du pic pétrolier 213
Cuba: une véritable histoire de pic pétrolier 214

Remerciements 217

Annexe 1
Civilisation du feu et comptabilité 221

Annexe 2
Réfutation de 7 points sur le bonheur énergétique 227

Bibliographie et références 237

Préface

Une rencontre autour de la décroissance en Inde

Lors d'un voyage en Inde en 2018, avec ma compagne, nous cherchions à visiter les Nilgiri Hills, une région montagneuse au nord-ouest de l'État du Tamil Nadu, réputée pour sa culture du thé et ses réserves naturelles où les tigres sont encore présents. Ooty, avec ses 90 000 habitant.e.s, en est la principale ville. C'est aussi la plus haute de l'Inde du Sud, nichée à 2200 mètres d'altitude. L'été venu, à l'époque britannique, le gouvernement du Tamil Nadu y déménageait ses quartiers pour se mettre au frais.

En cherchant un hébergement, nous sommes tombés sur le site internet d'une ferme bio avec des cottages assez chics, Acres Wild[1]. Les pages présentent la démarche écolo du projet, et on y parle du pic du pétrole, du risque d'effondrement de la civilisation. Nous découvrons également que le propriétaire des lieux a écrit un livre sur ces sujets. Nous prenons donc rendez-vous avec lui pour une visite de la ferme et des cottages, et pour discuter autour du livre.

Mansoor Kahn, 60 ans à ce moment, nous reçoit avec plaisir. Pendant la première heure, nous faisons une visite de la ferme, qui est installée sur une forte pente : tout en haut, on trouve une étable avec une dizaine de vaches. Le sol bombé permet de récupérer urine et bouses dans une cuve à l'extérieur. Là, de l'eau est ajoutée

1. <http://acres-wild.com>.

pour rendre le mélange plus liquide. Le liquide descend ensuite par gravité dans une cuve de fermentation enterrée, de grande taille. Il en ressort du biogaz qui sert à alimenter les plaques de cuisson et à chauffer les habitations. La partie solide sert de compost pour les champs. L'eau, disponible toute l'année, alimente les différents bâtiments. Une retenue à l'extérieur sert à alimenter le potager (et fait parfois même office de piscine pour les éléphants !). Chaque maison (celle de la famille de Mansoor, celles des salariés ainsi que cinq cottages pour des touristes) dispose de capteurs solaires pour l'eau chaude et certaines ont des photopiles pour l'électricité (pour l'éclairage essentiellement, et non de gros électroménagers). Le lait des vaches est utilisé dans une fromagerie dont les produits sont écoulés d'abord auprès des résidents, ensuite dans un magasin mis en place par Keystone Foundation dans le centre du village. Keystone est une association qui défend les droits des peuples indigènes présents dans les forêts voisines et fait la promotion de l'agriculture biologique locale et du commerce équitable[2].

Mansoor est le fils d'un célèbre réalisateur de films bollywoodiens. Il a lui-même réalisé quatre films avant de décider de quitter Mumbai avec sa famille et de faire un retour à la terre, à la recherche d'une plus grande autonomie. Il s'est installé là car il y vient depuis l'enfance pour les vacances. Les terrains (22 hectares) ont été achetés en 2005 et les maisons construites entre 2006 et 2008. Les premières sont en adobe (85 % de terre, 10 % de ciment, 5 % de sable). Les briques de terre crue ont été réalisées à l'aide d'une machine manuelle. Mais la loi indienne impose qu'une construction soit complétée dans un délai restreint, et pour finir dans les délais prescrits, on a dû faire certains bâtiments en briques de terre cuite.

Avant que Mansoor investisse les lieux, la ferme produisait du thé. Les théiers ont été arrachés car, comme toute monoculture, ils nécessitent d'importants traitements phytosanitaires. Du fait des pentes importantes, ce genre de culture laisse s'écouler rapidement les pluies importantes des moussons qui lessivent les sols et les appauvrissent (un peu comme les vignes en France lorsque les rangées sont dans le sens de la pente). Mansoor pense que le thé

2. <https ://keystone-foundation.org/>.

bio n'existe pas: selon lui, chacun est libre de prétendre être « bio », mais il soutient qu'il n'y a aucun contrôle sérieux en Inde.

Sa démarche va plus loin que la démarche bio: pour lui, il faut une approche holistique. Dans un contexte qui voit les multinationales transporter des produits dans le monde entier, la vente au niveau local est ainsi pour lui un critère important. Il n'aborde toutefois pas la question sociale et le maintien du système des castes: il a de nombreuses personnes qui travaillent pour lui et les échanges avec elles sont limités, car Mansoor ne parle que très mal le tamoul, la langue locale.

Outre de grands potagers, des serres, des prairies pour les vaches, il a laissé repousser les arbres dans la partie supérieure de la ferme, la forêt permettant de stocker l'eau et d'éviter les périodes de sécheresse. Comme nous nous étonnons de la beauté des fleurs un peu partout, il nous explique que celles-ci sont un héritage des Britanniques: ces derniers ont aménagé de nombreux jardins botaniques et les graines se sont ensuite dispersées dans toute la région. Il n'a pour sa part planté aucune fleur. Après le remplacement des théiers, il a fallu six ans pour restaurer le sol. Aujourd'hui, la production est modeste: 4 à 5 kilos de fromage par jour, à quoi s'ajoutent différents produits du jardin, une production suffisante pour que les petits déjeuners des résidents des cottages soient entièrement produits sur la ferme toute l'année.

Alors que la température tombe aussi rapidement que la nuit, nous rentrons pour un entretien sur son livre, *The Third Curve* (« La troisième courbe »). Deux heures de débats passionnés où nous échangeons sur nos idées respectives.

La troisième courbe

Imaginez que vous êtes un coureur. Votre entraîneur vous dit que, grâce à un programme sérieux, vous pourrez améliorer de 10 % vos performances. Vous le croyez et effectivement, une semaine plus tard, vous avez progressé de 10 %. Mais là, il vous dit que cette progression se renouvellera la semaine suivante, et vous avez un doute. Vous avez raison: on ne peut pas progresser indéfiniment. C'est pourtant ce qu'essaient de nous faire croire tous les gouvernements du monde quand ils nous parlent de la croissance économique.

Mansoor Khan, très pédagogue, utilise dans son livre des exemples concrets pour nous expliquer comment nous vivons dans une société où se sont développées deux courbes : la première est une vision de l'esprit, celle qui voit une progression constante et sans limite. C'est le *concept*. La seconde est celle du corps qui, au début, peut suivre l'esprit dans son envie de progression, mais qui avec l'âge va découvrir ses limites et, après une phase de progression, va connaître une baisse des performances du fait de l'usure du corps. C'est la *réalité*.

Le fonctionnement de la planète est le même : avec la révolution industrielle, on a pu penser que le développement, le « progrès » pouvait se poursuivre à l'infini. Mais aujourd'hui, après le passage du pic de la production de pétrole, on sait qu'il n'en est rien et il est probable que, comme pour un corps humain, nous allions vers un déclin rapide de notre potentiel énergétique.

Mansoor Khan a écrit son livre après avoir fait des conférences pendant des années. Il intervenait notamment dans les écoles de commerce et les banques, précisément parce que c'est là que l'on a le plus ancré cette vision de la croissance infinie. Il a donc écrit ce livre pour répondre aux fausses solutions qu'il entend jour après jour, et pour nous inviter à suivre une « troisième courbe ».

La première fausse solution est que, si nous sommes au sommet de la courbe et que celle-ci est symétrique, c'est qu'il nous reste encore la moitié du pétrole disponible. C'est mathématiquement juste, mais économiquement et énergétiquement faux : la première moitié de la courbe a permis d'exploiter le pétrole le plus accessible, alors qu'à partir de maintenant, il nous faut aller chercher celui qui est enfoui de plus en plus profondément, donc cela coûte de plus en plus cher et cela nécessite de plus en plus d'énergie. Sur ce dernier point, les calculs sont connus : il va arriver un moment où, pour sortir un litre de pétrole du sol, il faudra consommer plus d'un litre de pétrole, donc l'exploitation pétrolière ne sera plus rentable, même si on y met le prix. Il restera donc d'importantes quantités de pétrole dans le sous-sol à la fin de notre consommation des énergies fossiles. Le raisonnement est le même pour le charbon ou le gaz.

La deuxième fausse solution est que l'on va trouver de nouvelles sources de pétrole. Il suffit de consulter les données statistiques pour voir qu'on en trouve de moins en moins souvent.

La troisième fausse solution est que nous allons trouver des possibilités techniques comme le nucléaire ou les nanotechnologies pour pallier la fin des hydrocarbures. Mansoor répond que cela rend la société plus complexe, plus fragile, plus dangereuse. L'histoire des techniques montre bien que lorsqu'on répond à un problème par une nouvelle technologie, de nouveaux problèmes plus importants apparaissent (les déchets nucléaires par exemple).

La quatrième fausse solution est que nous pouvons développer les énergies alternatives. Toutes ces énergies alternatives sont reliés au soleil : le bois, l'eau, les photopiles, les chauffe-eau solaires, les éoliennes… Comme le sont en fait aussi les énergies fossiles : le charbon, le gaz et le pétrole sont issus de la décomposition de matières organiques, comme le bois, lequel est une forme de stockage du soleil. Si on utilise directement le bois en trop grandes quantités, on ne pourra plus alimenter les stocks futurs d'énergies fossiles, et on aura du mal à renouveler les forêts et l'écosystème qui va avec. Lorsque les barrages tirent de l'énergie de l'eau, cette énergie ne se renouvelle que parce que le soleil provoque l'évaporation qui permet à l'eau de remonter en amont, c'est donc limité. Enfin, on immobilise des matériaux pour transformer cette énergie en électricité ou autre vecteur de transport de l'énergie. Alors que le développement des énergies renouvelables n'en est qu'à ses débuts, il y a déjà des interrogations sur la poursuite du développement des photopiles et de certaines parties des éoliennes.

Mansoor utilise une image parlante : lorsque dans notre corps les cellules cessent de se renouveler harmonieusement, il y a une accumulation de cellules incontrôlée. C'est ce que l'on appelle un cancer. En économie, lorsqu'on détruit la nature pour en faire de l'énergie de façon incontrôlée, on appelle cela le progrès !

Actuellement, nous vivons à crédit sur le dos de la nature, en exploitant des ressources qui ont mis des millions d'années à se constituer. Il nous faut donc réfléchir à des modes de vie « soutenables », c'est-à-dire où l'on consomme moins que ce que la nature est capable de produire. C'est pourquoi il faut essayer de tendre vers une société plus sobre et c'est cette trajectoire, cette transition qui constitue la troisième courbe.

Mansoor connaît bien les écrits de Rob Hopkins sur les territoires en transition[3]. Il apprécie la démarche du « plan de descente énergétique », qu'il classe toutefois dans les démarches « environnementales » comme, en Inde, celle de Vandana Shiva, qui a reçu et apprécié son livre. Mais, pour lui, cela ne suffit pas : il faut aussi arriver à définir une économie qui soit en cohérence avec cela et tenir compte des connaissances scientifiques. Actuellement, le problème financier est central : tant que les banques prêteront avec l'obligation de rembourser des intérêts, l'emprunteur n'aura pas d'autre solution que de faire croître son avoir. Il faut donc aussi changer notre rapport à l'argent.

L'idée de publier ce livre en français est née de cette discussion passionnante que nous avons eue avec Mansoor. Je tiens à remercier ici les Éditions Écosociété et la revue *Silence* d'avoir accepté d'embarquer dans l'aventure et de permettre au public francophone de prendre connaissance du travail remarquable et très pédagogique de Mansoor. Après votre lecture, vous ne pourrez que conclure avec lui qu'il nous faut impérativement envisager la fin de la croissance telle que nous la connaissons et prendre le chemin de la transition.

Michel Bernard
Journaliste et cofondateur en 1982 de la revue *Silence*

3. Rob Hopkins, *Manuel de transition. De la dépendance au pétrole à la résilience locale*, Montréal, Écosociété/Silence, 2010.

Introduction

« La croissance chute. » « Le taux de croissance des secteurs clés tombe à 5,7 %. » « Le ministre des Finances annonce un plan de relance pour stimuler la croissance. » Le monde moderne est obsédé par la croissance. Nous adorons la croissance. La croissance est notre religion.

Chaque jour, des milliers de déclarations se font entendre sur ce concept qu'on nomme « croissance ». Nous sommes désormais conditionnés à croire que la croissance est la réaction naturelle d'une société et d'une culture qui s'efforcent sans relâche de s'améliorer, de se développer, de progresser et de se surpasser.

Cependant, nous ne précisons pas de quel type de croissance il s'agit. Et effectivement, nous ne faisons pas référence à la croissance qu'ont connue nos lointains ancêtres, à savoir une croissance biologique cyclique et limitée des plantes, des animaux, des humains, soit à peu près tout ce qui existe dans la nature. Tout grandit pendant un certain temps puis cesse de croître.

Nous ne voulons pas non plus parler de la croissance qualitative qui nous fait aimer notre famille, nos amis, notre village, notre ville et notre communauté, de plus en plus, au fil du temps.

Aujourd'hui, lorsque nous parlons de la croissance, cela se réduit résolument à l'aspect quantitatif. Une croissance dont nous nous attendons à ce qu'elle augmente de façon exponentielle et permanente. C'est ce que nous appellerons la « croissance quantitative exponentielle perpétuelle ». Cela peut paraître long, c'est la raison pour laquelle, aux fins de ce livre, nous l'appellerons souvent tout simplement « croissance exponentielle ».

De fait, notre système économique est construit autour de cette croissance quantitative exponentielle perpétuelle. Cela suppose, de manière forcément déraisonnable, que nous disposerions de ressources illimitées sur une planète finie. Les avantages dont a jusqu'ici bénéficié l'Homme de l'ère industrielle semblent rendre impossible toute modification de ce mythe de l'économie classique, ce droit divin qui doit être maintenu à tout prix. Cette hypothèse a semblé se vérifier pendant les 150 dernières années, car nous disposions de vastes régions de notre planète que nous n'avions pas encore exploitées. Mais nous n'en sommes qu'à la première moitié de l'histoire du monde industriel moderne.

Nous abordons maintenant la deuxième moitié de cette histoire dans la mesure où nous avons utilisé à peu près la moitié de la plupart des ressources mondiales, ressources cruciales pour assurer le bon fonctionnement du monde industriel. Et parmi ces ressources, à moitié disparues, se trouve celle qui nous est vitale : *le pétrole*. Le pétrole est au monde industriel ce que le sang est à notre corps, et ce, d'une façon beaucoup plus importante que les gens ne le pensent généralement. Ce point de basculement, situé à mi-chemin de l'épuisement du pétrole, constitue un tournant majeur dans notre histoire moderne – il est appelé « pic pétrolier » (*Peak Oil*) et constitue le cœur de ce livre.

Ce livre illustre, au regard de deux courbes fondamentales, l'impasse dans laquelle nous nous trouvons. L'une est la courbe exponentielle de nos attentes, autrement dit, le paradigme économique de la croissance exponentielle. Tandis que la seconde est une courbe en forme de cloche qui, d'une part, s'applique dans la réalité à toute forme d'exploitation des ressources et qui, d'autre part, offre une introduction aux principes fondamentaux du pic pétrolier. À partir de ces deux courbes, je montrerai que, dans un paradigme de croissance exponentielle, il suffit d'atteindre le point médian de la courbe (et non pas la fin) des réserves de pétrole pour connaître de graves difficultés. Ce sommet de la courbe correspond au moment où nous extrayons le maximum de pétrole du sol. Or, à l'heure actuelle nous sommes entrés de plain-pied dans cette phase de pic pétrolier.

Il s'agit d'un moment fondamental de l'histoire industrielle, mais étonnamment peu de gens en ont conscience. Après quelques années où nous resterons au sommet de la courbe, la production de pétrole va commencer à diminuer. À partir de ce moment-là, nous puiserons de moins en moins de pétrole du sol, ce qui va à l'encontre de toutes les règles économiques actuelles ! Et cela signifie de fait la fin de la croissance, le fondement même de l'économie moderne. Cela annonce également une catastrophe financière inéluctable.

Si nous analysons la situation en toute objectivité, nous nous rendons compte que l'avenir qui nous a été promis dans les années 1950, 1960 et 1970 ne semble plus possible. Pourtant, nous nous acharnons à épouser le paradigme de la croissance exponentielle à plein régime, réduisant ainsi les chances de trouver une solution viable. Cette quête folle de croissance exponentielle a un impact sur l'ensemble des espaces naturels. Nous exploitons la planète pour utiliser tout ce qui ressemble de près ou de loin à une ressource, ceci pour alimenter l'enfer flamboyant et toujours croissant que nous appelons fièrement notre « système économique moderne ».

Après avoir constaté que la qualité de notre environnement s'effondre, nous nous rendons compte que notre monde économique s'écroule lui aussi.

Une façon d'examiner les différentes crises qui émergent consiste à considérer chacune d'entre elles séparément. C'est ce qui est généralement fait, même par les experts. Une autre façon de procéder consiste à déterminer la relation entre toutes ces crises et à en définir la cause profonde. J'essaie ici de montrer la corrélation entre l'énergie, la croissance, la crise écologique et la crise économique.

Alors que la plupart des discussions portent sur les dangers de combattre la croissance exponentielle à partir de perspectives morales, telles que les dommages environnementaux, l'injustice sociale ou le changement climatique, dans ce livre nous explorerons principalement la possibilité même d'une croissance perpétuelle considérée exclusivement dans une perspective énergétique. En opposant les lois universelles et immuables de l'énergie (énergétique) aux lois de l'argent créées par l'homme (économie), nous comprendrons pourquoi le principe fondamental de l'économie moderne, à savoir la croissance perpétuelle, est faux et, par voie de conséquence, pourquoi la croissance économique réelle touche elle aussi à sa fin.

Sachant cela, nous ne pouvons pas nous étonner que nos systèmes financiers s'effondrent dans un environnement sans aucune croissance. C'est la raison pour laquelle le maintien d'une croissance perpétuelle à n'importe quel prix est devenu de fait la religion globale. Cependant, la croissance économique perpétuelle n'est pas un droit d'essence divine.

L'effondrement financier de 2008 et la récession persistante qui a suivi ont pris les économistes et le monde des affaires et de la finance par surprise. Mais une autre catégorie d'experts, conscients du rôle réel de l'énergie (principalement des combustibles fossiles) dans notre monde industriel moderne, l'avait annoncé. Ces experts s'appuyaient sur un ensemble différent de paramètres, de règles énergétiques et de disponibilité. Cette science s'appelle l'« énergétique », une discipline plus fondamentale que l'économie car :

- L'énergie, et non l'argent, est le véritable moteur de tous les processus industriels et économiques ;
- L'énergie est un indicateur de la réalité et suit les lois immuables de la géologie et de la thermodynamique.

Ainsi, l'énergétique détermine la possibilité et les limites de la croissance. Il est crucial d'éliminer le flou qui entoure la situation économique actuelle, qui est faussement fondée sur la notion impossible et donc dangereuse de croissance perpétuelle sur une planète finie.

Alors, quelle est la « solution » ? pourrait-on vous demander.

Vous pourriez répondre facilement :

- Trouvons plus de pétrole !
- Passons aux énergies alternatives !
- Augmentons l'efficacité énergétique !
- Développons de nouvelles technologies, de nouvelles solutions !

C'est ce type de problématique que ce livre entend questionner. Il examine les solutions qui s'offrent à nous pour s'assurer si ce sont de véritables solutions ou bien des demi-vérités. Y a-t-il vraiment des mesures alternatives qui peuvent remplacer le pétrole ? Existe-t-il des technologies qui peuvent nous sauver la mise face à l'épuisement des ressources ? La croissance pourra-t-elle être maintenue à perpétuité ?

Il faut bien comprendre que ce livre ne porte pas sur la moralité, la justice, l'équité ou la conscience environnementale.

Il s'agit tout simplement d'évaluer ce qui est possible et ce qui ne l'est pas.

Il ne s'agit pas de ce que nous *ne devons pas* faire.

Il s'agit plutôt de ce que nous *ne pourrons pas* faire, quels que soient nos efforts.

Il s'agit de limites fixées par l'univers, telles que les lois de la thermodynamique, de la géologie et de l'écologie.

C'est exactement ce que représente la troisième courbe ou la « voie de la sobriété ».

I

Pourquoi la croissance économique est derrière nous

COMMENÇONS PAR LE MONDE INDUSTRIEL MODERNE. Que représente-t-il réellement ?

Le plus souvent, le monde industriel moderne est présenté comme la quintessence de l'ingéniosité de l'homme : une manifestation glorieuse de l'intelligence humaine. Ce qui, à mon avis, est complètement faux.

En fait, toutes les constructions et commodités apparemment fabuleuses du monde industriel moderne n'étaient possibles que grâce à des combustibles fossiles abondants et bon marché. L'ingéniosité humaine n'est qu'une des causes et non la principale raison. C'est aussi simple que cela !

En ayant toujours présent à l'esprit un concept pour le moins étrange comme la « valeur temporelle de l'argent », nous cherchons à faire de la réalité notre alliée pour rendre possible la croissance exponentielle.

Et nous avons trouvé cet allié dans la réalité. C'était le pétrole – soit plus de 150 millions d'années d'énergie solaire ancienne piégée au sein de la Terre.

Un stock que nous ne pouvons utiliser qu'une fois. Abondant, bon marché, dense en énergie, transportable, facilement convertible en chaleur, en mouvement et en électricité… le pétrole est un élixir de base aux multiples possibilités, ayant la capacité unique de se transformer en un éventail éblouissant de matériaux utiles qui, naturellement, ont façonné la culture la plus puissante qui ait jamais dominé cette terre : la civilisation industrielle moderne.

Pas étonnant que le pétrole ait été qualifié de « sang du diable », un avertissement à double tranchant !

Avec la découverte du pétrole, le Concept (la croissance) et la Réalité (les ressources) se sont fondus sans effort et nous avons emprunté la voie la plus simple. Nous avons saisi sans la moindre hésitation tout ce que ce pétrole pouvait nous offrir : voitures, avions, plastiques, lubrifiants, électronique complexe, ordinateurs, voyages dans l'espace, Internet, puces mémoire en gigaoctets, réseaux mobiles, membres artificiels, mégapoles, collecte automatisée des ordures, chaînes de montage contrôlées par robot, réseaux alimentaires mondiaux, déplacement de montagnes ou barrages hydrauliques, défrichage de forêts ou mines à ciel ouvert !

Tout semblait possible ! Rien d'autre n'aurait pu permettre d'obtenir un tel résultat en matière de taille, de vitesse et de complexité. Oui, le pétrole nous a permis de nourrir les idées les plus audacieuses, inutiles, complaisantes et même autodestructrices, et de les transformer en réalité.

Cette réalité a conduit le monde civilisé à croire que tout cela était dû à notre intelligence supérieure en tant qu'espèce et en tant que culture. Nous nous sommes autocongratulés en qualifiant cela d'« ingéniosité humaine innée ». Nous pensions que, même si le pétrole venait à être moins disponible ou à disparaître, nous pourrions simplement le remplacer par une autre forme d'énergie et continuer sur la même trajectoire. Nous avons considéré cela comme notre droit et notre destinée inévitable.

On a beau s'en prendre au messager, les messages les plus anciens finissent par demeurer.

Nous sommes devant une chimère et pourtant si peu de gens réfléchissent à la raison pour laquelle il en est ainsi.

Le pétrole n'était pas seulement une source d'énergie incroyablement bon marché, abondante, dense et transportable pour *faire fonctionner* notre monde, c'était aussi une source d'énergie divinement unique pour fabriquer des sous-produits époustouflants qui ont *construit* notre monde industriel moderne.

Du bitume pour nos routes, des plastiques pour tout, des lubrifiants pour toutes sortes de machines, des engrais et des pesticides pour notre production alimentaire moderne complexe et vulnérable, des réactifs chimiques pour les produits pharmaceutiques et bien plus encore.

Tout cela est entrelacé dans un réseau complexe d'interdépendances difficiles à démêler, et plus encore à remplacer. Et atteindre le pic de production pétrolière signifie une baisse imminente de tout ce qui était jusqu'alors possible.

Le monde ne disparaîtra pas à cause du pic pétrolier, mais nous nous retrouverons dans un univers considérablement différent avec un nouvel ensemble de règles économiques: soit le *rétrécissement* au lieu de la *croissance.* Pour appréhender pleinement ce que le pétrole signifie, nous devons d'abord faire un détour par ce qu'est l'énergie.

Pour cela, nous devons comprendre la différence entre le concept et la réalité.

1.1 Concept contre réalité

Esprit contre corps

Nous allons commencer lentement et simplement notre voyage d'exploration de la fin de la croissance. Nous analyserons la dissociation entre la façon dont nous définissons la croissance monétaire et la réalité du pic pétrolier (disponibilité énergétique), et ainsi nous expliquerons les raisons de l'effondrement financier.

Pour ce faire, nous devons revoir un grand nombre de principes de base que nous tenons pour acquis. Ce n'est qu'en suivant cette voie que nous pourrons commencer à appréhender la situation inextricable dans laquelle notre monde industriel et moderne se trouve aujourd'hui.

Concept (Esprit)

Réalité (Corps)

Nous commencerons donc à une époque lointaine dans l'histoire de notre civilisation. Au moment où un certain concept a pris racine dans nos esprits, concept qui a déterminé ensuite tous les aspects de notre réalité. C'est le concept de l'argent et l'idée que l'argent est appelé à croître avec le temps. Mais avant d'en arriver là, voyons comment le concept et la réalité interagissent de manière générale.

Notre esprit invente un concept. Mais pour le transposer dans la réalité, nous devons utiliser notre corps.

Par exemple, notre esprit pense à soulever un verre d'eau. C'est le concept. Notre corps bouge une main pour ce faire. C'est la réalité. Mais que se passerait-il si notre esprit fomentait l'idée de faire soulever un autobus à notre corps ? Le corps peut essayer, mais cela lui sera impossible. Le concept est mis en échec.

En bref, notre cerveau peut proposer n'importe quel concept, mais il n'est pas toujours possible, ni souhaitable, que le corps puisse le réaliser. Il y a des limites évidentes aux corps, contrairement à notre esprit. Notre civilisation humaine a régulièrement refusé d'accepter des limites, préférant célébrer la pensée symbolique plutôt que les limites du réel.

Concept contre réalité – Courbe du concept par rapport à la réalité

Supposons que notre esprit imagine une courbe de croissance semblable à celle de la figure 1 à la page suivante pour représenter une quantité en augmentation. Comme vous pouvez le constater, cette quantité augmente lentement au début, puis accélère à chaque étape. Et cela ne cesse d'augmenter. Ce type de croissance, qui devient de plus en plus rapide avec le temps, est en mathématiques appelé *croissance exponentielle*.

J'ai délibérément présenté ici ce premier type de courbe, car elle représente le comportement d'un des concepts les plus importants de notre monde industriel moderne, à savoir l'accumulation d'argent.

La figure 2 montre ce qui se passe en réalité. C'est une courbe qui montre dans quelle mesure le *corps* serait capable d'appliquer un concept dans la réalité. Rappelez-vous : notre esprit peut imaginer n'importe quel concept, alors que le corps se heurte, quant à lui, rapidement aux limites que lui impose la réalité. La deuxième courbe commence donc à zéro, puis monte fortement pour atteindre un pic, suivi d'un déclin progressif qui se termine à zéro. Cette *courbe caractéristique suit toujours la forme d'une cloche.*

J'insiste : cette courbe n'est pas arbitraire, comme nous le verrons bientôt. Elle représente l'évolution réelle des ressources naturelles que nous utilisons, et en particulier le pétrole.

Figure 1

Courbe exponentielle (concept)

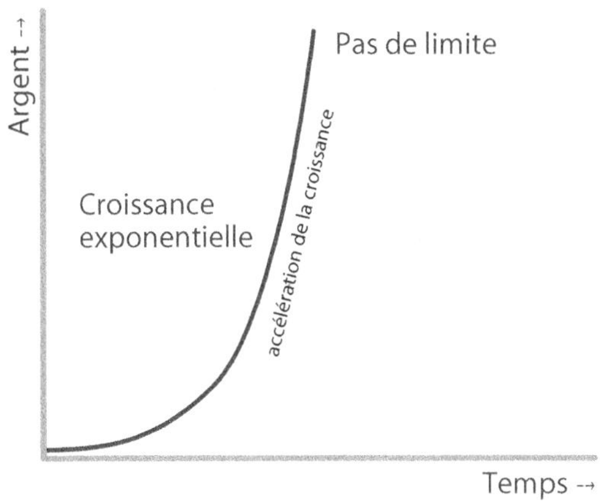

Figure 2

Courbe en cloche (corps)

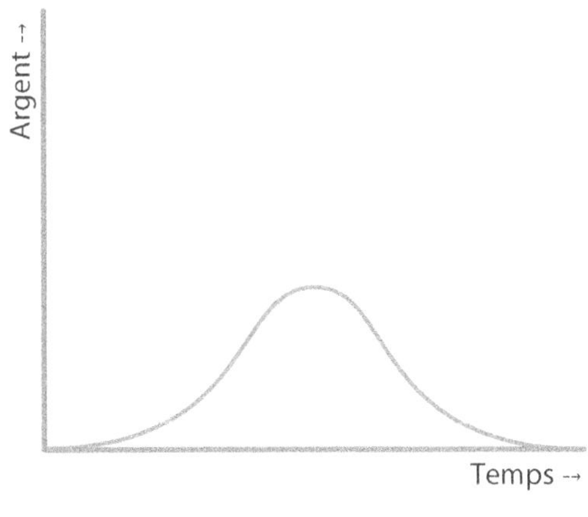

La réalité est donc par définition contraignante, limitée et *finie*.

En d'autres termes, la courbe de la figure 1 correspond à tout concept que l'esprit permet d'imaginer, l'envie d'aller vers l'infini. Et la courbe de la figure 2 représente le maximum que le corps peut donner. Dans le monde réel, il existe des limites.

Vous conviendrez maintenant que le corps se comporte différemment de l'esprit. Le corps peut ne pas être en mesure de fournir tout ce que le concept a imaginé. Ce décalage risque de créer de sérieux problèmes, et c'est exactement sur cette inadéquation entre concept et réalité que nous souhaitons nous pencher.

L'inadéquation entre le concept et la réalité

Superposons les deux courbes dans un graphique (figure 3) afin de pouvoir comparer plus étroitement leurs formes. Bien qu'il y ait un décalage évident entre notre concept et la réalité, il est intéressant et important de comprendre qu'il existe également des similitudes à certains moments.

Figure 3

Les trois phases de la croissance

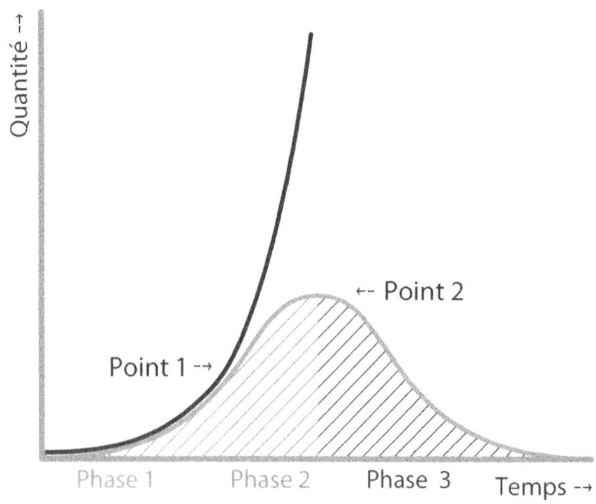

PHASE 1 – Le temps du paradis

Dans cette phase, jusqu'au point 1, la courbe de réalité suit parallèlement la courbe de concept. Cela signifie que la courbe de réalité, qui est alors exponentielle, suit le rythme de la courbe de concept. Cela signifie aussi que, dans cette phase, la réalité est à la hauteur des attentes du concept. La croissance de la quantité est *vraie*. Pas étonnant que nous soyons tous heureux à un point tel que nous l'appelons « le temps du paradis ».

PHASE 2 – Le dépérissement du corps

Au-delà du point 1 et jusqu'au point 2, la courbe de réalité cesse de se comporter comme une courbe exponentielle et n'est plus en mesure de suivre le rythme de la courbe conceptuelle. Regardez le tracé de droite : vous pourrez voir la courbe de réalité diminuer et ralentir.

On peut observer que la réalité manifeste certains signes d'échec par rapport au concept. La croissance quantitative annoncée par le concept s'avère donc *fausse*. Nous verrons plus loin que cet échec se traduit par un dépérissement du « corps » qui tente de se montrer à la hauteur du « concept ».

PHASE 3 – Le dépérissement du concept

Au-delà du point 2, la courbe de réalité commence à descendre dans une direction totalement opposée à la courbe du concept et revient à zéro.

En d'autres termes, quel que soit votre concept, il a *totalement* échoué !

La croissance, à ce stade, est *impossible*.

Nous verrons plus loin que cet échec entraîne l'inversion du concept même. En conséquence, la croissance diminue et se contracte. Pour comprendre cela en termes concrets, faisons une analogie en prenant un exemple de concept et de réalité auquel vous pourrez vous référer.

L'entraîneur et le coureur

Afin de mettre en exergue les écueils d'une pensée qui serait basée sur les avantages de la croissance exponentielle, nous analyserons la relation entre Concept (Esprit) et Réalité (Corps). Pour ce faire, nous nous pencherons sur la relation d'un entraîneur sportif avec son athlète. Cela nous permettra tout particulièrement de constater les limites de la performance naturelle d'un corps humain.

Un entraîneur sportif attend des résultats basés sur un modèle mathématique tandis qu'un athlète peut se sentir motivé par la promesse, même surréaliste, d'améliorer ses performances.

En analysant la relation entre un entraîneur et son coureur, nous comprendrons mieux comment une courbe conceptuelle et la courbe de la réalité évoluent, puis interagissent.

Entraîneur - concept (Esprit)

Coureur - réalité (Corps)

Imaginons que vous êtes un coureur et qu'un entraîneur cherche à vous convaincre de son nouveau concept. Il affirme, en effet, qu'il est capable de réussir à vous faire courir à la vitesse du son, et cela, en seulement 18 mois.

« Comment est-ce possible ? » vous demandez-vous. Il explique :

— Pouvez-vous courir à 10 km/h ?

— Oui, bien sûr, c'est un peu plus rapide que la marche.

— Après une semaine d'entraînement, pourrez-vous courir 7 % plus vite, soit, 10,7 km/h ?

— Évidemment !

— Après une semaine de plus, pourrez-vous courir 7 % plus vite, à 11,45 km/h ?

— Bien sûr !

— Et après 3 semaines, pourrez-vous courir 7 % plus vite à 12,25 km/h ?

— Bien sûr !

— Eh bien, c'est mon Super Concept. Chaque semaine, vous courrez 7 % plus vite que la semaine précédente – rien de plus, rien de moins. Et en 18 mois, vous atteindrez la vitesse du son.

Figure 4

Vitesse (semaines 1 à 10)

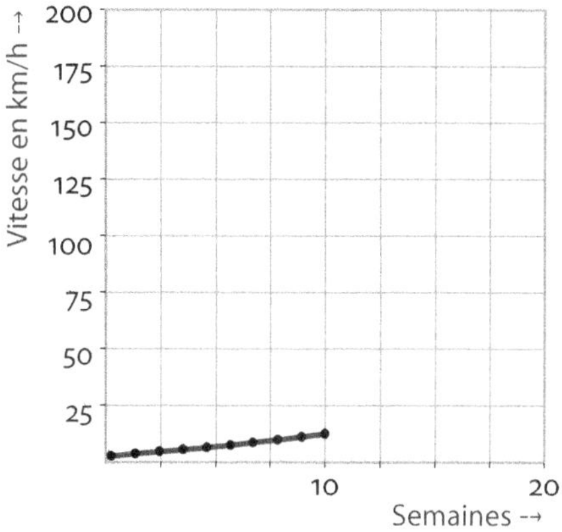

Vous regardez le graphique (figure 4) et vous vous apercevez que, malgré 10 semaines d'entraînement, votre vitesse n'atteint qu'environ 20 km/h alors que vous courriez initialement à 10 km/h.

Au vu de ces constats, on aurait du mal à croire que les projections si prometteuses de l'entraîneur puissent vous faire atteindre une vitesse supersonique. Rappelons-nous que la vitesse du son est de 1 225 km/h, c'est-à-dire 1 000 km/h au-delà de ce que vous avez pu atteindre jusqu'ici.

« Comment pourrais-je atteindre la vitesse du son ? » vous demandez-vous.

L'entraîneur vous fait alors un sourire coquin et vous dit : « Attendez de voir les progrès que vous ferez toutes les 10 semaines par la suite. » Suite à quoi, vous observez en effet quelque chose d'étonnant. Votre vitesse est en train de doubler toutes les 10 semaines, comme vous pouvez le voir dans la figure 5.

Observez cette courbe qui monte incroyablement après la 10ᵉ semaine. Elle monte encore et encore vers l'infini.

Vous réalisez alors comment ça marche. Ce que l'entraîneur vient de vous décrire est ce qu'on appelle une courbe exponen-

Figure 5

Vitesse sur 70 semaines

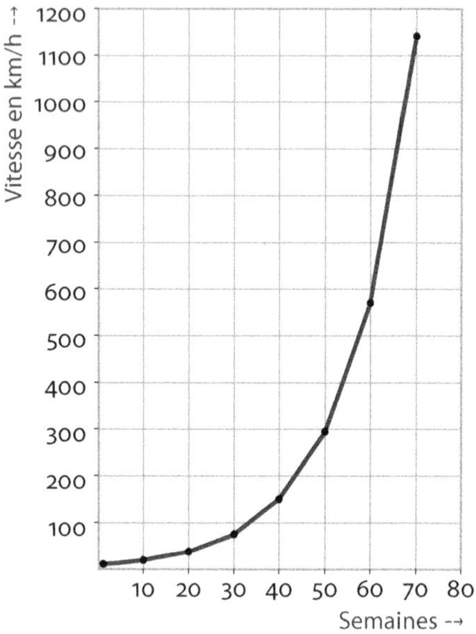

tielle. Lorsqu'il vous fait courir 7 % plus vite que votre nouvelle vitesse atteinte, votre vitesse augmente de façon exponentielle.

Votre vitesse double ainsi toutes les 10 semaines !

Cette croissance exponentielle est ce qu'on appelle un Super Concept. Et voilà comment, si vous continuez à maintenir cette tendance exponentielle, vous pourrez courir à la vitesse du son ou même plus, et ce, en seulement un an et demi !

Vous voilà évidemment conquis et vous acceptez d'engager cet entraîneur. Mais, attendez une minute ! « Quels seront vos honoraires ? » demandez-vous à l'entraîneur. Il vous répond : « Rien du tout. »

Comment ça ? « Parce que, dit le super entraîneur, je vais récupérer cette somme auprès des commanditaires à qui j'ai déjà vendu mon Super Concept. Et je vous verserai également une somme d'argent provenant de ces mêmes commanditaires. Super, non ? »

Cela paraît trop beau pour être vrai et vous vous lancez dans son Super Concept d'entraînement !

PHASE 1 – Le temps du paradis

Figure 6

Phase 1 : vitesse vs temps

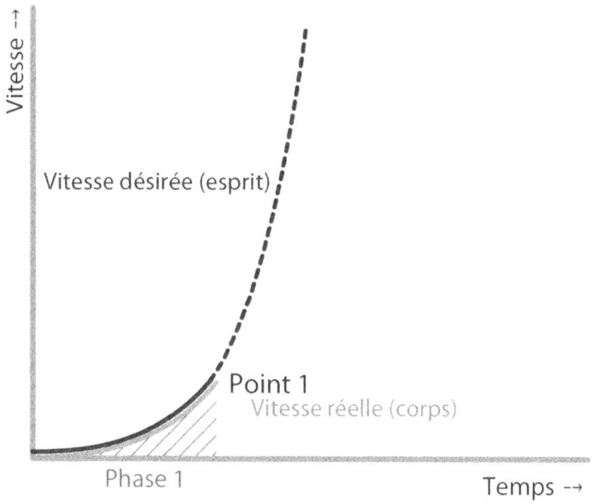

La première semaine, l'entraîneur vous fait courir à 10 km/h, exactement comme prévu. C'est juste un peu plus rapide que de marcher !

À la fin de la première semaine, il vous aide à augmenter votre vitesse de 7 %, c'est-à-dire jusqu'à 10,7 km/h. C'est une tâche facile puisqu'il s'agit uniquement d'une petite augmentation de vitesse.

À la fin de la deuxième semaine, vous courez à une vitesse 7 % plus rapide que ces 10,7 km/h, ce qui équivaut à 11,45 km/h, et ainsi de suite, en respectant le graphique du super entraîneur.

Ainsi, pendant 10 semaines, vous êtes en mesure de maintenir ce rythme. À la fin de la dixième semaine, vous avez presque doublé votre vitesse en passant de 10 km/h à 19,67 km/h. Vous ne vous sentez pas fatigué. Votre corps est encore entièrement capable de suivre cette augmentation de vitesse de manière exponentielle (figure 6).

Par conséquent, tant que votre corps est capable de faire face au concept de l'entraîneur, tout va bien. Votre entraîneur est heureux, et vos commanditaires sont ravis de votre succès et vous versent en contrepartie de grosses sommes d'argent.

Voilà ce qu'on appelle le temps du paradis. Au cours de cette période, vous avez en effet hâte d'atteindre la vitesse du son.

Phase 2 - L'effondrement du corps

Figure 7

Phase 2 : vitesse vs temps

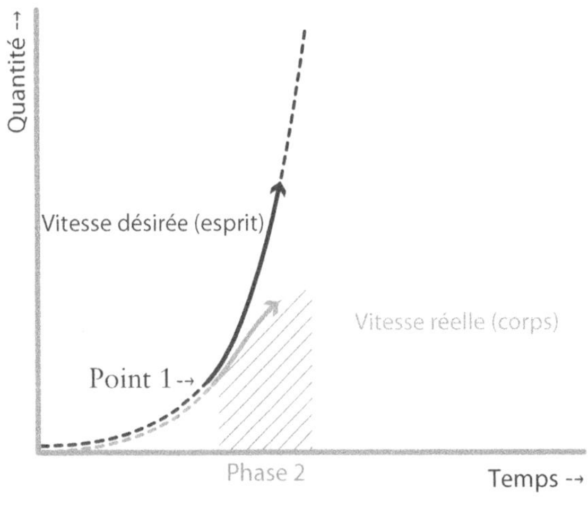

En commençant la phase 2 de l'entraînement, une semaine plus tard, vous vous apercevez que votre vitesse n'augmente que de 6 % et non pas des 7 % attendus.

Votre entraîneur ne veut rien entendre et il vous stimule encore davantage la semaine suivante afin de récupérer ce 1 % perdu.

Cependant, la semaine suivante, votre corps peine à nouveau à suivre le rythme d'entraînement. Votre vitesse n'augmente que d'environ 4 à 5 % au lieu de 7 %.

Le super entraîneur n'en dit mot aux commanditaires, malgré l'écart qui se creuse entre la *réalité* et son *concept*. Les commanditaires continuent donc à miser aveuglement sur vous et sur le super concept.

L'entraîneur continue de vous pousser plus loin, mais votre vitesse n'augmente que de 2,8 % la 15e semaine.

Vous commencez à vous sentir mentalement stressé et vous consacrez tout votre temps à l'entraînement. Vous évitez de voir votre famille ou vos amis afin d'avoir plus de temps à consacrer à votre entraînement. Vous commencez même à vous doper en cachette pour stimuler artificiellement votre performance, tout cela pour essayer d'honorer les attentes de votre entraîneur.

Le coach intensifie son entraînement chaque semaine et vous vous dopez de plus en plus. Rien n'y fait, votre performance ne cesse de décevoir. Votre corps montre des signes évidents de fatigue. Plus votre entraîneur vous pousse, plus vous vous mettez de la pression, plus votre corps s'effondre.

La semaine suivante, la vitesse n'a augmenté que de 1,5 %. Horreur des horreurs ! Votre taux d'amélioration ralentit, passant de 7 à 6 %, de 6 à 4,5 %, de 4,5 à 2,8 %, puis de 2,8 à 1,5 %. En d'autres termes, vous accélérez... mais à un rythme décroissant ! À votre insu, votre corps s'effondre maintenant à un rythme catastrophique en raison du stress mental et physique et, bien entendu, du dopage.

Or, pendant tout ce temps, l'entraîneur laisse les commanditaires dans l'ignorance de votre performance réelle. Ces derniers sont occupés à vendre des billets pour un super spectacle organisé pour montrer comment vous allez atteindre la vitesse du son. Ils ne connaissent que l'évolution de vos temps de course pour les 12 premières semaines et cela les a convaincus que cette tendance se poursuivrait. Ainsi, les gains financiers faits par tout le monde continuent de grimper selon la courbe de gauche, celle du concept, mais vos performances diminuent selon la courbe de droite, celle de la réalité des performances de votre corps (figure 8).

Figure 8

Phase 2 : différence de performance

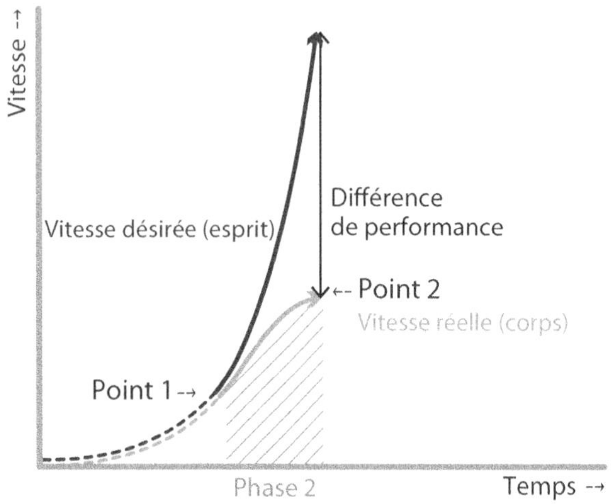

Et maintenant, vous atteignez la fin de la phase 2, le sommet de la courbe de la réalité. Cette semaine-là, vous enregistrez 0 % d'augmentation !

Vous courez le plus vite que vous n'ayez jamais couru, mais votre vitesse n'augmente pas, même si votre corps est artificiellement soutenu par le dopage.

La réalité ne peut plus être cachée. Vos commanditaires découvrent que votre entraîneur ne leur a pas dit la vérité, à savoir le ralentissement de votre progression. C'est la panique : vos commanditaires se retirent.

C'est un double coup dur. D'une part, votre corps est une épave. D'autre part, les énormes sommes d'argent que les commanditaires ont déjà versées ont été dépensées. Faute de nouvelles entrées d'argent, vos finances risquent de s'écrouler.

Vous vous rendez compte que vous vous effondrez : de l'extérieur et de l'intérieur. Dans l'esprit et dans le corps. En santé et en richesse. En concept et en réalité.

Phase 3 – L'effondrement du concept

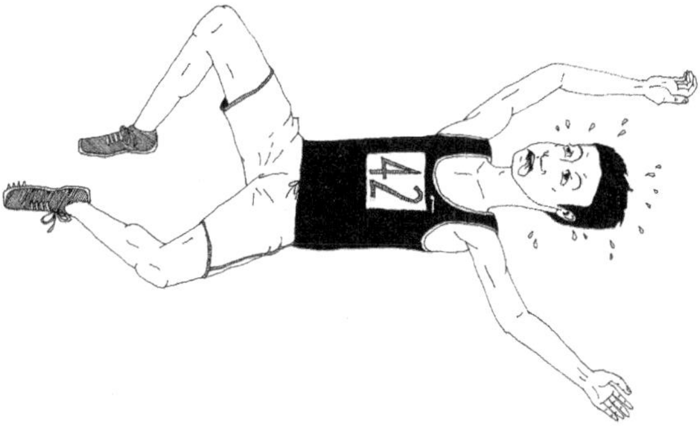

Figure 9

Phase 2 : vitesse vs temps

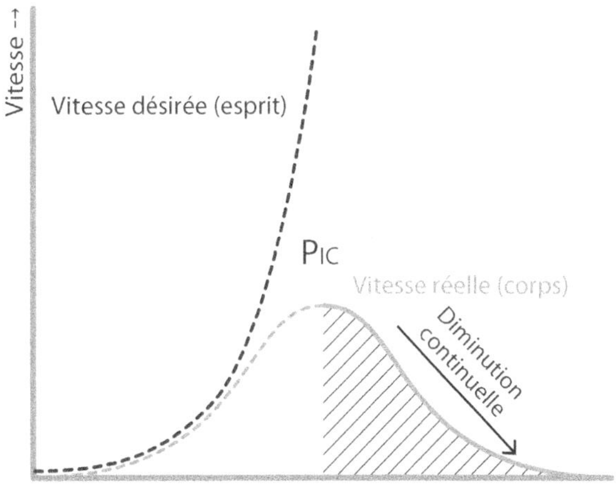

Vous avez atteint le pic de votre performance. Vous vous trouvez au sommet de la courbe Réalité/Corps. À partir de là, cette courbe entamera sa descente, car plus vous serez stressé et plus vous vous doperez, plus vous constaterez une diminution de vos performances. C'est ainsi que le corps se comporte. De toute évidence, vous êtes en crise.

Vous devez faire un choix.

La façon dont l'avenir va se dérouler dans la phase 3 dépendra des changements que vous apporterez à votre paradigme et des choix que vous allez devoir faire. Si vous me demandiez ce que vous devez faire, voici ce que je vous répondrais.

Vous devez faire deux choses :

1. **Tuer le concept.** Séparez-vous de votre super entraîneur et abandonnez son concept fou d'augmenter continuellement votre vitesse de façon exponentielle, car cette idée n'est qu'une vue de l'esprit ; autrement dit, un concept qui ne connaît pas de fin.
2. **Sauver votre corps.** Arrêtez de vous doper immédiatement, ou vous mourrez prématurément, et acceptez de faire face aux limites de votre corps.

À moins que vous préfériez l'inverse : conserver le concept et tuer votre corps ?

Pour ma part, je sais ce que je ferais, mais là encore, le choix vous appartient. C'est votre corps.

Et si cet exemple ne s'appliquait pas uniquement à *votre* corps ? Et s'il pouvait s'appliquer à nous tous en tant que collectivité sur cette planète ? Allons même un peu plus loin. Et s'il pouvait être appliqué à la Terre entière et à tout ce qui est sur cette Terre ?

Je suis certain qu'il serait délicat de déterminer ce qu'il faudrait faire.

Pour approfondir cette pensée, il est temps de parler maintenant du *concept* et de la *réalité* dont je souhaitais vous parler à l'origine de ce livre.

Le concept et la réalité

Après l'analogie de l'entraîneur et du coureur, nous arrivons au concept et à la réalité dont traite ce livre.

Cette fois-ci, le concept, c'est l'argent.

Et la réalité, ce sont les ressources disponibles sur notre planète.

Cette fois, l'esprit représente le système financier et le corps est celui de la Terre-Mère.

Autrement dit, l'esprit de notre système financier propose un concept qui repose sur l'exploitation du corps de la Terre-mère.

Argent (Concept)

Ressources (Réalité)

Ce concept est l'argent, et l'argent doit toujours rapporter plus d'argent.

Alors pourquoi ai-je donné l'exemple de l'entraîneur et du coureur si nous devons parler d'argent et de la planète ?

Pour comprendre cela, nous devons d'abord changer considérablement notre perception de la Terre par rapport à ce que notre mentalité industrielle a ancré en nous. La Terre n'est pas une énorme masse inanimée composée de boue, de roches, de minerais, de minéraux, etc., qui peut cracher des ressources au rythme que nous souhaitons dans le seul but de satisfaire les humains. Elle ne doit pas être considérée comme un entrepôt de ressources que nous pouvons piller et éliminer. Ceci n'est que le point de vue classique, rigide et étroit d'une culture appelée « civilisation industrielle ». Cette même culture qui prétend être la plus avancée, mais qui se retrouve aujourd'hui embourbée, par effet domino, dans une succession de crises.

La Terre est en fait un organisme complexe. Elle est vivante comme chacun d'entre nous. Nous n'en sommes qu'un simple élément. Ni plus ni moins. Tout est intimement lié pour faire fonctionner cet organisme géant. La Terre est en fait un corps comme celui de notre coureur. Il s'agit d'un organisme vivant.

Ceci n'est pas une grande nouvelle pour les peuples premiers et indigènes qui ont noblement et simplement parcouru la Terre pendant des dizaines et des centaines de milliers d'années avant l'apparition de l'« homme civilisé ». Les Amérindiens, les Pygmées, les Yanomami, les Inuits, les Adivasi et d'innombrables autres cultures indigènes depuis les chasseurs-cueilleurs, dérisoirement appelés « primitifs », ont toujours perçu la Terre comme un seul ensemble vivant – les rivières, les nuages, le vent, la pluie, le sol et même les rochers et les montagnes. C'est la raison pour laquelle ils l'ont traitée avec humilité, respect et un sentiment de gratitude. Cela a préservé la Terre pendant longtemps, dans sa splendeur et sa beauté impressionnantes – c'était un véritable jardin d'Éden.

Puis vint un type de culture totalement différent appelé « civilisation ». Cette culture est diamétralement opposée à toutes celles qui l'ont précédée. Avec sa vision du monde particulière qui repose sur la propriété, la civilisation, qui a d'abord commencé par l'agriculture (10 000 dernières années), puis s'est poursuivie par l'industrialisation (150 dernières années), a efficacement détruit une grande partie de la planète vivante en un clin d'œil écologique. Elle a traité la Terre, notre planète mère, comme une source ponctuelle, exploitable et jetable de commodités nécessaires au fonctionnement de notre système afin de créer sans cesse de la richesse.

Avec la croissance de la richesse monétaire comme ultime objectif, nous exploitons toutes sortes de ressources terrestres pour les transformer à travers notre système industriel destructeur et convertir cela en capital financier. C'est le seul but du monde industriel moderne.

Ce n'est qu'en percevant la Terre comme un organisme vivant unique que nous pouvons prendre conscience des contraintes que nous imposons au corps terrestre par nos habitudes et nos usages répétés. Et cette perspective nous permet de comprendre automatiquement qu'il y a des *limites* – ce que l'économie moderne refuse d'accepter.

De la même manière que tout ce qui était nécessaire pour réaliser le concept de l'entraîneur provenait du corps du coureur, tout ce qui fait fonctionner le système économique provient du corps de la Terre. Et tous les corps sont limités. Pourtant, l'économie moderne, tout comme le super entraîneur, ne croit pas aux limites.

Nous allons maintenant approfondir les impacts de cette confrontation brutale entre le concept et la réalité.

1.2 L'ÉCONOMIE

La courbe de la richesse monétaire (concept) – Les lois de l'économie

À un moment donné de l'histoire de la civilisation, l'humain a créé le concept de l'argent, faisant de celui-ci un symbole de la valeur que nous accordons aux biens et aux services, facilitant ainsi le commerce. Cette représentation apparemment inoffensive a engendré par inadvertance une chaîne de concepts qui, au bout du compte, a déterminé comment l'argent devait se comporter. Voyons comment ont évolué ces concepts.

Concept 1 : L'argent est une vraie *représentation de la valeur d'un bien ou d'un service*

Analyse : Peut-être… peut-être pas. Mais comme cela facilite certainement les échanges, nous avons donc accepté cette règle.

Concept 2 : L'argent doit croître avec le temps d'un facteur exprimé en pourcentage

Analyse : Ce concept, encore une fois, n'est pas nécessairement né de la cupidité, mais d'un désir naturel d'être productif. Un exemple : une personne qui travaille beaucoup voit un individu oisif qui ne fait rien de son argent. Alors, elle dit à cette personne : « Si vous ne faites pas quelque chose de productif avec votre argent, moi, je le peux. » Rapidement et naturellement, l'idée que des individus entreprenants contractent un prêt auprès de personnes oisives, puis produisent des biens ou des services (souvent par un travail acharné), pour faire du profit, est devenue un lieu commun. L'oisif était heureux de voir son argent dégager un profit qui lui rapportait un intérêt. Le bénéfice mutuel du prêteur et de l'emprunteur a facilité l'incorporation de cette règle et la fabrication de biens utiles.

Avec le temps, cela s'est consolidé dans la loi non négociable de la « valeur temps de l'argent ». L'argent *doit* donc croître. Cette croissance est alors linéaire. Elle monte en ligne droite (figure 10).

Figure 10

Croissance linéaire de l'argent

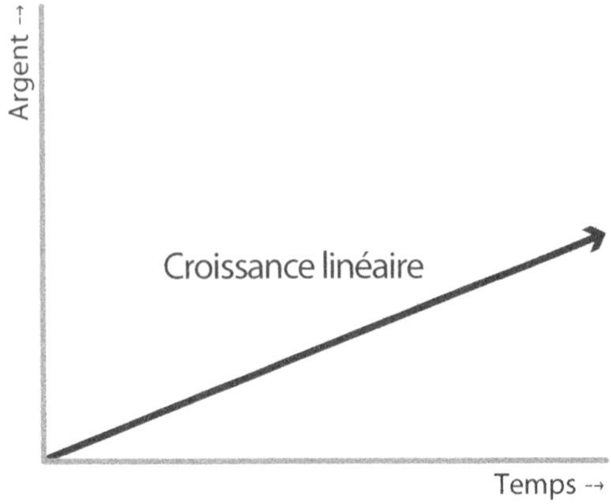

Concept 3 : La croissance de l'argent doit être composée *et augmenter de plus en plus vite avec le temps*

Analyse : voici un concept piège ! Mais ce n'est rien d'autre qu'une conséquence du Concept 2. Un esprit logique ne peut s'opposer à l'application d'un concept à un autre concept. Ajoutons un intérêt à notre capital. Puis obtenons des intérêts sur les intérêts. Et ainsi de suite jusqu'à l'infini ! La création du concept d'intérêts composés fait augmenter le capital non plus de manière linéaire, mais de façon exponentielle. La croissance est de plus en plus rapide à chaque étape. Alors l'idée des intérêts composés a naturellement été applaudie comme un concept phare.

S'enrichir, c'est une chose. Mais devenir de plus en plus riche, de plus en plus rapidement, c'est magique ! C'est ainsi que la croissance linéaire, incluse dans le Concept 2, est devenue exponentielle – en accélérant à chaque étape (figure 11).

Figure 11

La croissance exponentielle

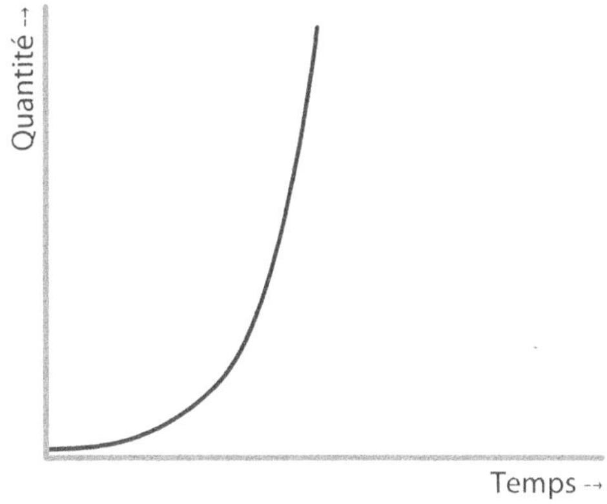

Concept 4 : La croissance à intérêts composés doit être perpétuelle, *continuer indéfiniment, encore et toujours*

Analyse : Eh bien, pourquoi pas ? Un concept si élégamment rentable *devrait* toujours être vrai, n'est-ce pas?

Et c'est ainsi qu'a été stipulé que la courbe audacieuse de la croissance monétaire devrait être exponentielle (figure 12).

Figure 12

Croissance exponentielle et infinie de l'argent

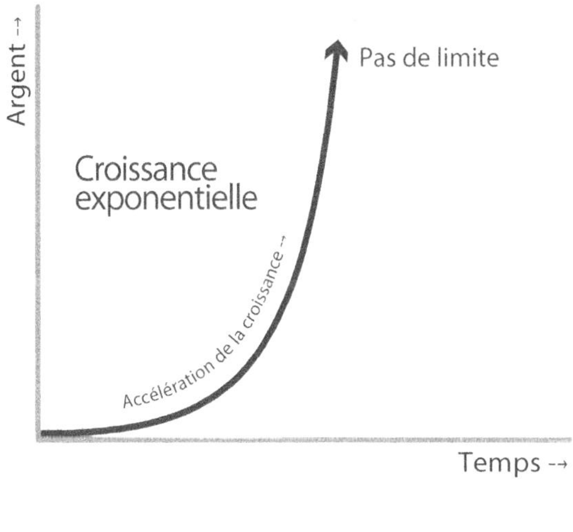

Vous voyez maintenant pourquoi nous avons sélectionné la courbe exponentielle pour représenter la courbe conceptuelle.

Par définition, l'argent commence à croître lentement, mais augmente sa vitesse de croissance à chaque étape, ce qui donne une courbe de plus en plus verticale. Et ceci, de plus en plus rapidement et sans limites. Encore et encore. Enfin... c'est du moins l'idée poursuivie.

C'est la raison pour laquelle j'ai eu recours à l'analogie du coureur et de son entraîneur. L'entraîneur avait en tête un schéma exponentiel similaire. Vous verrez au fur et à mesure de votre lecture qu'il y a beaucoup de points communs entre la théorie de cet entraîneur et la réalité de notre modèle économique.

L'argent doit donc connaître une croissance quantitative exponentielle perpétuelle.

La plupart des gens l'appellent simplement « croissance », mais cela est aussi trompeur que d'appeler une bombe nucléaire un grand feu d'artifice.

La croissance quantitative exponentielle perpétuelle est un monstre, qui domine toutes les autres lois.

Figure 13

Oignon de la croissance exponentielle et infinie de l'argent

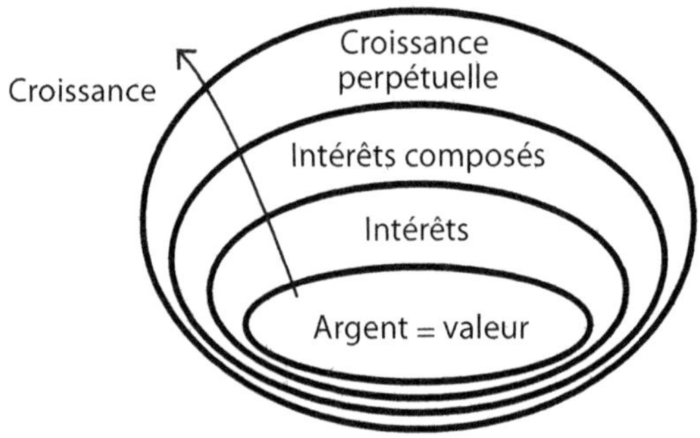

Ce monstre, habilement paré de couches de concepts, est le principe fondateur de l'économie moderne. Et l'économie moderne, chères lectrices et chers lecteurs, est le fondement des croyances sur lesquelles repose la civilisation industrielle moderne.

Pourquoi aimons-nous tant ce monstre appelé « croissance quantitative exponentielle perpétuelle » ?

Tout comme le coureur était attiré par le rêve fou d'atteindre des vitesses incroyables, nous sommes également attirés par l'obsession d'une croissance illimitée de notre modèle économique. Ce monstre promet de nous rendre incroyablement riches… souvent même sans que nous fassions rien.

Supposons que vous placiez 1 million de roupies avec des intérêts composés de 7 %, puis que vous attendiez. Ce placement doublera en 10 ans. Donc, au bout d'une décennie, vous aurez 2 millions de roupies.

Et puis, la décennie suivante, les 2 millions doubleront pour devenir 4 millions, etc. En seulement 10 décennies, soit un siècle plus tard, votre capital de départ de 1 million de roupies représentera plus de 1 milliard de roupies ! (figure 14)

Figure 14

Croissance exponentielle du capital sur 100 ans

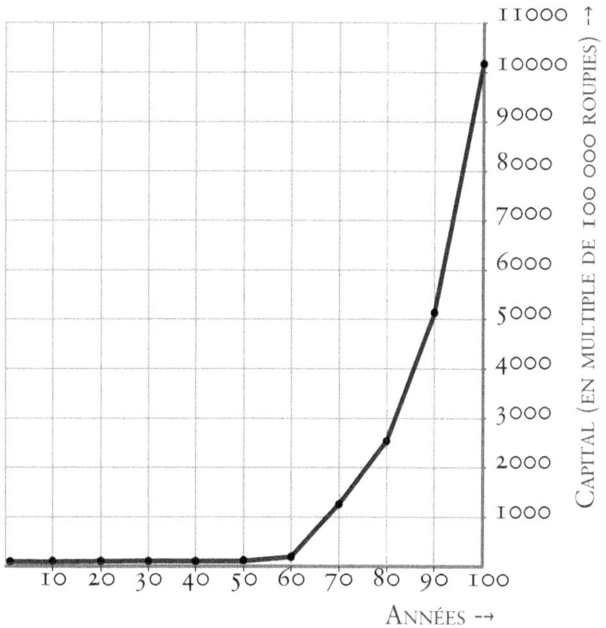

C'est 1024 fois le capital de départ en 100 ans ! Qui ne souhaiterait pas cela ?

Mais dans le monde réel, plus nous produisons, plus nous consommons.

Et l'un des principaux composants pour perpétuer la croissance dans notre monde industriel, c'est l'énergie.

La figure 15 montre la corrélation directe entre la croissance du capital et la consommation d'énergie au cours des 200 dernières années. Nous constatons que, si la richesse monétaire a vu sa valeur multipliée par 1024, la consommation d'énergie, principalement composée de combustibles fossiles – charbon, pétrole et gaz naturel –, a également augmenté dans les mêmes proportions !

Figure 15

Croissance exponentielle du capital sur 100 ans

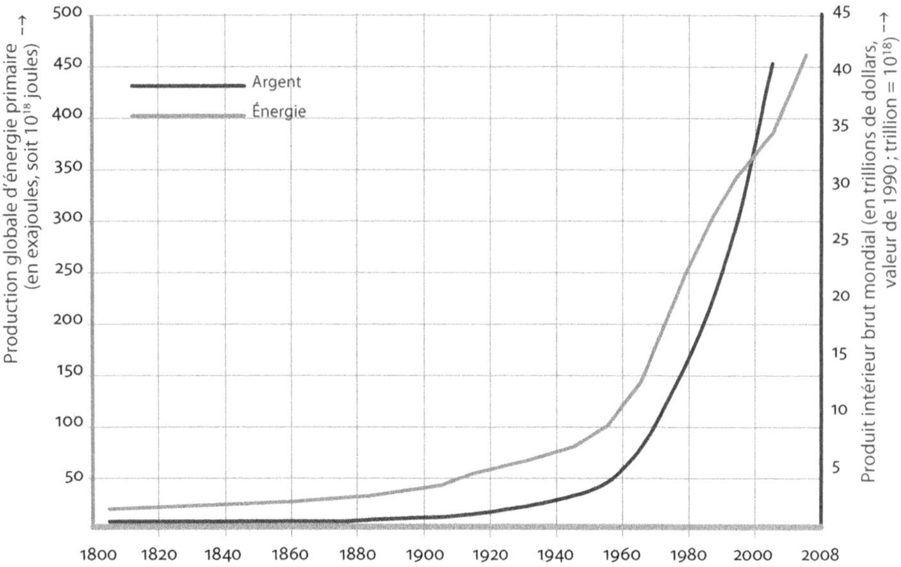

Source : David Murphy, theoildrum.com

Et d'où viennent les ressources et les intrants qui alimentent ce concept de l'argent ? Elles viennent du *corps*. Du corps de la Terre. Mais le corps de la Terre peut-il nous donner tout cela dans les quantités exponentielles que nous lui demandons ? Et ceci pour toujours ? Pour examiner cette idée, nous devons revenir à la courbe de réalité.

Le temps est donc venu de porter notre regard sur les principes fondamentaux de l'énergie, qu'on appelle aussi « énergétique ».

1.3 La réalité énergétique

La courbe des ressources (corps terrestre) – Les lois de la géologie

Cette section est essentielle pour comprendre la disponibilité des ressources. Il est curieux de constater que notre système éducatif ne fait pas prendre conscience aux élèves du fait que la courbe des ressources est régie par la géologie de notre planète. Au fil du temps, la disponibilité de la plupart des ressources que nous fournit la Terre suit une courbe en forme de cloche. Lorsque nous atteignons le sommet de la courbe en cloche, cela signifie que nous avons consommé la moitié de la ressource. C'est valable pour le pétrole comme pour le reste. À partir du moment où nous atteignons le sommet de la courbe, nous disposons de moins en moins de ressources.

La Terre ne fournit pas des ressources à un rythme continu du début à la fin. Le taux d'extraction des ressources naturelles telles que le fer, le cuivre, les minéraux, l'eau, le charbon, le gaz naturel, le pétrole et d'autres est en fait régi par l'évolution d'une courbe en forme de cloche.

Nous ne pouvons pas installer simplement une pompe plus grosse et changer le rythme d'extraction pour répondre à nos besoins.

La courbe en forme de cloche est notre courbe de réalité.

Une méconnaissance de ce principe de réalité constitue le problème le plus important auquel nous faisons face pour comprendre le problème énergétique. Nos perceptions erronées sont le résultat du fait que nous concevons la Terre comme un réservoir ou un entrepôt. Nous imaginons donc qu'elle se comportera comme tel. Ce n'est tout simplement pas possible.

Quoi que vous fassiez, la Terre fournira toute ressource en suivant la forme d'une courbe en cloche. Cela entraîne de sérieuses contraintes sur notre courbe conceptuelle, comme nous le verrons plus en détail plus loin.

Pour l'instant, comprenons que si nous souhaitons que notre courbe de croissance exponentielle fonctionne, nous ne pourrons pas nous affranchir des limites posées par la courbe de réalité des ressources, qui est en forme de cloche. C'est la forme de cette courbe qui dictera toujours les limites supérieures de ce qui est possible.

La réalité actuelle – La courbe de l'énergie (corps terrestre) – Les lois de l'énergétique

Notre principale source d'énergie est le soleil.

Grâce à un processus miraculeux appelé « photosynthèse », l'énergie du soleil est capturée puis transformée en glucides par les plantes. Au cours des millénaires, il a permis l'apparition de la beauté et de la complexité étonnantes de la vie qui se manifeste dans nos écosystèmes.

L'accumulation et la superposition de différentes strates de vie dans le sol pendant quatre ères géologiques, soit des millions d'années, ont abouti à la constitution de tous les combustibles fossiles que nous exploitons aujourd'hui. Par combustibles fossiles, nous entendons le pétrole, le charbon et le gaz, qui représentent 87 % de notre consommation totale d'énergie.

Nous devons nous rappeler que ces réserves de combustibles fossiles ne sont rien d'autre qu'un énorme compte d'épargne de rayonnement solaire ancien que nous exploitons à un rythme effarant – des millions de fois plus vite qu'il ne peut être renouvelé. En bref, nous avons bénéficié de 150 millions d'années de stockage de lumière solaire et nous en avons brûlé la moitié en seulement 150 ans.

Au rythme actuel de notre consommation d'énergie, cela équivaut à dépenser 500 000 fois notre salaire mensuel chaque mois !

Aucun conseiller financier ne conseillerait à ses clients d'agir de la sorte. L'économie n'a été envisagée que sous le prisme de la comptabilité de l'argent. Ce que nous devrions apprendre, c'est une autre comptabilité, plus complexe et plus cruciale, appelée « comptabilité énergétique ». En effet, c'est l'énergie qui est la vraie monnaie universelle, pas l'argent. Et, dans le contexte actuel, il n'y a vraiment aucune autre source d'énergie qui puisse répondre aux exigences de notre monde industriel moderne.

Corrélation entre énergie et croissance

L'avenir de la croissance économique dépend directement de la disponibilité énergétique. L'énergie fossile mène le monde. Le pétrole est notre ressource énergétique principale.

L'analyse de l'évolution du produit intérieur brut (PIB) mondial au cours des 10 000 dernières années révèle que le PIB par habitant a été historiquement stable jusqu'à ce que nous découvrions les combustibles fossiles, vers 1750 (figure 16). De cette date à aujourd'hui, le PIB par habitant a connu une croissance exponentielle. L'énergie est clairement le facteur déterminant. En effet, les combustibles fossiles, soit 500 millions d'années de stockage de l'énergie solaire sous une forme très dense, nous ont permis de bénéficier de ressources énormes à un rythme croissant, de les transporter sur de grandes distances et de les transformer pour créer une pléthore d'inventions, de dispositifs et de systèmes complexes.

L'ère industrielle et la croissance exponentielle qui en a découlé résultent en fait de la disponibilité de cette énergie dense, unique et bon marché. L'économie essaie seulement de mesurer et de réguler cette croissance. Elle ne la provoque pas.

Principes énergétiques

Nous devons maintenant comprendre comment l'énergie se comporte. Sur le plan scientifique, il est très important de souligner ce point. En effet, la question de la quantité d'énergie n'est pas la seule dont il faut tenir compte. Il faut aussi prendre en considération le comportement particulier de l'énergie en fonction de la nature du système pour lequel elle va être utilisée. Cela nous évitera de faire de fausses hypothèses sur ce qui est possible.

Figure 16

Estimation du PIB mondial, de 1 million d'années avant notre ère à aujourd'hui

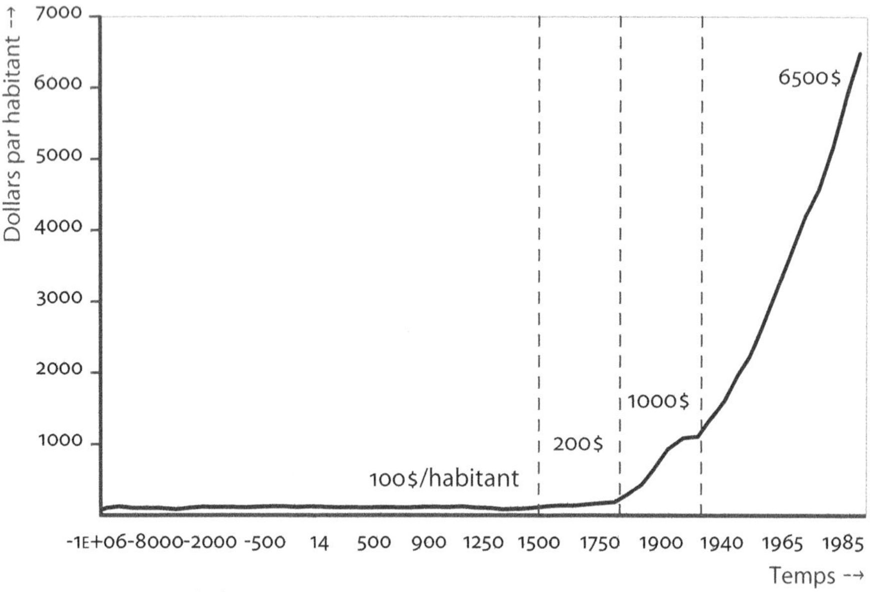

Source : J. Bradford DeLong, U.C. Berkeley, <www.j-bradford-delong.net/>.

Le taux de retour énergétique (TRE)

La croissance ne dépend pas seulement de l'énergie brute disponible. Encore faut-il pouvoir y accéder en consommant moins d'énergie que ce qu'on obtient. C'est la même différence qu'entre le bénéfice net et le revenu brut en économie. En énergétique, ce principe clé est appelé en anglais « *Energy Returned On Energy Invested* » (ERoEI), et en français « taux de retour énergétique » (TRE). Ce taux mesure la quantité d'énergie nécessaire au fonctionnement d'un système ou d'un processus par rapport à la quantité d'énergie utilisable qu'il produit.

$$\text{TRE} = \frac{\text{Énergie produite}}{\text{Énergie consommée}}$$

$$\text{Énergie nette} = \text{énergie produite} - \text{énergie consommée}$$

Alors que le TRE est exprimé sous forme de ratio, l'*énergie nette* est la différence entre l'énergie produite et l'énergie dépensée. J'utiliserai les termes *TRE* et *énergie nette* de manière interchangeable, car ils mesurent sensiblement la même chose mais de manières différentes.

Prenons un exemple pour illustrer l'importance du TRE. Si nous dépensons 10 unités d'énergie pour grimper dans un arbre afin d'y cueillir des pommes qui nous fournissent 30 unités d'énergie lorsque nous les mangeons, nous pouvons dire que le TRE dans ce cas est de 30/10, soit 3. Comme nous avons gagné 3 fois plus d'énergie en faisant cet exercice, celui-ci est énergétiquement valable. Le TRE doit être supérieur à 1 pour que cela vaille la peine de grimper dans le pommier.

Du point de vue de l'énergie nette, dans cet exemple de pommes, l'énergie acquise (30) moins l'énergie dépensée (10) nous donne un résultat net de 20 unités d'énergie excédentaires. C'est l'énergie nette qui est importante, pas l'énergie brute acquise. Tout comme le profit est important en économie et pas seulement les ventes brutes.

Dans cet exemple, plus nous devons monter haut pour cueillir les pommes, plus nous dépensons d'énergie. Si on imagine que le pommier est très haut, il arrive un moment où l'énergie que nous dépensons est égale à l'énergie que les pommes nous donnent, ce qui signifie que le TRE est égal à 1 ou que l'énergie nette est de 0. Au-delà de ce point, le TRE passe en dessous de 1 et l'énergie nette devient négative. Peu importe le nombre de pommes au-dessus de ce point: les cueillir n'est pas viable du point de vue énergétique. Cela pourrait être visualisé comme un « plafond de verre énergétique » qui définit la limite supérieure qui ne peut pas être franchie.

Au-delà du pic pétrolier, comme le montre la courbe en cloche, la diminution des rendements énergétiques des sources d'énergie devient importante. Pour un puits de pétrole, cela implique de creuser plus profondément et de recourir également à du pétrole brut de qualité décroissante, ce qui réduit l'énergie nette utilisable par la société.

Dans la figure 17, l'énergie nette utilisable (courbe inférieure) diminue beaucoup plus rapidement que l'énergie brute extraite (courbe supérieure) après le pic, car il faut consommer de plus en plus de pétrole pour poursuivre l'extraction du pétrole. Cela pose un défi encore plus grand au paradigme de la croissance.

Figure 17

Impact de l'énergie nette sur la courbe de Hubbert

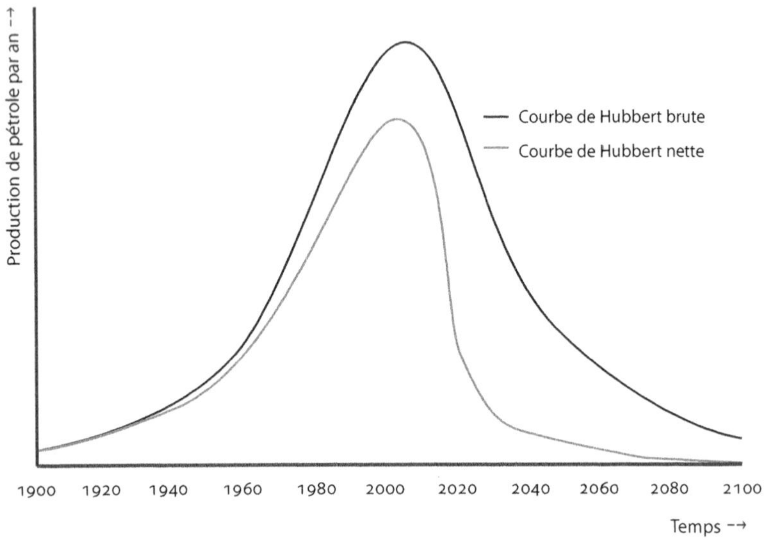

Source : Mansoor Khan Productions, <www.mansoorkhan.net>.

La loi du TRE minimum

Tous les systèmes ne peuvent pas fonctionner à des niveaux de TRE aussi bas que 1. Certains peuvent devenir non viables même avec un TRE nettement supérieur. Car lorsqu'on se rapproche de 1, le système technique peut devenir trop complexe à faire fonctionner. Alors, quel est le TRE minimum pour qu'un système particulier soit encore intéressant ?

La loi du TRE minimum stipule que, pour qu'un être ou un système survive ou grandisse, il doit gagner beaucoup plus d'énergie qu'il n'en utilise pour obtenir cette énergie. Cette valeur dépend de la complexité du système.

Considérons la Terre comme un système. La source d'énergie fondamentale de la Terre est le Soleil. Le flux d'énergie solaire pénètre dans la haute atmosphère à environ 1400 watts par mètre carré[1]. Environ la moitié de cette énergie solaire atteint la surface

1. C. Hall, S. Balogh et D. Murphy, « What is the minimum EROEI that a sustainable society must have ? », *Energies*, vol. 2, n° 1, 2009, p. 25-47.

de la Terre et alimente tous les systèmes terrestres, y compris les systèmes vivants.

Le rôle principal de l'énergie solaire est de gérer le cycle de l'eau: évaporer l'eau de la surface de la Terre, des plans d'eau et des tissus végétaux (transpiration), l'élever et la relâcher sous forme de pluie, ce qui permet de faire couler nos rivières, d'alimenter les lacs et estuaires et de nourrir toutes les formes de vie.

L'énergie solaire permet également de chauffer la surface de la Terre de manière inégale, de générer des vents qui font circuler l'eau évaporée, d'offrir des températures rendant les territoires habitables, d'alimenter la photosynthèse et de soutenir des écosystèmes complexes. Il s'agit de l'énergie de base sur laquelle nos systèmes météorologiques fonctionnent pour maintenir une grande partie de la planète vivante.

À un niveau macro, le fonctionnement écologique de notre monde ne peut se faire qu'au sein de cet apport d'énergie solaire, où il n'y a ni renflouements ni subventions énergétiques. De même, à un niveau micro, chaque sous-système de la Terre (qu'il s'agisse d'un écosystème local, d'une forêt, d'une prairie ou d'un seul organisme) doit se conformer à la « règle » exigeante des niveaux d'énergie – la principale étant la loi du TRE minimum. Pour survivre, il doit capter plus d'énergie qu'il n'en utilise pour obtenir cette énergie. La question est alors de déterminer quel devrait être le gain net pour la survie d'un système particulier.

Commençons par le système le plus simple, un organisme individuel comme un léopard qui tire son énergie de la chasse et de la consommation de cervidés. Pour survivre, il doit tenir compte non seulement de l'énergie nette qu'il retire d'une seule chasse (où il dépense de l'énergie pour traquer, chasser et capturer ses proies), mais aussi de tous les autres coûts énergétiques de son mode de vie entre les chasses réussies, les activités métaboliques, la reproduction, la protection de sa progéniture, la défense contre d'autres prédateurs ou la persistance de périodes de vaches maigres avant l'obtention de sa prochaine proie. La somme de tous ces besoins énergétiques supplémentaires doit être prise en compte dans l'énergie dépensée pour que le léopard puisse survivre à long terme. Ainsi, le TRE dont il a besoin pour les chasses individuelles doit être raisonnablement supérieur à 1. Cette exigence énergétique intrinsèque, en conséquence, a façonné le physique et le comportement d'un léopard au cours de l'évolution. L'énergie a donc un rôle primordial dans l'évolution elle-même.

Dans des systèmes plus complexes tels qu'un groupe d'organismes – un troupeau ou une société humaine –, il existe d'autres besoins énergétiques supplémentaires liés à plusieurs facteurs comme la taille, la complexité et les conditions environnementales de la société. Par conséquent, le taux de retour énergétique nécessaire doit être considérablement supérieur à 1 pour que le système survive. Cela définit la « loi fondamentale du TRE minimum » qui détermine la survie de tout système.

Bien que la loi du TRE minimum ait du sens même pour le profane comme facteur déterminant de survie, paradoxalement elle n'est reconnue dans pratiquement aucune de nos études traditionnelles. Les études de biologie et d'évolution se concentrent principalement sur la santé d'un organisme ou d'une espèce, ce qui implique la capacité des organismes à propulser leurs gènes dans le futur grâce à la sélection naturelle. Mais elles ne reconnaissent pas qu'en fait, la sélection naturelle est largement déterminée par l'énergétique, qui est une considération beaucoup plus essentielle pour déterminer ce qui est viable et ce qui ne l'est pas. L'énergétique définit les conditions qui permettent l'adaptation et la survie finale.

Taux de retour énergétique et énergie nette dans les sociétés humaines

Les principes énergétiques expliqués ci-dessus s'appliquent pareillement aux sociétés humaines, des tribus les plus simples aux villes complexes, et enfin au monde industriel moderne. Nous pouvons expliquer sous l'angle de l'énergétique une grande partie de l'histoire humaine et des événements qui l'ont marquée. Bon nombre de ces événements étaient essentiellement basés sur l'exploitation de l'énergie et le développement des technologies rendant possible cette exploitation. D'autres facteurs importants doivent également être pris en compte, comme les différences culturelles, les conditions environnementales locales et la disponibilité des ressources, etc., mais c'est principalement l'énergie excédentaire qui est le facteur décisif. Le niveau de complexité d'une société sera déterminé par le meilleur TRE pouvant être obtenu à partir des sources d'énergie disponibles (en dehors de celle du Soleil).

Au début, dans les sociétés de chasseurs-cueilleurs, le mode de vie était principalement axé sur l'obtention de nourriture, et le surplus d'énergie provenait directement de l'environnement. Pourtant, le mode de vie des chasseurs-cueilleurs, bien que simple, impliquait également de socialiser, d'élever des enfants et de raconter des histoires. Cette augmentation de la complexité sociale entraînait une même augmentation des exigences en énergie. L'énergie nette dont ces humains avaient besoin pour survivre était supérieure à celle des groupes d'animaux.

Le niveau suivant de capture d'énergie pour les sociétés humaines provenait d'animaux de trait apprivoisés pour le travail. Il s'agissait essentiellement d'un transfert de l'énergie solaire à travers la nourriture des animaux domestiqués. Ceux-ci, devenus animaux de trait, utilisaient leur puissance musculaire pour faire du travail pour la société, ce qui pouvait ainsi accroître la complexité de cette dernière.

Puis l'agriculture est arrivée, représentant une progression beaucoup plus importante en matière de capture d'énergie. Celle-ci est un concentré d'énergie solaire normalement diluée, rendue disponible par la photosynthèse pour faire pousser quelques espèces de plantes et nourrir des animaux que les humains ont choisi de manger. Cela revient à détourner l'énergie de nombreuses espèces et de paysages naturels divers pour la consommation humaine. La conséquence la plus directe du développement de l'agriculture a été une augmentation de la population humaine et une dégradation correspondante de l'environnement.

Ainsi, l'agriculture a donné naissance à une société beaucoup plus complexe avec un énorme surplus d'énergie. Cela a permis à une partie de la population de s'engager dans d'autres activités en dehors de l'extraction d'énergie de l'environnement. Les gens pouvaient se permettre de s'adonner aux arts, à l'artisanat et à d'autres entreprises culturelles et architecturales et pouvaient façonner une société complexe sur le plan culturel.

Afin de maintenir des sociétés complexes en croissance, les humains ont rapidement développé des techniques pour bénéficier de l'énergie du vent et de l'eau. Cela a permis la création de systèmes encore plus complexes tels que les villages, les villes, les bureaucraties, les gouvernements et les arts. En outre, la protection des surplus de nourriture et des infrastructures connexes a provoqué la naissance des armées. Celles-ci ont rapidement servi à conquérir les régions environnantes afin de maintenir la disponibilité des sources d'énergie. Ceci, en résumé, est la perspective énergétique de la civilisation et de sa croissance accélérée en taille et en complexité, basée sur l'augmentation de la capture d'énergie.

La plupart des civilisations anciennes qui ont construit des pyramides, des villes et des monuments ont manifestement bénéficié d'un énorme surplus d'énergie pour pouvoir atteindre cette échelle de taille et de complexité. Et comme l'a déclaré l'archéologue Joseph Tainter, la tendance générale des civilisations humaines a toujours été de se développer. Cela signifie qu'elles étendent leurs systèmes et leurs infrastructures en taille et en complexité jusqu'à ce qu'elles finissent par dépasser les ressources disponibles[2].

La civilisation industrielle moderne présente des traits très similaires. La principale différence par rapport aux civilisations préindustrielles est qu'elle a exploité la forme la plus concentrée d'énergie stockée disponible sur cette planète : les combustibles fossiles. Nous les brûlons aujourd'hui à une vitesse environ 500 000 fois supérieure à celle de leur formation – un énorme déficit énergétique que nous ne prenons jamais en compte dans notre bilan économique. Ces combustibles fossiles permettent l'extraction des matériaux, la production et la distribution de marchandises à l'échelle mondiale et alimente, dans les mégalopoles, les systèmes de transport complexes, la technologie sophistiquée et le grand confort que nous apprécions et tenons pour acquis.

Les combustibles fossiles ont contribué à développer un autre niveau d'agriculture intensive, laquelle s'est accompagnée du défrichement en masse des forêts et d'autres paysages. Ces combustibles ont aussi permis le labour mécanisé et l'irrigation, ce qui a eu pour effet d'augmenter considérablement la production alimentaire, avec comme conséquence la croissance exponentielle de notre population, qui atteint aujourd'hui 7,5 milliards.

Ainsi, en partant de l'énergie excédentaire disponible, nous pouvons faire le lien avec la croissance exponentielle de la population. C'est le principal effet secondaire de l'utilisation d'une énergie fossile dense et bon marché. En considérant les chiffres

2. Joseph A. Tainter, *The Collapse of Complex Societies*, Cambridge, Cambridge University Press, 1988. (Traduit en français sous le titre *L'effondrement des sociétés complexes*, Paris, Le Retour aux sources, 2013.)

d'un essai de Graham Zabel[3] intitulé « Peak People: The Interrelationship between Population Growth and Energy Resources » [Le pic de population: lien entre croissance démographique et ressources énergétiques], nous remarquons que la population mondiale n'avait atteint que 800 millions en 1750, car elle dépendait de la disponibilité énergétique de la biomasse proportionnelle à l'utilisation directe de l'énergie solaire. Avec le début de l'utilisation du charbon, la population mondiale a commencé à augmenter de façon exponentielle pour atteindre environ 1,5 milliard. Puis, avec l'exploitation du pétrole, la disponibilité énergétique a permis à la population mondiale d'atteindre 5 milliards. Enfin, avec le gaz naturel, la population a franchi le cap des 6 milliards. Et aujourd'hui, nous sommes 7,5 milliards. En conclusion, la disponibilité d'énergie stockée et bon marché a permis à la capacité de charge d'un système d'augmenter en encourageant l'usage de méthodes agricoles industrielles intensives, de systèmes de transport et de stockage, ainsi que d'engrais et de pesticides. Seuls les combustibles fossiles, avec leur incroyable densité d'énergie bon marché et leurs sous-produits, ont pu rendre possible ce type de croissance exponentielle de la population.

Cela a créé une demande accrue d'énergie et de ressources, provoquant des effets secondaires écologiques indésirables comme l'épuisement des sols, la monoculture et la disparition d'autres espèces dans une boucle de rétroaction qui agit comme un frein à la croissance économique.

La pyramide de la figure 18 nous montre comment différents aspects d'une société complexe deviennent possibles en fonction des seuils d'énergie excédentaire. L'étape la plus basse est l'extraction de l'énergie, disons le pétrole. Si le taux de retour énergétique (TRE) pour le pétrole est de 1,1, nous ne pouvons que pomper le pétrole hors du sol et ne rien faire de plus avec.

Avec un TRE de 1,2, la société peut à la fois l'extraire et le raffiner. Mais pour le transporter vers un autre endroit, nous avons besoin d'un TRE plus élevé. Hall et Klitgaard ont calculé qu'il faut un TRE d'au moins 3 à la tête de puits pour que l'on puisse mettre en place l'ensemble de la chaîne de transport par camion[4].

3. Graham Zabel, « Peak People: The Interrelationship between Population Growth and Energy Resources », *Energy Bulletin*, 20 avril 2009.
4. C. Hall et K. Klitgaard, *Energy and the Wealth of Nations: Understanding the Biophysical Economy*, New York, Springer, 2011.

Ils ont également estimé que, si le pétrole sert ensuite à livrer un produit, comme du grain, dans un autre camion, il faut un TRE d'environ 5 pour inclure les différentes étapes entre la culture et l'utilisation de ce grain.

Si nous incluons les travailleurs impliqués dans le champ pétrolifère, la nécessité d'un réfectoire et de logements, le chauffeur de camion et l'agriculteur, le soutien de leur mode de vie et de leurs familles, il faut atteindre un TRE situé entre 7 et 8.

Et ainsi de suite pour assurer une meilleure qualité de vie : pour inclure l'éducation des enfants de ces familles, il faut un TRE d'environ 10. L'inclusion d'autres privilèges sociaux pour les familles et les travailleurs tels que les soins de santé et l'enseignement supérieur nécessite un TRE de 12. Pour développer les arts et spectacles, il faut atteindre 14. En d'autres termes, si nous dépensons 1 unité de pétrole à la tête de puits, il faut qu'on puisse en extraire 14 unités.

Figure 18

La pyramide de l'énergie (TRE minimum pour développer chaque aspect d'une société complexe)

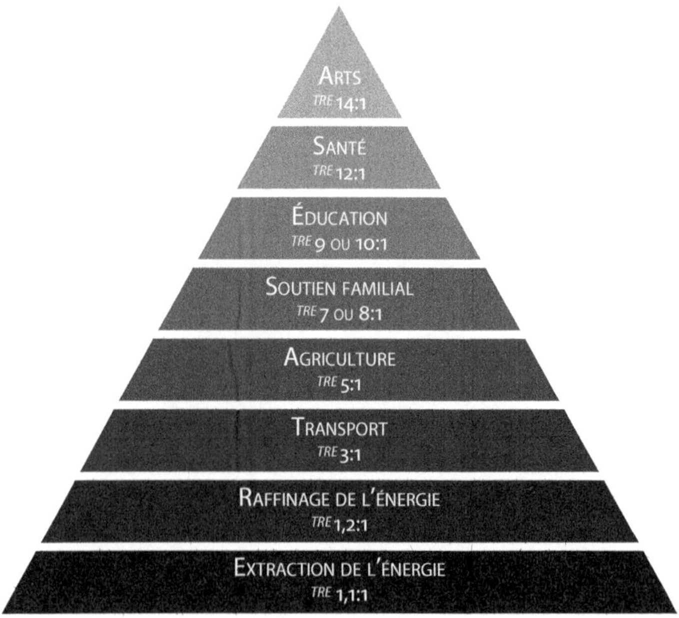

À partir de cela, nous pouvons extrapoler le fait suivant : afin d'avoir une civilisation industrielle moderne comme la nôtre avec des infrastructures techniques sophistiquées comme les télécommunications, Internet, des systèmes de transport et de livraison à grande vitesse ainsi que des systèmes sociaux complexes comme les hôpitaux, les établissements universitaires, etc., nous avons besoin d'un TRE très élevé. Or, pendant ce temps, le TRE de notre source d'énergie primaire (les combustibles fossiles) diminue, car nous devons creuser plus profondément et dans des environnements de plus en plus inaccessibles pour l'obtenir.

Nous devrons garder en tête cette idée fondamentale de la loi du TRE minimum pour gérer un monde industriel complexe lorsque nous évaluerons la viabilité des énergies alternatives. C'est ce que nous ferons dans le chapitre 3, intitulé « Les énergies alternatives ».

La falaise énergétique nette

C'est donc l'énergie nette qui est le facteur critique et non l'énergie brute. Pour déterminer la viabilité d'un système, nous étudierons le schéma de l'énergie nette au fur et à mesure qu'elle évolue dans le temps et que la source d'énergie s'épuise.

La figure 19 présente un concept appelé la « falaise énergétique nette ». Elle illustre les différents TRE disponibles pour la société de diverses sources d'énergie, au fil du temps. Les sources d'énergie situées à gauche du diagramme ont un TRE plus élevé : le rapport entre l'énergie gagnée (gris clair) et l'énergie utilisée (gris foncé). À mesure que nous nous déplaçons vers la droite parmi les sources d'énergie, cette énergie nette disponible pour effectuer des travaux utiles diminue de façon exponentielle.

Les premiers champs de pétrole et de gaz au Texas, en Oklahoma et en Louisiane, aux États-Unis, au début du développement pétrolier, dans les années 1930, avaient un TRE d'environ 100. Un TRE aussi élevé permet qu'une très grande proportion de l'énergie de ce carburant soit livrée à la société. Avec un TRE de 100, 99 % de l'énergie est utilisable comme carburant, seul le dernier 1 % sert à extraire d'autre pétrole.

À l'inverse, lorsque le TRE est bas, il fournit beaucoup moins d'énergie utile à la société. Un carburant avec un TRE de 2 ne permet d'utiliser que 50 % de son énergie. Au fur et à mesure que les réservoirs proches de la surface du sol s'épuisaient, nous avons

Figure 19

La falaise énergétique nette

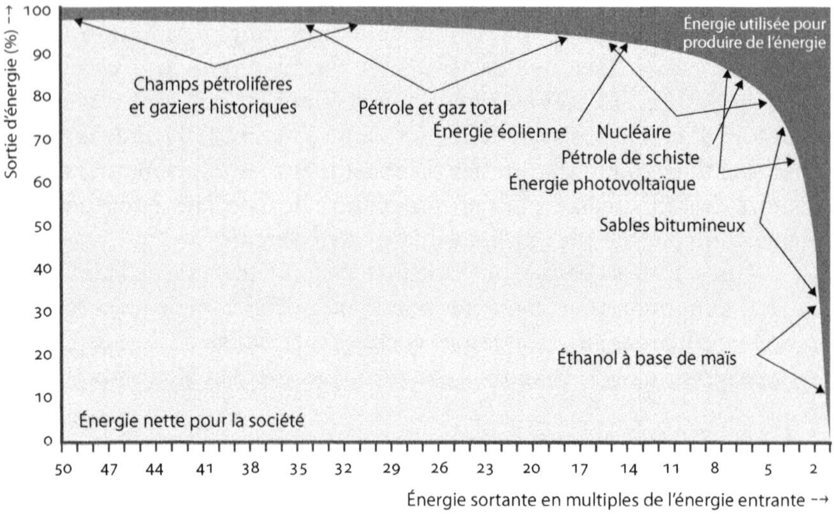

dû exploiter des champs de pétrole et de gaz de plus en plus profonds et qui avaient un TRE de plus en plus faible.

L'estimation mondiale du TRE pour le pétrole était d'environ 35 à la fin des années 1990. Il est tombé à environ 20 au cours des années 2000-2005, c'est-à-dire avant le pic de production. Aujourd'hui, il n'est plus qu'entre 10 et 6 dans certaines régions.

Les énergies renouvelables apparaissent à l'extrême droite de la figure 19, car leur TRE est très faible. Cela explique pourquoi les énergies renouvelables ne peuvent jamais être la réponse pour gérer un monde industriel moderne complexe et encore moins s'il est en croissance exponentielle.

Outre un TRE en forte baisse, la disponibilité du pétrole lui-même diminue rapidement. Globalement, nous trouvons maintenant un baril pour quatre à cinq que nous consommons[5]. Cela crée un énorme décalage entre nos attentes quant à la croissance et la disponibilité de l'énergie nécessaire pour la réaliser. Dans la section suivante, nous explorerons ce décalage et ses effets sur la croissance et donc sur l'économie classique.

5. C.J. Campbell, « Peak oil: An outlook on crude oil depletion », <https://mbendi.co.za/indy/oilg/p0070.htm>.

Nous reviendrons plus en détail sur la preuve du pic pétrolier et ses effets dans le prochain chapitre.

Mais pour l'instant, comme nous nous soucions principalement de savoir si la croissance économique est effectivement terminée ou non et que nous avons révisé les principes de l'économie puis ceux de l'énergétique, voyons si les deux correspondent ou pas.

1.4 L'effondrement réel du concept économique

Le concept économique et la réalité

Après l'analogie de l'entraîneur et du coureur, nous allons de nouveau comparer concept et réalité. Cette fois, le concept, c'est l'argent et l'idée que l'argent doit croître indéfiniment. Et la réalité, ce sont toutes les ressources connues sur notre planète.

Cette fois, l'esprit est le système économique et le corps est celui de la Terre-Mère.

Comparons le concept et la réalité et voyons quelles implications cela entraîne pour les perspectives de croissance économique.

Versions concrètes du concept et de la réalité

Le premier graphique de la figure 20 montre les données de la masse monétaire mondiale sur une base annuelle. Vous pouvez constater qu'il a pris la forme d'une courbe exponentielle, tout comme nous l'avions annoncé.

Le second graphique de la figure 20 représente la production mondiale de pétrole par année. Cette dernière épouse une courbe en cloche, ou courbe de réalité théorique, tout en essayant de répondre

Figure 20

Croissance de l'argent (concept) et production de pétrole (réalité)

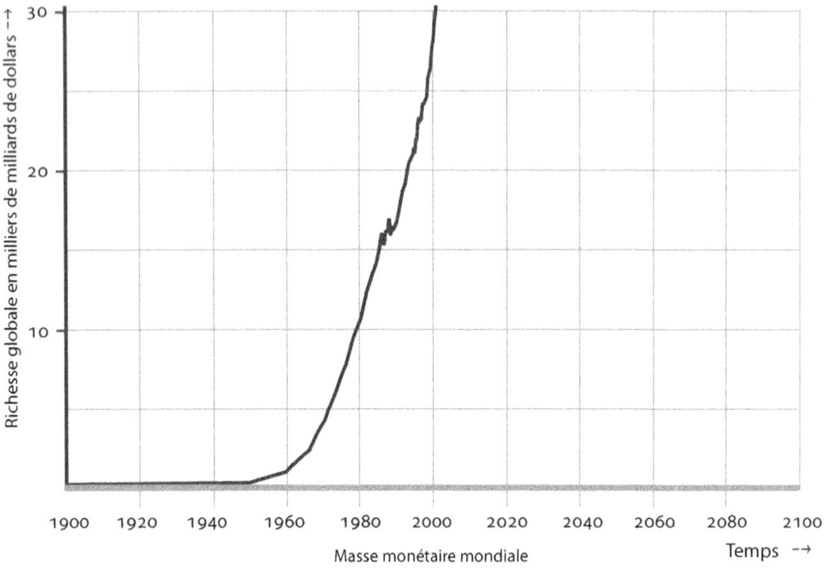

Source : Mike Hewitt, dollardaze.org.

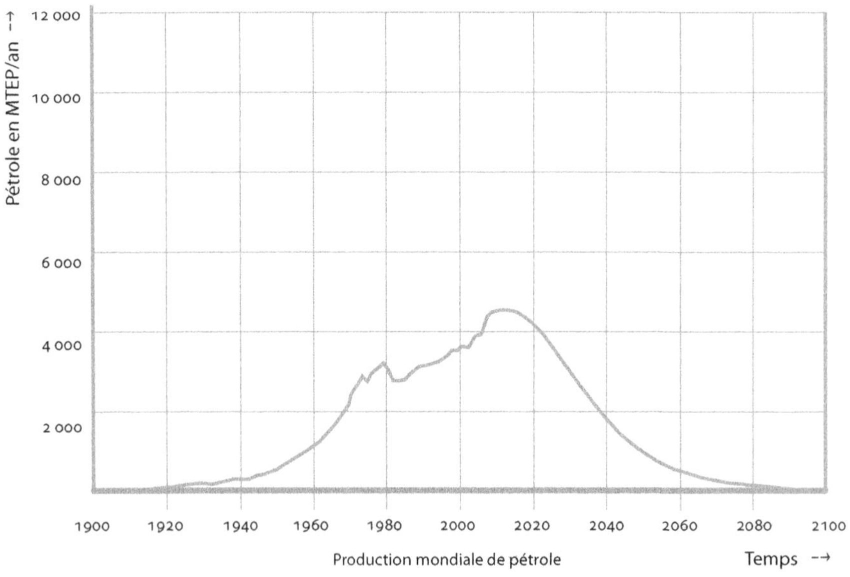

Source : Statistiques sur le pétrole, présentées dans le bulletin n° 100 de la section irlandaise de l'association ASPO, compilation réalisée par C. J. Campbell, Staball Hill, Ballydchob, Co., Cork, Irlande.

Figure 21

Comparaison entre la masse monétaire mondiale et la production de pétrole

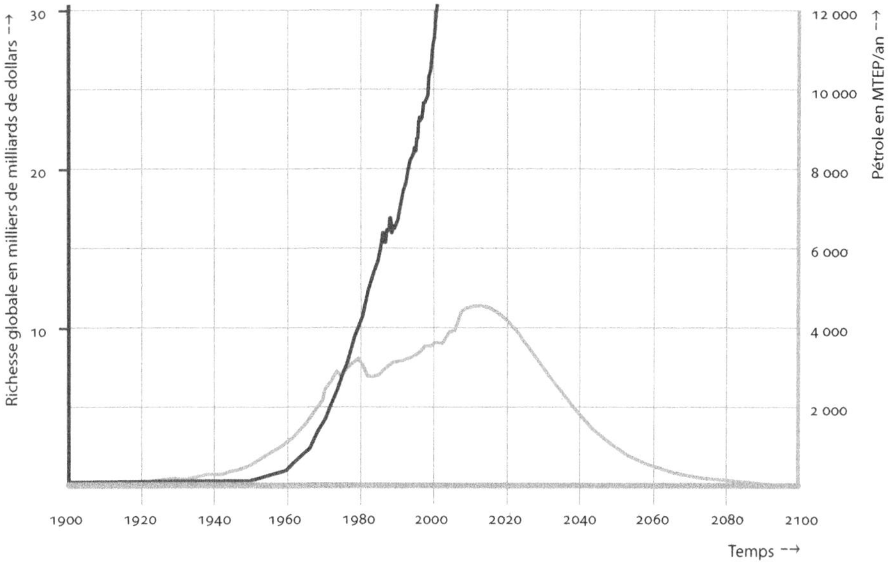

aux attentes économiques exponentielles de la courbe précédente. Je rappelle que j'ai choisi la production mondiale de pétrole comme courbe de réalité parce que le pétrole est le facteur qui a permis la croissance industrielle et donc la croissance monétaire.

Pour voir comment ces courbes interagissent, assemblons-les (comme dans la figure 21). Nous pouvons clairement voir que nous obtenons les mêmes trois phases.

Remarque : la figure 21 ne prend pas en compte les instruments financiers non monétaires, qui ont été créés pour maintenir le principe d'une croissance exponentielle des actifs financiers. Si ces éléments étaient pris en compte, la courbe serait beaucoup plus verticale. J'aborderai ce point ci-après dans ce chapitre.

Phase 1 – Le temps du paradis

Au début de la phase 1, le corps de la Terre, tout comme celui du coureur, a pu suivre le rythme des demandes exponentielles. Nous avons pu extraire du pétrole (et d'autres combustibles fossiles) du sous-sol. À ce moment-là, comme nous l'avons mentionné précédemment, la courbe de réalité augmente plus ou moins exponentiellement et est capable de suivre le rythme de la courbe de concept. Vous remarquez ci-dessus que la courbe de l'argent et celle du pétrole sont pratiquement parallèles durant cette phase.

Sachant que la Terre était en mesure de nous donner les ressources et l'énergie nécessaires pour répondre à nos demandes exponentielles, nous pouvions dès lors élaborer et réaliser n'importe quel concept et nous pensions que tout était possible. Nous pouvions couper autant de forêts que nous le souhaitions. Nous pouvions obtenir autant de métal que nécessaire pour fabriquer autant de tracteurs que désiré, extraire autant de pétrole qu'il en fallait pour les faire fonctionner afin d'obtenir une nourriture illimitée. Nous pouvions nous procurer des voitures, des avions, des satellites, des fusées… Il n'y avait aucune limite à notre imagination, à nos concepts, à nos rêves et à nos désirs. Oui, la réalité a pu répondre à l'exigence de la courbe de la masse monétaire.

Comme le coureur, le corps de la planète a été capable de répondre à la demande, et ce, apparemment sans subir d'effets néfastes. C'était le temps du paradis et le ciel était notre seule limite. Pas étonnant que nous ayons senti que nous pouvions même aller explorer l'espace.

Phase 2 – L'effondrement écologique (effondrement du corps)

À partir de la phase 2, qui débute au début des années 1970, les deux courbes de concept et de réalité ont commencé à s'éloigner l'une de l'autre. Celle de l'argent, par définition exponentielle, a continué à monter en flèche, mais celle du pétrole (et de toutes les ressources naturelles), qui a une forme en cloche, a commencé à ralentir.

Nous étions alors dans la même situation que le coureur dont le corps n'est plus en mesure de répondre aux attentes exponentielles de son entraîneur. Et tout comme son corps a commencé à se détériorer, la masse organique du corps de notre Terre a fait de même. Ce fut le début de l'effondrement de nos écosystèmes.

Cette rupture s'est manifestée par les premiers signes de disparition des espèces, de disparition des forêts, de déclin des pêcheries, d'assèchement des rivières, d'épuisement des aquifères, etc. Cependant, obsédés par notre vision purement matérialiste, nous avons intensifié nos assauts contre le corps de la Terre pour maintenir à tout prix la croissance effrénée de la courbe monétaire.

Figure 22

Masse monétaire mondiale et production de pétrole (phase 1)

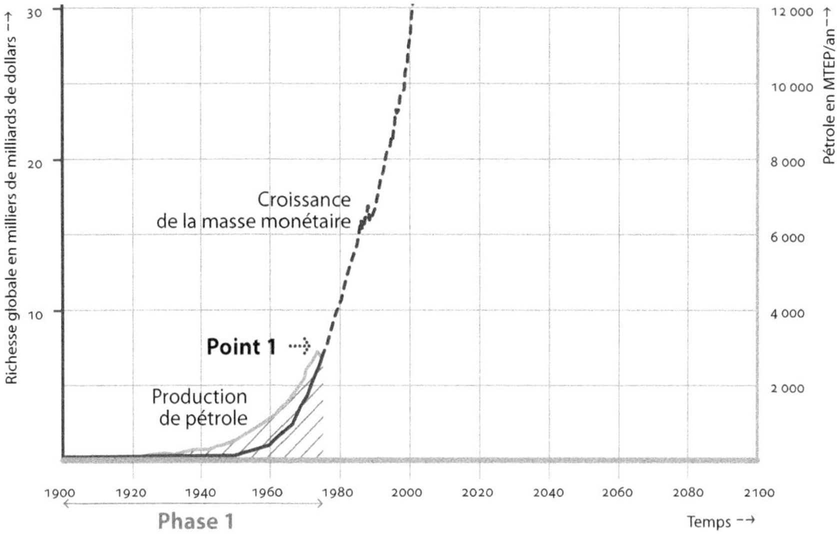

Figure 23

Masse monétaire mondiale et production de pétrole (phase 2)

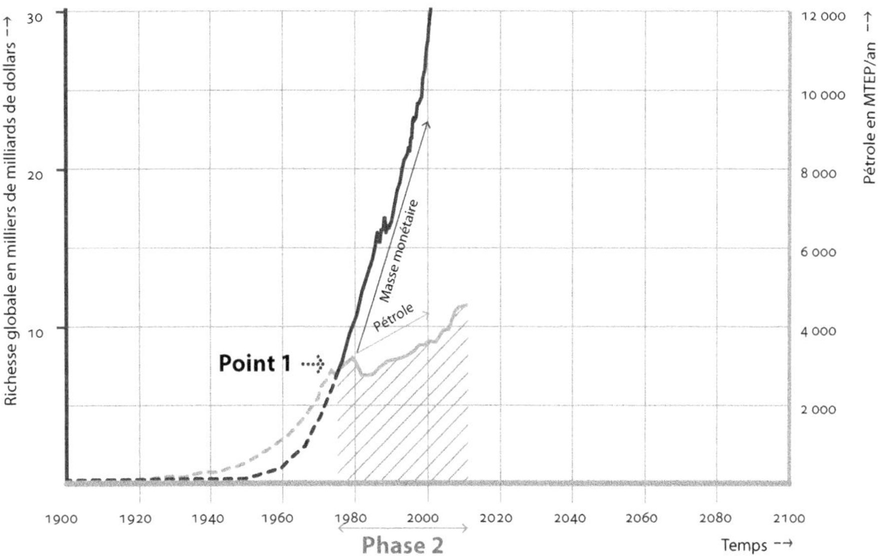

Pour ce faire, nous avons donc coupé
la moitié des forêts du monde…

… pillé le sous-sol de la planète…

… bloqué les artères de la planète
en construisant 48 000 barrages…

… détourné un quart de l'eau douce pour nos industries…

… privé d'autres espèces de leur place légitime dans la nature…

… poussé certaines d'entre elles vers l'extinction…

... pollué nos sols...

… fabriqué des habitats complexes et non durables
comme les mégalopoles…

… les transformant en centres financiers
et en symboles de la richesse matérielle…

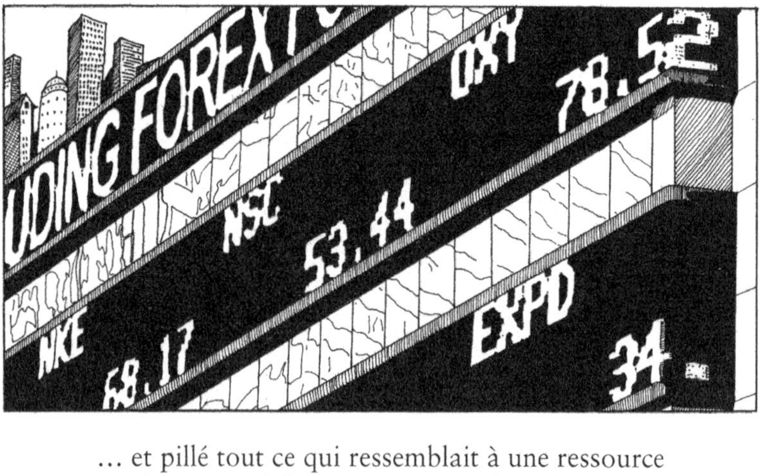

… et pillé tout ce qui ressemblait à une ressource
pour bâtir un édifice que nous appelons fièrement…

… le « monde industriel moderne ».

Mais combien de temps ce comportement pourra-t-il durer avant que la réalité de la vie nous apparaisse plus évidente ?

Autrement dit, combien de temps encore pouvons-nous faire durer ce saccage qui dépasse la capacité des écosystèmes terrestres ? Nous avons dépassé la limite au-delà de laquelle la Terre ne peut produire des ressources de qualité, comme avant. La Terre commence déjà à montrer trop de signes visibles de fatigue et de dégradation.

Mais peu importe, nous avons jusqu'ici continué avec nos projets en pensant que leur succès n'était nullement lié à l'état de la Terre.

Bien que dans cette phase la courbe conceptuelle et la courbe de réalité s'éloignent, le différentiel entre les gains projetés et les gains réels reste encore invisible. Et ceci est dû au fait que le mythe illusoire d'une croissance fictive a été renforcé sous l'égide des systèmes financiers (voir figure 24).

En fait, pendant cette phase, on pouvait déjà commencer à apercevoir quelques petits signes répétitifs et évidents qui symbolisaient une faillite imminente. Des événements sporadiques que le monde a qualifiés de « bulles » et qu'il s'empressait d'oublier : la

Figure 24

Masse monétaire mondiale vs déficit énergétique (phase 2)

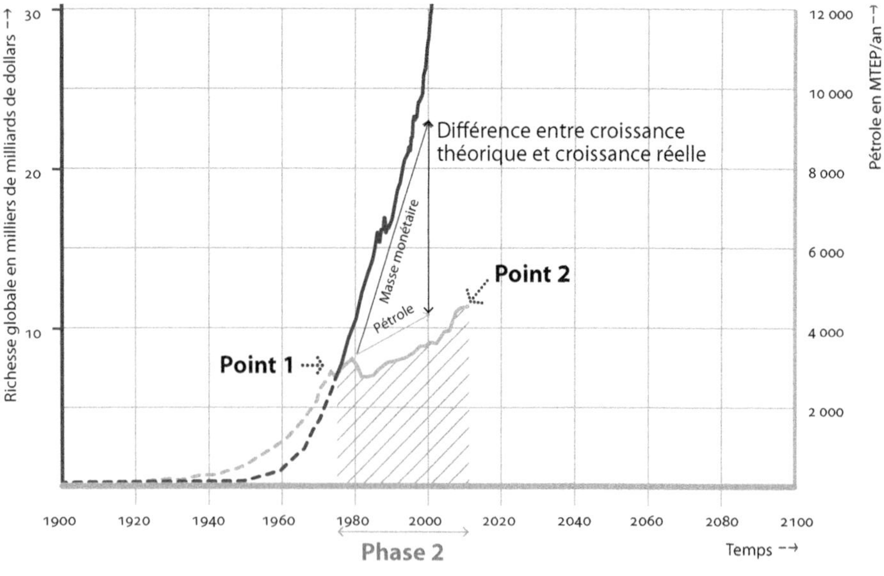

bulle spéculative de 1980 au Japon, la crise asiatique de 1997, la bulle Internet de l'an 2000, et ainsi de suite...

Malgré ces avertissements, nous ne voulions pas reconnaître la naissance d'une défaillance économique.

Nous avons continuer à déployer tous nos efforts pour nier la réalité et pour pérenniser le concept de croissance. Cela a naturellement fait peser plus de contraintes sur le corps de la Terre et a accentué progressivement l'effondrement écologique imminent.

Paradoxalement, plus on faisait mal à la Terre, plus il devenait difficile de maintenir la courbe de croissance monétaire et d'obéir au premier principe de l'économie : la valeur temporelle de l'argent.

En 1981, E. F. Schumacher a déclaré ce qui suit dans son livre fondateur, intitulé *Small is Beautiful* : « L'homme moderne ne se conçoit pas lui-même comme partie intégrante de la nature mais comme une force extérieure, destinée à dominer et à conquérir celle-ci. Il parle même de combat contre la nature, en oubliant que, s'il venait à gagner ce combat, il se retrouverait du côté du perdant. »

Cela est exactement ce que nous allions découvrir à la fin de la phase 3 : au fur et à mesure que l'écart entre les deux courbes se creusait de manière exponentielle, nous constations que certains écosystèmes se fragilisaient, ainsi que notre tissu économique.

Comme il devenait de plus en plus difficile de faire correspondre la courbe de l'argent avec une croissance réelle, le monde financier a dû mettre en place de nouveaux concepts permettant de valider la pertinence de la courbe de croissance de l'argent.

Souvenez-vous que l'argent est défini comme une succession de concepts ayant pour but de permettre le maintien d'une croissance financière exponentielle et perpétuelle.

Le principal mode de croissance repose essentiellement sur la manière de prêter de l'argent et de calculer les intérêts composés. Cela est cependant limité par le montant que nous pouvons emprunter, que l'on appelle la « liquidité ».

Par conséquent, au lieu de nous limiter à emprunter à des particuliers, nous avons élaboré un nouveau concept qui nous permet d'emprunter facilement auprès de milliers, voire des centaines de milliers d'investisseurs, pour augmenter notre liquidité. Cela a été rendu possible en permettant la vente d'actions d'entreprises via un système institutionnalisé appelé la « Bourse ». Cela a introduit un nouveau concept – le concept 5 – ou la cinquième couche conceptuelle afférente à l'argent.

Concept 5 : la Bourse

Nous avons abordé précédemment quatre concepts, qui se succèdent et interagissent : l'argent en tant que valeur, les intérêts, les intérêts composés et la croissance infinie. La Bourse est le cinquième concept.

Analyse : la Bourse facilite la collecte de capitaux beaucoup plus importants auprès de beaucoup plus d'investisseurs et, pendant un certain temps, elle a permis de maintenir la croissance monétaire.

Mais les actions en bourse ont deux composantes : le dividende versé aux actionnaires, qui est une véritable mesure de la productivité, et le prix de l'action, qui est une valeur liée aux perceptions. C'est une astuce. En effet, avec l'écart grandissant entre les deux courbes, nous avons dû nous référer à une valeur potentielle, car la croissance réelle ne suivait pas la formule de croissance exponentielle que nous avions imposée à notre système économique. En d'autres termes, nous étions suffisamment désespérés pour sanctifier et institutionnaliser la Bourse où prévalent les jeux d'argent et de hasard.

Les actions et les marchés boursiers existaient bien entendu avant que nous n'atteignions la phase 2 de la courbe de l'argent, mais la différence tient à ce que, maintenant, ils sont plus largement institutionnalisés en tant que mode de croissance de la richesse.

Puisque, avec le temps, les exigences de la courbe de l'argent augmentent de plus en plus, il a fallu injecter toujours plus d'argent dans le système pour le maintenir en croissance. Cela a conduit à introduire le concept suivant – le concept 6 – pour augmenter la liquidité.

Concept 6 : les réserves fractionnaires (permettre aux banques de prêter plus de capital qu'elles n'en détiennent)

Analyse : les réserves fractionnaires ont permis d'augmenter le montant d'argent qui peut être mis à disposition des emprunteurs avec, bien entendu, des intérêts. Et l'intérêt est de fait devenu le principal mode d'expansion de la masse monétaire. Mais ce système s'est heurté à une limite : l'argent a été indexé en fonction du stock d'or physique disponible. Il était donc temps d'imaginer un autre concept qui permettrait à l'argent de croître sans ce lien physique.

Concept 7: la suppression de l'étalon-or

Analyse: les quantités d'or disponibles sont limitées. Par conséquent, si nous imprimions uniquement des billets indexés en fonction du stock d'or, nous ne pourrions pas continuer à augmenter la masse monétaire, ce qui entraverait à nouveau la liquidité et la croissance de la richesse. Il fallait par conséquent nous en débarrasser pour garantir progrès et développement.

Le plafond qui limitait l'usage de l'argent, l'étalon-or, a été retiré discrètement aux États-Unis par le président Nixon en 1971, ce qui a permis au dollar de devenir une monnaie internationale sans plus aucune valeur physique de référence. De plus en plus de pays ont suivi ce modèle. La fin de la convertibilité de l'or a été un changement fondamental. À partir de ce moment-là, la création de dollars américains et, par extension, de toutes les monnaies du monde n'a été limitée que par des choix politiques.

Bref, nous avons façonné ce que j'appelle l'« oignon monétaire » (figure 25). Car comme un oignon, il se compose de couches de concepts de plus en plus nombreuses qu'on peut étendre à

Figure 25

Les sept couches successives de l'oignon monétaire

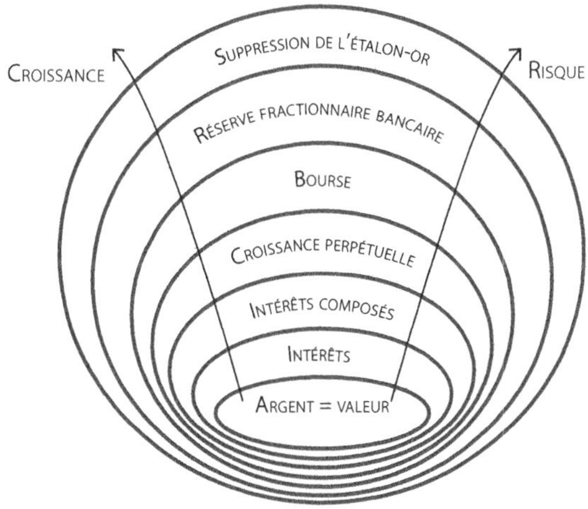

volonté en plongeant de plus en plus profondément dans l'imaginaire et en évoquant un certain nombre d'idées symboliques à ajouter aux règles de la croissance monétaire. Toutes les limites réelles qui étaient un obstacle à la croissance exponentielle de l'argent sont ainsi, pour un temps, supprimées par la formulation de nouveaux concepts.

Il y a cependant un côté obscur à cet univers qui contrebalance la croissance et les profits : il s'agit du risque ! Pour chaque nouveau concept, nous acceptons sans y prendre garde un nouveau niveau de risque. Et nous devrons en subir les conséquences plus tard.

Pour l'instant, nous dirons que, tout comme l'entraîneur qui a caché la vérité à ses commanditaires sur l'écart grandissant entre la vitesse imaginée et la vitesse réelle de son coureur, nous élaborons un système financier qui reflète de moins en moins la réalité de la croissance et de la productivité. Et en même temps, ce système devient de plus en plus instable et risqué.

Avec chaque nouveau concept pour supprimer une nouvelle limite à la croissance monétaire, une nouvelle déconnexion a été réalisée entre la production réelle et la valeur. Nous avons ainsi mis en place un modèle qui, comme dans certains jeux de casino, est basé de plus en plus sur la perception et la cupidité des investisseurs et sur la spéculation plutôt que sur la représentation d'une réelle croissance de la valeur. Et ce comportement entraîne une croissance de la masse monétaire dans à peu près tous les secteurs, des actions boursières aux services.

Mais rappelez-vous que la courbe de l'argent est par nature exponentielle – elle commence lentement puis augmente toujours plus vite. À la fin des années 1990, l'avidité de cette courbe avait tellement explosé que les concepts de réserves fractionnaires bancaires et de suppression de l'étalon-or n'étaient plus suffisants. Certes, le plafond monétaire avait été supprimé, mais, même ainsi, cela devenait de plus en plus difficile.

Une fois de plus, il fallut trouver un nouveau concept qui, lui, ne ferait pas que rehausser le plafond monétaire, mais pourrait également servir de multiplicateur de capital et d'actifs. C'était le concept de l'effet de levier.

En physique, un levier est un appareil qui permet de soulever un certain poids à l'aide d'une force plus petite.

En finance, cet objectif peut être atteint grâce à la création de nouveaux instruments d'investissement qui bonifient les profits avec des investissements moindres. Imaginez un placement de 10 000 dollars qui vous rapporterait 1 million de dollars. Il serait ensuite tentant de placer ce million afin d'obtenir, par effet de levier, 100 millions, n'est-ce pas ?

C'est ainsi que le monde de la finance a appliqué ce nouveau concept de levier qui permet d'obtenir beaucoup avec peu.

Cette accumulation de concepts, qui vise à supprimer une nouvelle limite à la croissance monétaire, a généré une déconnexion progressive entre la production réelle et la valeur. Nous avons ainsi mis en place un modèle qui, comme dans certains jeux de casino, est basé de plus en plus sur la perception et la cupidité des investisseurs et la spéculation plutôt que sur la représentation d'une réelle croissance de la valeur. Et ce comportement entraîne une croissance de la masse monétaire dans à peu près tous les secteurs de l'économie, des actions boursières aux services.

Mais rappelez-vous que la courbe monétaire est par nature exponentielle – elle commence lentement puis augmente toujours plus. À la fin des années 1990, l'avidité alimentant cette courbe l'avait tellement fait exploser que les concepts de réserves fractionnaires bancaires et de suppression de l'étalon-or n'étaient plus suffisants. Certes, le plafond monétaire avait été supprimé mais, même ainsi, cela devenait de plus en plus difficile de maintenir la croissance.

Concept 8 : l'effet de levier (permettre à un investisseur ou à une institution d'utiliser beaucoup plus de capital que celui dont il dispose)

Analyse : eh bien, pourquoi restreindre les capacités d'une entreprise ? Jusqu'à présent, l'argent a été un facteur de croissance ; nous devons donc en avoir autant que possible en circulation dans le système. C'est la véritable voie du progrès et du développement.

Mais l'aspect bien connu de l'effet de levier financier est que, s'il amplifie les rendements, il amplifie également les risques de manière disproportionnée. Le monde financier ne s'en est pas inquiété, car il se pensait en sécurité grâce à un antidote contre les risques sous la forme d'un autre concept, appelé « opérations sur option ».

Ces opérations sur option sont connues pour être une pratique très ancienne dans l'histoire du commerce. Elles sont utilisées pour

Figure 26

Les neuf couches successives de l'oignon monétaire

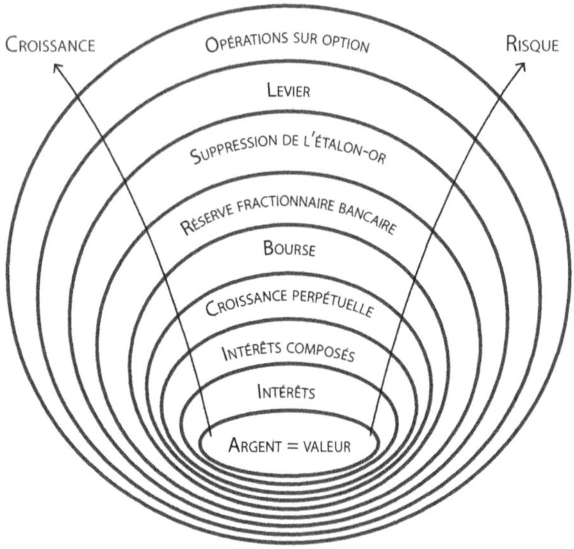

minimiser le risque. Fondamentalement, cela signifie qu'un négociant peut placer une option pour acheter une action à une date ultérieure à un montant prédéterminé, accompagné d'une valeur appelée « prime ». Si la valeur de l'action augmente, il peut acheter au prix convenu, *mais* si le prix baisse, il ne perd que la prime.

Et donc le concept 9, celui des opérations sur option, a été ajouté en tant que nouvelle couche à l'oignon monétaire (figure 26).

Concept 9 : les options (permettre à un investisseur de mobiliser des capitaux par effet de levier pour spéculer sur l'avenir, contre un engagement initial minimal appelé « prime »)

Personne ne souhaite prendre des risques. Par conséquent, s'il existe un moyen de les minimiser, cette règle doit être autorisée. Cela semblait être un moyen magique de maîtriser le risque. Le problème était que personne ne savait comment évaluer les options – à savoir fixer un montant de prime équitable pour acheter l'option.

Analyse : c'est là que les mathématiciens sont entrés dans le jeu. Fischer Black et Myron Scholes du Massachusetts Institute of Technology (MIT) à Boston, aux États-Unis, ont proposé une

Figure 27

Formule d'évaluation du prix des options Black-Scholes

$$C(S,t)=N(d_1)S-N(d_2)Ke^{-r(T-t)}$$

$$d_1=\frac{1}{\sigma\sqrt{T-t}}\left[\ln\left(\frac{S}{K}\right)+\left(r+\frac{\sigma^2}{2}\right)(T-t)\right]$$

$$d_2=\frac{1}{\sigma\sqrt{T-t}}\left[\ln\left(\frac{S}{K}\right)+\left(r-\frac{\sigma^2}{2}\right)(T-t)\right]$$

$$=d_1-\sigma\sqrt{T-t}$$

$$P(S,t)=Ke^{-r(T-t)}-S+C(S,t)$$

$$=N(-d_2)Ke^{-r(T-t)}-N(-d_1)S$$

formule, en 1973, qui devait être connue sous le nom d'« évaluation du prix des options Black-Scholes » pour minimiser les risques relatifs à l'achat ou à la vente d'options.

Cette formule produit des équations complexes et stupéfiantes comme celles décrites dans la figure 27. Ces formules sont utilisées dans les modèles financiers portant sur ce que l'on appelle les « produits dérivés ».

Tenter d'équilibrer la dynamique de la croissance et les risques est pour le moins insidieux. Et pourtant, les produits dérivés, bien qu'immensément risqués, se sont avérés être un multiplicateur d'argent incroyablement puissant. C'est seulement ainsi qu'il a été possible de maintenir la pente extrêmement raide de la courbe de l'argent. Et nous avons assisté, impuissants, à l'apparition d'un nouveau concept : les produits dérivés.

Concept 10 : les produits dérivés (utiliser toutes sortes de modèles mathématiques complexes pour travestir la réalité)

Analyse : qu'y a-t-il de mal à utiliser les mathématiques pour modifier la réalité ? Seules des formules complexes promettent de réduire le risque alors que les enjeux deviennent terriblement élevés.

Les architectes mêmes de ces produits dérivés devaient découvrir ce qui peut mal tourner avec les produits dérivés. Robert C.

Merton et Myron Scholes ont reçu le prix Nobel d'économie en 1997. Ils ont testé leur modèle, en appliquant la formule Black-Scholes, dans une société d'investissement appelée Long-Term Capital Management (LTCM). Dans un premier temps, ils ont récolté des milliards. Mais ensuite ils les ont perdus. Le monde financier leur a pardonné facilement leur erreur. Personne n'a remis en question leur modèle mathématique de poursuite de la croissance, qui était pourtant erroné. Ces formules ont continué d'être imprudemment utilisées. Le monde financier a conclu que, puisque les produits dérivés pouvaient fonctionner comme par magie durant un certain temps, il était possible de continuer à les utiliser, à condition que certaines précautions soient prises pour faire face au risque.

La véritable raison était que Wall Street avait besoin de ces produits dérivés pour maintenir le jeu de la croissance, et ceci, en étant bien conscient du risque de création de bulles spéculatives. Son choix était de déjouer ce risque. Le monde de la finance s'est alors tourné de plus en plus vers des gestionnaires chevronnés, les mathématiciens et les diplômés des meilleures écoles de commerce pour utiliser encore davantage l'outil mathématique.

Mais avant que le concept 10 des produits dérivés puisse être appliqué à grande échelle, il y avait un autre obstacle pour les banques. Il s'agit de la loi Glass-Steagall de 1933, une loi adoptée par le gouvernement des États-Unis, qui a vu le jour en raison des pratiques risquées des banques avant le krach financier de 1929.

Le krach de 1929 a été considéré comme étant largement dû à une implication trop zélée des banques commerciales dans les investissements en Bourse. Elles avaient pris trop de risques avec l'argent des déposants. Afin de contrôler cela, la loi Glass-Steagall a imposé une séparation réglementaire entre les activités des banques commerciales et celles des banques d'investissement. Les banques disposaient d'un an pour choisir leur spécialisation : banques commerciales ou banques d'investissement. Il y a eu une opposition constante à cette loi à tous les niveaux de la communauté bancaire et financière ainsi que dans certains départements du gouvernement des États-Unis. Cette loi est pourtant restée en vigueur jusqu'en 1995 pour des raisons de sécurité financière.

Rien ne pouvant freiner les exigences de la courbe de l'argent, la loi Glass-Steagall a été abrogée en 1995. On a fait valoir qu'elle entravait sérieusement la croissance. Cela a permis aux grandes institutions financières de jouer avec les dépôts bancaires et les fonds d'assurance, et ce, à une échelle colossale et institutionnalisée. La croissance financière a explosé, mais le risque aussi. Cette abrogation devait être reconnue plus tard comme le facteur le plus important du nouveau krach financier, survenu en 2008.

Concept 11 : l'abolition de la loi Glass-Steagall et la suppression des mesures de contrôle des banques

Analyse: de fait, cela a autorisé la mise en place d'instruments d'investissement spéculatifs par l'intermédiaire des fonds des déposants. Ceci était censé aider les banques à générer des profits inimaginables et donc à maintenir une croissance exponentielle.

La combinaison du concept 10 (produits dérivés) et du concept 11 (abrogation de la loi Glass-Steagall) a permis la création effrénée d'une pléthore de concepts. Il s'agit des fonds spéculatifs (*hedge funds*), des contrats d'échange sur défaut de crédit (*credit default swaps*), des titres garantis par des créances (*collateralized debt obligation* ou CDO), des prêts hypothécaires progressifs (*slice and dice mortgage*), des produits structurés (*structured investment vehicle* ou SIV) et de nombreux autres concepts globalement appelés « instruments financiers complexes ». Et ainsi des couches et des couches ont été ajoutées à l'oignon monétaire.

Concept 12 : les instruments financiers complexes

Il s'agit de définir « sur papier » des instruments financiers à risque, et ce, de manière à ce que les prêts, les hypothèques et les autres transactions financières puissent être présentés sous leur meilleur angle et ainsi bénéficier de la meilleure certification (AAA), par collusion avec les agences de notation. De cette façon, ces instruments financiers complexes peuvent être vendus comme des investissements ultrasûrs, promettant d'importants dividendes.

Analyse: personnellement, plus j'y réfléchis, moins j'arrive à comprendre comment nous avons pu tolérer une fraude aussi flagrante. Encore une fois, c'était comme si on dopait la machine à croissance. Mais bon, cela a permis à des personnes ayant une mauvaise cote de crédit d'acquérir une maison partout aux États-Unis tout en offrant des possibilités d'investissement au reste du monde... Du moins pendant un certain temps.

Oui, ces instruments financiers complexes sont résolument à l'origine de la plus grosse bulle spéculative de l'histoire des hypothèques immobilières aux États-Unis. Nous savons tous maintenant ce que cela a provoqué en 2008. Mais pourtant, avant cette crise, cela avait eu un succès fou. Toutes les maisons hypothéquées étaient comme des distributeurs automatiques de billets, et tout citoyen sans emploi pouvait être propriétaire de plusieurs maisons.

L'oignon monétaire était florissant. Le diagramme de la figure 28, *Le piège de la croissance*, montre le lien entre les différentes couches de cet oignon et le moment où nous avons dû institutionnaliser les différentes couches de concepts afin de maintenir une croissance exponentielle.

Chaque nouvelle couche permettait d'aller plus loin dans le domaine mathématique de la croissance, mais ajoutait également un nouveau degré de risque inconnu.

Les profits montaient en flèche, s'élevant de plus en plus haut au-dessus de la courbe de réalité. Pendant ce temps, le monde préférait gentiment ignorer les points négatifs qui s'accumulaient sous ces gains apparents.

Il est quand même étrange de penser que personne n'a jamais remis en question le fait que les produits dérivés ne sont que des instruments financiers qui n'ont aucune valeur intrinsèque et qui « tirent » leur valeur d'éléments d'actifs, de taux d'intérêt, de cours de change ou d'autres indices financiers. Il aurait fallu peut-être qu'un enfant nous rappelle que ce ne sont que des paris. La chose amusante à propos de ces paris est que vous pouvez parier dans les deux sens. Vous pouvez parier que le prix de quelque chose augmentera, puis (pour limiter le risque) faire un pari parallèle en spéculant qu'il baissera. C'est ainsi que les fonds spéculatifs couvrent les paris sur le marché des produits dérivés. Et de fait, vous pouvez parier sur à peu près n'importe quoi, du prix des matières premières à la valeur des devises. Et il n'y a aucune limite au nombre de paris que vous pouvez faire.

Comme le mentionnait l'économiste Robert Chapman dans un article d'Ellen Brown paru en 2008 : « Le point que tout le monde rate, c'est qu'acheter des produits dérivés n'équivaut pas à investir. C'est le jeu, l'assurance et les paris à enjeux élevés. Les produits dérivés ne créent rien. » Et Brown d'ajouter : « Non seulement ils ne créent rien, mais ils servent à enrichir les non-producteurs au détriment des personnes qui créent des biens et des services réels[6]. »

---

6. Ellen Brown, « It's the Derivatives, Stupid ! Why Fannie, Freddie, AIG had to be Bailed Out », *Global Research*, 18 septembre 2008.

Figure 28

Le piège de la croissance

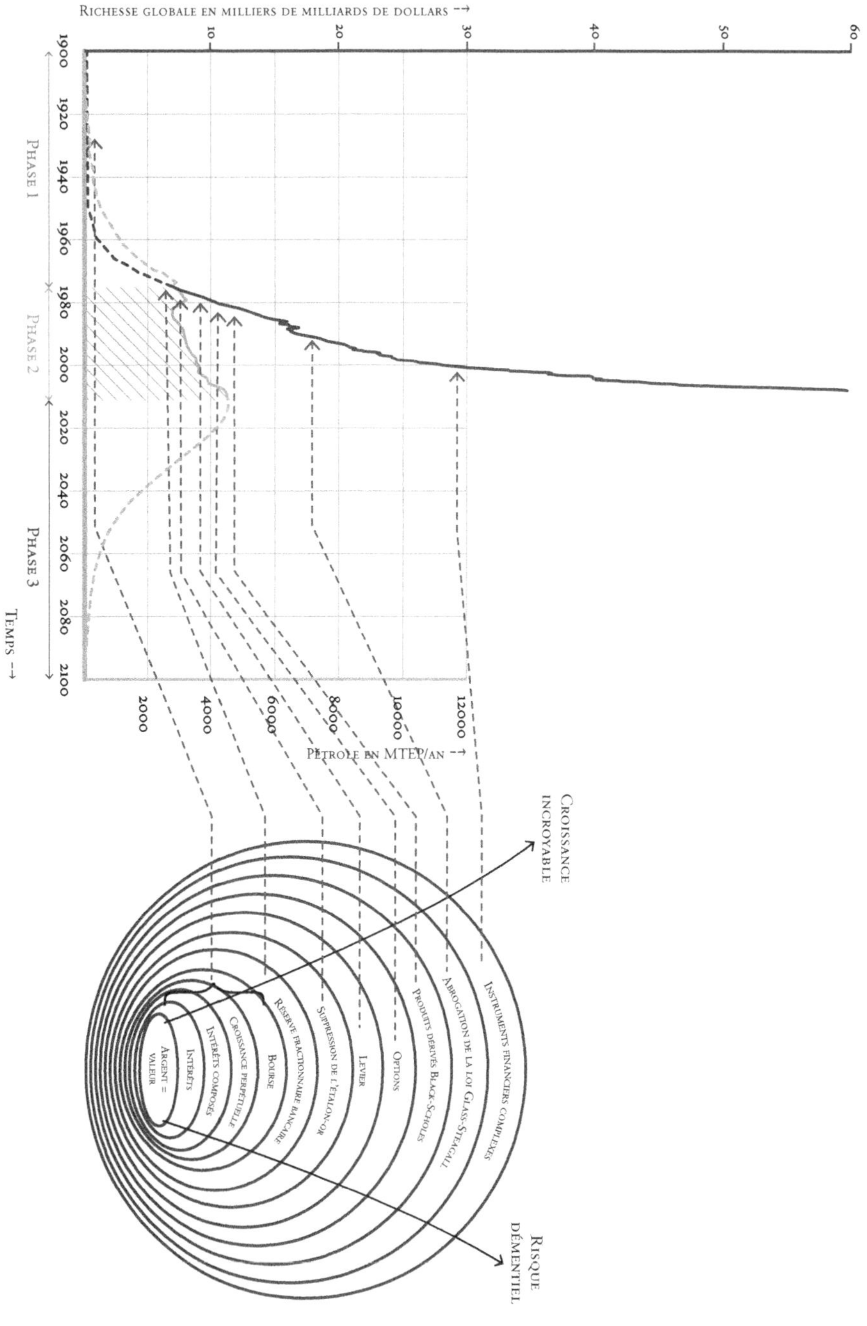

Cette divergence flagrante a été amplement illustrée dans un article d'Ian Stewart: « Les produits dérivés Black-Scholes ont soutenu une croissance économique massive. En 2007, le système financier international négociait des produits dérivés évalués à 1 milliard de milliards de dollars par an. En tenant compte de l'inflation, cela représente 10 fois la valeur de tous les produits fabriqués par les industries manufacturières dans le monde au cours du siècle dernier[7]. »

Ces volumes ahurissants de produits dérivés doivent être mis en perspective. Examinons-les par comparaison avec d'autres quantités connues en 2007 (figure 29)[8]:

- En 2007, le PIB des États-Unis était de 14,48 billions (ou milliers de milliards) de dollars.

Figure 29

PIB et produits dérivés dans le monde

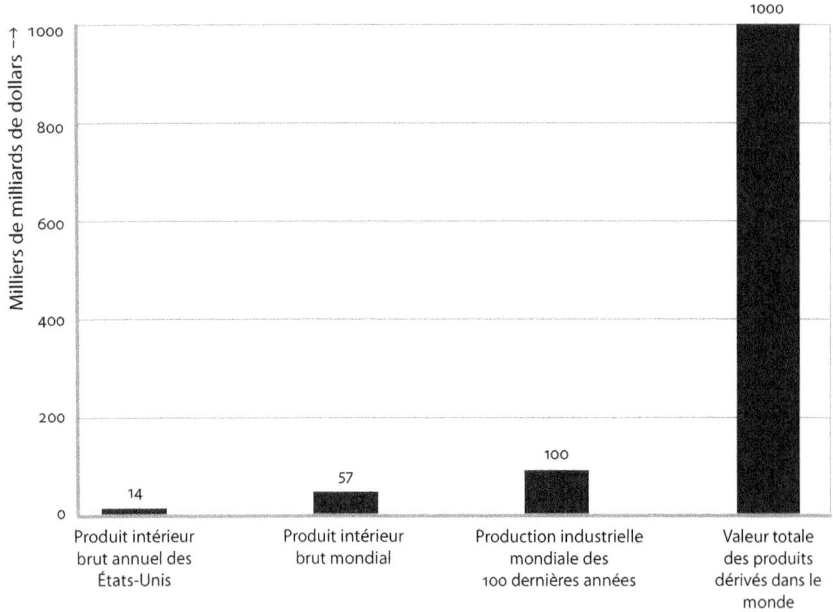

Source: Ian Stewart, Guardian News and Media Ltd., 2012

7. Ian Stewart, « The mathematical equation that caused the banks to crash », *The Guardian*, 12 février 2012.
8. Les données sont tirées de World Bank Group, *World Development Indicators Database*, Washington (DC), 2008; et les estimations sont fournies par *Guardian News and Media Ltd.*

- La même année, le PIB mondial était de 57,85 billions de dollars.
- La production industrielle mondiale brute au cours des 100 dernières années (compte tenu de l'inflation) est d'environ 100 000 milliards de dollars.

Et enfin :

- L'évaluation des produits dérivés mondiaux en 2007 était d'environ 1 million de milliards de dollars.

Et c'est ainsi que les produits dérivés ont représenté 10 fois la valeur de la production industrielle mondiale du siècle dernier ! Et ce n'est guère comparable car, rappelons-le, les produits dérivés ne représentent que des gains largement imaginaires ! L'oignon monétaire devenait trop gros, trop abstrait et trop complexe à gérer.

Dans ce livre, je ne me préoccupe pas de l'aspect éthique de cette question. Mon objectif premier est de souligner que cette dérive et cette stratégie illusoire ont été inévitables. C'est un schéma bien connu. Nous l'avons repris en passant par toutes les étapes de la croissance monétaire. Chaque nouveau concept ajoute un niveau d'intensité à la croissance. Et s'accompagne d'un nouveau niveau de risque supplémentaire.

Les créateurs de ces formules folles font tout simplement de leur mieux pour répondre aux attentes exponentielles de la courbe de l'argent. Après tout, c'est le Saint Graal de notre paradigme économique moderne.

Le problème est qu'ils ont essayé d'y parvenir par des moyens de plus en plus abstraits et dangereux. Dans un sens, il n'y avait pas d'autre issue que de perpétuer faussement la croissance, étant donné que la production de biens réels nécessite l'extraction de vraies ressources et de vraie énergie du corps de la Terre. Nous avons depuis longtemps dépassé le point de concordance entre la réalité physique et sa représentation financière. En 2007, au début de la crise, le secrétaire au Trésor américain de l'époque, Henry Paulson, a parlé à la télévision des problèmes de liquidité de la banque d'investissement Bear Stearns, déclarant que « les fils qui tissent les vastes galaxies financières sont des produits dérivés, et les esprits les plus brillants de Wall Street s'inquiètent de savoir comment ils fonctionnent – surtout du fait que les marchés boursiers du monde entier deviennent plus imprévisibles et plus complexes ». Warren Buffett, l'un des magnats des affaires les plus riches du monde, a plus tard qualifié ces dispositifs mathématiques risqués d'« armes financières de destruction massive ».

Oui, ces instruments financiers étaient si complexes que les créateurs eux-mêmes n'étaient plus en mesure de les contrôler pour déterminer ce qui permettrait de maintenir le système à flot après son effondrement.

Et l'effondrement a eu lieu !

En 2005, nous avons atteint le point 2, soit le sommet de la courbe de réalité (figure 30). Il s'agit de la quantité maximale de pétrole conventionnel que nous pouvons extraire chaque année de la Terre. Ce point est appelé « pic pétrolier ». Le pétrole étant le principal moteur de la croissance industrielle, le pic de production a sonné le glas de la religion de la croissance quantitative exponentielle perpétuelle.

Jusqu'à présent, personne ne s'était sérieusement préoccupé de ce qui arrivait au corps de la Terre ; pourvu que notre concept de croissance fonctionne. Mais à partir de cette date, le concept lui-même était en danger.

En effet, à partir du point 2, la courbe conceptuelle et la courbe de réalité commencent à évoluer dans des directions opposées. La première veut monter alors que l'autre commence à diminuer. Le concept même de croissance est alors en échec. Cela ne peut que provoquer le début de l'effondrement financier, car il devient de plus en plus difficile de corriger de manière permanente la fausse valeur manifeste et gigantesque de l'économie.

La civilisation dans son ensemble, et les experts financiers en particulier, avaient émis deux hypothèses fondamentales mais impossibles :

- Le concept était vrai : cette croissance était un droit divin et on pouvait la perpétuer indéfiniment en ayant simplement recours à l'ingéniosité mentale, financière et mathématique.
- La réalité soutiendrait cette croissance : l'énergie et les ressources pourraient être obtenues à des vitesses toujours accrues pour maintenir cette croissance.

Le risque de ce pari semblait presque imperceptible. Tel des lacets qui se desserrent discrètement, finissant éventuellement par

Figure 30

La croissance du déficit financier

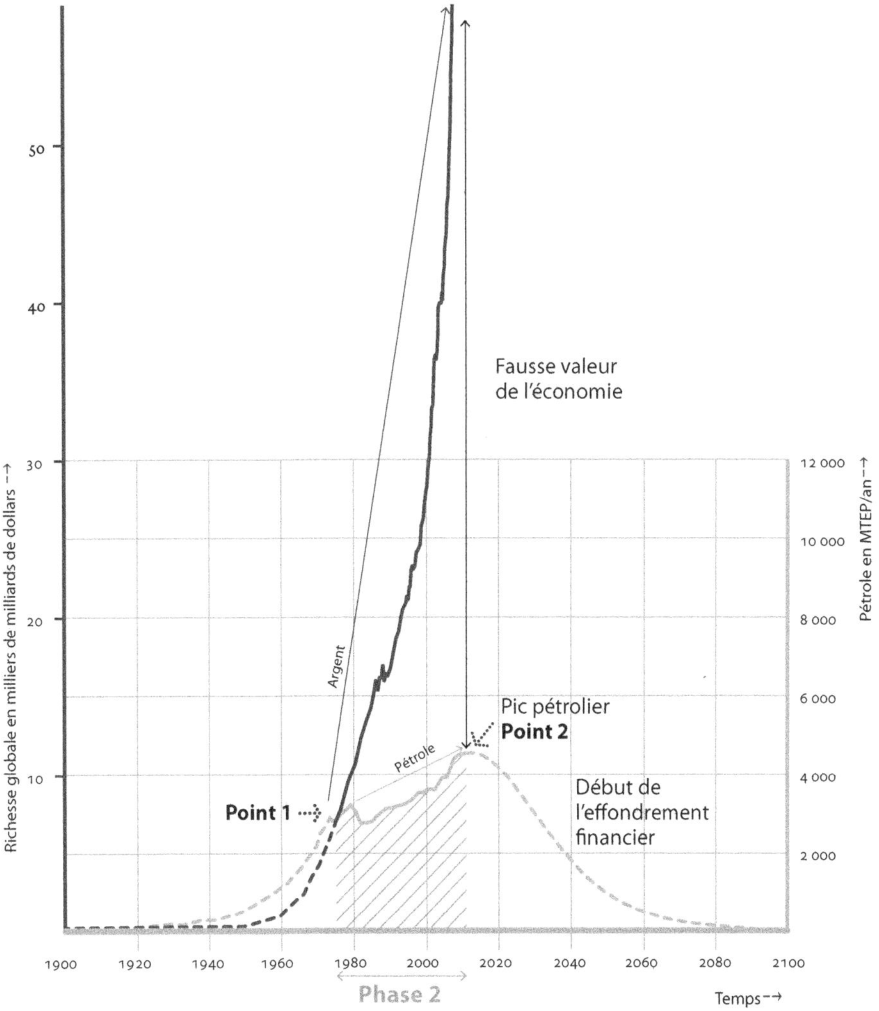

se défaire complètement et risquant ainsi de mettre à mal l'équilibre du propriétaire des chaussures, le détricotage économique de notre monde civilisé a commencé de manière imperceptible vers 2005, lorsque nous avons atteint le pic de la production de pétrole conventionnel.

À partir de 2005, l'écart entre concept et réalité est devenu de plus en plus difficile à dissimuler. Avant la crise de 2008, les prix du pétrole ont atteint 146 dollars le baril. Le système financier, fondé sur une énergie bon marché, s'est effondré. En l'espace de quelques mois, 50 000 milliards de dollars ont disparu des bilans mondiaux.

Mais la réalité est venue rétablir les faits.

Cette crise de 2008, qui marque le début de l'effondrement financier, a été la preuve que nous avions atteint le pic de production du pétrole conventionnel. Elle n'est toutefois qu'un aperçu de ce qui s'en vient. Alors que pour le moment tout est fait pour éviter d'amorcer la descente énergétique, il reste d'énormes quantités d'argent imaginaire qui se cachent dans des pseudo-actifs. Celles-ci disparaîtront lors de la phase 3, la descente énergétique !

« Quiconque croit qu'une croissance exponentielle peut durer éternellement dans un monde fini est soit un fou, soit un économiste. »

Kenneth Ewart Boulding - économiste, éducateur et philosophe interdisciplinaire

Arrêtons-nous un instant et réfléchissons.

Nous sommes encore aujourd'hui perchés au sommet de la courbe de réalité – le pic de production de pétrole qui anime notre concept de croissance financière. La civilisation industrielle moderne a toutefois atteint les limites de son concept.

La trajectoire future, la phase 3, sera en forte baisse par rapport à notre paradigme économique actuel. C'est donc le bon moment pour réfléchir.

N'oubliez pas que nous étions dans une situation similaire avec le super entraîneur et le coureur. Le concept fou du premier, qui visait à augmenter de façon exponentielle la vitesse du second, a conduit à détruire le capital-santé du coureur : sa forme physique, sa stabilité mentale, ses relations sociales et son intégrité spirituelle. La conséquence est l'effondrement du corps du coureur suivi de l'effondrement du concept de l'entraîneur.

Par ailleurs, le concept économique de l'argent basé sur les intérêts composés nous a amenés, en tant que société, à piller systématiquement toutes les ressources possibles du corps de la Terre

Figure 31

Masse monétaire vs énergie (phase 3)

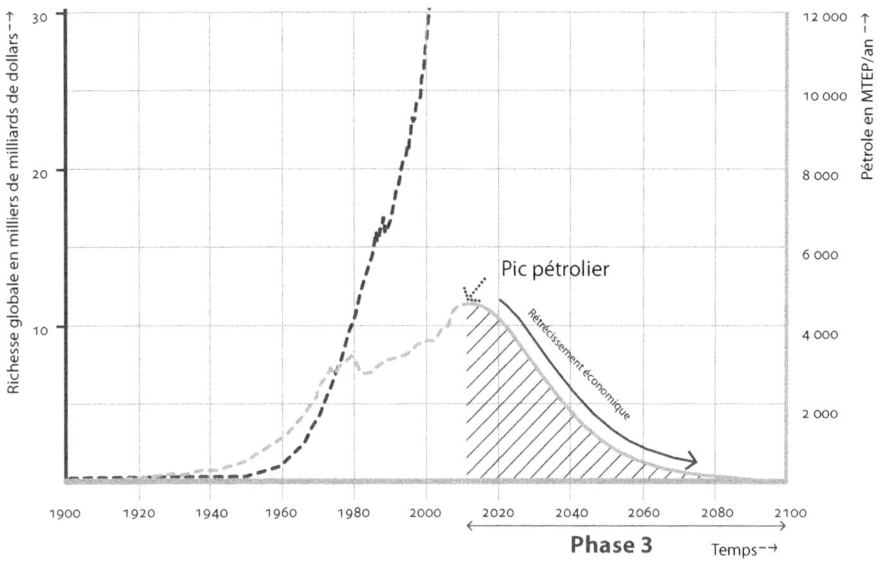

pour maintenir notre modèle de croissance quantitative exponentielle perpétuelle. En appliquant ce concept, nous avons perturbé des écosystèmes et fragilisé certaines structures sociales ainsi que notre intégrité morale. Le résultat se situe à nouveau sur un double plan : la détérioration à la fois de la santé et de la richesse.

De l'effondrement économique à l'effondrement écologique

Inspiré par le livre de Charles Eisenstein *The Ascent of Humanity* [L'ascension de l'humanité][9], j'ai catégorisé le capital-santé de la Terre, en tant qu'organisme vivant, de la manière suivante :

- **Le capital naturel,** soit les éléments inanimés utiles à l'homme – les combustibles tels que le charbon, le pétrole et le gaz naturel, et les matériaux tels que le bois, les minerais métalliques, le

9. Charles Eisenstein, *The Ascent of Humanity : Civilization and the Human Sense of Self*, Berkeley, Evolver, 2013.

calcaire, le sel, l'ardoise, l'argile, la craie, le gypse, la silice, les terres arables, etc.;

- **Le capital écologique**, soit le tissu vivant de la planète – les forêts, les rivières, le règne végétal, le règne animal, les microbes, etc.;
- **Le capital social**, soit les liens entre les personnes dans la famille, la communauté et la société – l'amour, le respect, la bienveillance mutuelle, la paix et l'harmonie;
- **Le capital culturel**, soit le folklore, avec les différentes formes de danse et de musique, les chansons, les arts et les idées qui forment une base de connaissances commune;
- **Le capital spirituel**, soit les croyances, la morale, l'éthique et les valeurs d'une société telles que l'honnêteté, la foi et la confiance.

Figure 32

Brûler le capital naturel pour créer de l'argent

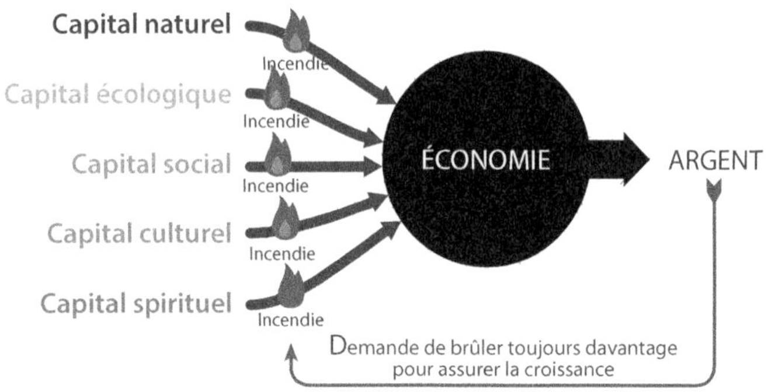

Nous considérons la santé (capital corporel) et la richesse (capital financier) comme deux entités distinctes, bien qu'elles soient liées d'une drôle de façon. En effet, au cours de l'ère industrielle moderne, notre paradigme économique de croissance perpétuelle a brûlé la majeure partie de notre capital-santé dans un seul objectif: celui de le convertir en capital financier.

Le capital naturel, comme les combustibles fossiles, a été utilisé pour construire et faire fonctionner des machines qui détruisent le capital écologique, les forêts, les rivières et les écosystèmes. Le monde industriel moderne a profondément changé le capital social de la santé, de la paix et des habitudes des peuples.

Les activités familiales et communautaires ont été peu à peu remplacées par une production permanente, 24 heures sur 24, ce qui a transformé tous nos échanges en marchandises achetables avec de l'argent. Cette transformation de tout en argent et en profits, pour essayer de maintenir à tout prix des objectifs de croissance impossibles à atteindre compte tenu de l'épuisement des ressources, a multiplié les pressions, ce qui a détruit peu à peu le capital spirituel d'honnêteté, d'intégrité et de loyauté de l'humanité.

Et la seule chose que cette destruction a créée est quelque chose de symbolique, appelé « argent », lequel n'est rien d'autre qu'un lubrifiant et un facilitateur pour perpétuer la création d'encore plus d'argent dans un système que nous appelons l'« économie moderne ». L'argent n'est pas une valeur mais un catalyseur qui rend possible le schéma de croissance perpétuelle. Est-ce vraiment utile ?

Regardez l'état du monde autour de vous et vous aurez la réponse.

Mais comme je l'ai dit au début de ce livre, je ne parle pas directement de moralité mais de « possibilité ». Bien sûr, c'est une mauvaise idée de brûler toutes sortes de capitaux qui sont irremplaçables et vitaux pour créer une monnaie sans valeur qui consomme toujours plus. Ce que j'essaie de montrer dans ce livre, c'est que vouloir seulement gérer le paradigme économique actuel est impossible. Parce que la principale ressource qui nous a permis de créer ce paradigme est le pétrole. Et que le pic de production pétrolier met un terme définitif à ces plans savamment élaborés.

Le monde des affaires et de la finance doit forcément tenir compte du pic pétrolier. L'effondrement du système financier mondial en 2008, dont les conséquences sont toujours d'actualité (notamment à travers la dette des États), a été provoqué directement par l'omission du pic de la ressource la plus précieuse sur Terre : le pétrole.

C'était le point le plus élevé de la courbe de réalité, celui où nous avons siphonné la quantité maximale de pétrole que nous pouvions extraire des entrailles de la Terre. En 2008, nous avons atteint une limite géologique que rien ni personne ne peut modifier. C'est un tournant. À partir de là, nous devons impérativement amorcer un voyage en sens inverse pour préserver le capital-santé de la Terre (capital naturel, écologique, social, culturel et spirituel), qui est finalement lui aussi régi par les lois de la courbe de réalité, laquelle est une courbe en cloche. Ironiquement, même le pétrole, notre ressource industrielle la plus précieuse, épouse religieusement les fluctuations de cette courbe.

En conséquence, peu importe les efforts que nous déployons pour alimenter la courbe de l'argent, la Terre suivra une courbe en cloche et ne pourra donc pas répondre aux attentes économiques de la courbe exponentielle. Les problèmes récurrents associés au pic pétrolier constituent un phénomène d'une importance cruciale que le monde devra humblement comprendre et accepter.

L'économie devrait être une science holistique et sensible pour permettre de gérer tous les capitaux (naturel, écologique, social, culturel et spirituel) dont nous avons hérité. Au lieu de cela, nous avons transformé les lois de l'économie pour les transcender et les remplacer.

Pour vérifier ce que j'affirme, vous pouvez reprendre n'importe quel article dans les journaux, ou débat à la télévision, portant sur l'effondrement financier de 2008 et la récession qui a suivi. Vous ne trouverez que des arguments complexes et érudits, formulés par des experts économiques qui se fourvoient en essayant désespérément de lutter contre la crise et en utilisant pour ce faire une pléthore de termes financiers: « capital », « dette », «équité », « prêt », « subvention », etc. Il s'agit de représentations symboliques de la valeur mais pas de valeurs en soi. Vous y trouverez des expressions comme « ralentissement de la croissance », « risque d'inflation », « une monnaie qui s'effondre », « un déficit fiscal en plein essor », « une pénurie structurelle de liquidités » et « un environnement économique extérieur hostile ».

Il n'est fait aucune mention de la valeur réelle sur laquelle l'argent est basé. Aucune mention des principes de l'énergie ou de l'épuisement des ressources ou du pic pétrolier. Ces experts économiques continuent à ne rêver que de croissance infinie. C'est ainsi que nous nous maintenons dans un monde financier illusoire.

Tout comme le super entraîneur, nos économistes affirment avec arrogance que c'est leur super concept d'argent et de croissance qui dirige le monde. Les économistes et le super entraîneur croient que seule la rigueur de leur méthode permettra au coureur/économie d'atteindre son objectif conceptuel impossible de croissance quantitative éternelle. De même que le super entraîneur était déterminé à tuer son coureur pour maintenir son concept, nous sommes en train d'épuiser la Terre-Mère pour maintenir notre concept de croissance quantitative exponentielle perpétuelle.

Une fois de plus, nous nous retrouvons à la croisée des chemins. Nous sommes au sommet de notre consommation de ressources et nous voudrions consommer encore plus et encore plus vite. Pourtant, ni la vitesse ni le volume ne sont des indices de stabilité et de sécurité pour l'avenir. De la même manière qu'un objet qui tombe d'une certaine hauteur atteint sa vitesse la plus rapide juste avant de s'écraser au sol !

Ce que vont devenir l'argent (concept, esprit) et la planète (réalité, corps) dans la phase 3, qui commence actuellement, dépend des changements que nous apporterons à notre paradigme et des choix que nous ferons.

Je le répète : pour moi, nous devons faire deux choses, très similaires aux choix de l'entraîneur et du coureur.

1. *Tuer le concept.* Abandonner le concept fou de croissance financière exponentielle perpétuelle. C'était de toute façon impossible à réaliser et cela devient de plus en plus dangereux à la lumière du pic pétrolier.
2. *Sauver le corps.* Arrêter de pomper dans le corps de la Terre avec des méthodes désespérément agressives qui détruisent toutes les formes de capital pour répondre aux attentes déraisonnables de la croissance exponentielle de l'argent. Si nous n'agissons pas de toute urgence, le tissu constitutif de la Terre sera prématurément et irrémédiablement détruit.

Ou préféreriez-vous que ce soit l'inverse – qu'on sauve le concept qui promeut la croissance quantitative exponentielle perpétuelle et qu'on tue le corps terrestre ? Moi, je sais quelle option je choisirais, mais cette fois il s'agit d'un choix que nous devons faire collectivement. Et ce choix doit faire l'unanimité. C'est notre corps collectif. La Terre est une extension de tous nos corps.

Mais attention !

Il se peut en effet que cette fois-ci nous n'ayons pas vraiment le choix. C'est la Terre qui pourra elle seule décider du degré de croissance possible, car le pic de production de pétrole est égal au pic de notre croissance économique.

Nous analyserons ce que le pic de production pétrolière signifie pour le monde industriel moderne dans le prochain chapitre.

« Tant que vous n'avez pas changé la manière dont l'argent fonctionne, vous n'aurez rien changé. »

Marion King Hubbert, géologue ayant prédit le pic pétrolier américain et mondial.

Le déclencheur de la maladie

Une dernière chose avant de terminer cette section et de passer à la deuxième partie de ce livre.

Imaginez que la série de lignes de la figure 33 représentent les signes vitaux d'un patient qui se trouve dans une unité de soins intensifs. Les courbes montrent sa fréquence cardiaque, sa tension artérielle, sa température corporelle, sa glycémie, son taux de cholestérol, etc. Il y a un niveau optimal pour chacun de ces signes vitaux pour que le patient soit considéré comme étant en bonne santé.

Vous remarquez que tous les signes vitaux explosent : sa pression artérielle, sa fréquence cardiaque, sa température corporelle, sa glycémie, son taux de cholestérol ; ils augmentent tous de façon exponentielle. Selon vous, qu'arrive-t-il à ce patient ?

Figure 33

Le déclencheur de la maladie

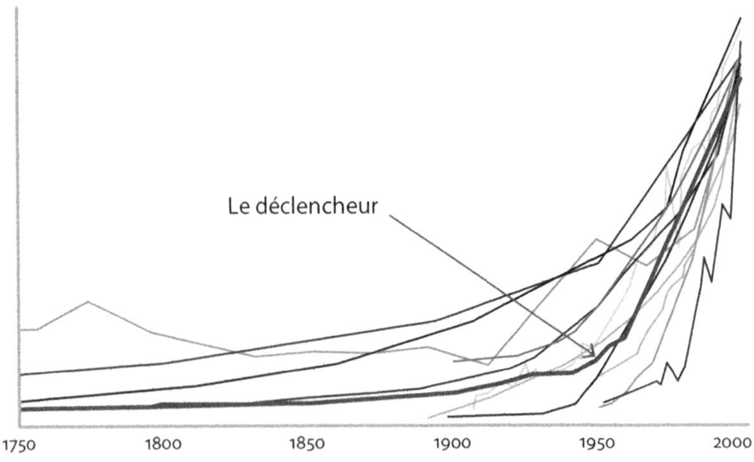

Eh bien, je n'ai pas besoin d'être docteur en médecine pour vous dire que ce pauvre patient est sur le point de mourir.

Et maintenant, que se passerait-il si je vous disais que ce patient aux soins intensifs est en fait notre planète, la Terre-Mère ? Oui, ces tracés proviennent de chiffres *réels* qui représentent les signes vitaux de la Terre, et ils sont tous en augmentation exponentielle :

- Diminution des surfaces des forêts tropicales humides et plus généralement des régions boisées ;
- Extinction exponentielle des espèces vivantes ;
- Augmentation exponentielle de l'exploitation des pêcheries ;
- Augmentation exponentielle de la consommation d'eau ;
- Explosion du nombre de voitures à moteur ;
- Augmentation de plus en plus rapide de la concentration de CO_2 ;
- Hausse exponentielle des températures moyennes de l'hémisphère Nord ;
- Augmentation exponentielle de la population ;
- Appauvrissement de la couche d'ozone ;
- Augmentation exponentielle de la consommation de papier.

Il existe de nombreux autres signes vitaux de ce type qui augmentent de façon exponentielle, mais nous ne pouvons pas tous les mentionner ici. Ce qu'il est important de retenir, c'est cette tendance qui les caractérise tous.

Cachée au sein de tous ces tracés se trouve une courbe très importante marquée par la flèche « déclencheur ». Celle-ci représente le PIB mondial qui, lui aussi, augmente de façon exponentielle. N'est-ce pas ce que nous voulions lorsque nous avons établi les règles de l'économie ?

Souvenez-vous que nous avons stipulé que « l'argent a une valeur temporelle ».

La masse monétaire doit croître. Et cette croissance doit s'accentuer. Année après année. Décennie après décennie. Siècle après siècle. Bref, à l'infini !

C'est bien ce que nous appelons notre « objectif économique ». C'est bien ce que nous appelons le « progrès » et le « développement ». C'est bien le critère à l'aune duquel nous mesurons tout ce qui vaut la peine d'être fait dans la vie. C'est bien la croissance quantitative exponentielle perpétuelle. Telle est notre loi économique. Cette loi folle est en fait le *déclencheur*. C'est ce qui fait que tous les autres signes de santé de notre Terre-Mère s'effondrent de manière exponentielle. Alors, selon vous, que peut-il arriver à ce patient ?

Le patient meurt à coup sûr. LA TERRE MEURT !

Le diagnostic :

- Notre concept fou de croissance exponentielle de l'argent a réussi à provoquer une courbe du PIB.
- Cela a pour conséquence la destruction exponentielle du capital-santé de la planète.
- Cette détérioration se voit réflétée dans les indicateurs vitaux de la Terre, qui tous évoluent de manière exponentielle.
- Tout ceci menace la survie de nos écosystèmes !

Et tout cela en raison de notre obstination à croire en un faux paradigme économique appelé « croissance ». La « croissance quantitative exponentielle perpétuelle », pour être plus exact. Un système qui cherche à atteindre le sommet de la richesse au prix de la destruction de la Terre !

La Terre dispose cependant d'un as dans sa manche. Cet as, qui est sur le point de l'emporter sur nos rêves fous de croissance perpétuelle infinie, s'appelle le « pic pétrolier ». Le chapitre suivant traite de cette réalité.

Bienvenue dans le monde réel du pic pétrolier.

« La croissance pour la croissance est l'idéologie de la cellule cancéreuse ».

Edward Abbey, écrivain américain connu pour son plaidoyer en faveur des questions environnementales et pour ses critiques des politiques foncières publiques.

2

Le pic pétrolier : preuves et conséquences

La notion de pic dans une production ne signifie pas seulement que la moitié du stock a été consommée. Ce n'est pas la partie la plus essentielle de l'histoire.

La chose la plus étonnante à propos du pic pétrolier est que nous devons déjà commencer à nous inquiéter lorsque nous avons atteint la moitié des réserves. En effet, même s'il reste la moitié du pétrole, nous commençons à descendre la courbe de sa disponibilité en forme de cloche, ce qui finira par affecter profondément notre économie.

Pour prendre conscience des véritables implications du pic pétrolier, il est essentiel que nous comprenions chacun des éléments suivants :

- Ce pic est dangereux pour notre société industrielle moderne et non pas pour une société agraire, qui, elle, n'est pas fortement dépendante du pétrole.
- À partir de ce point, situé à mi-chemin des stocks, la ressource ne fait que diminuer.
- Le pétrole est une ressource énergétique clé non renouvelable et *rien* ne peut le remplacer.
- Enfin, aucune autre ressource ou combinaison de ressources ne peut répondre à cette attente de croissance quantitative exponentielle perpétuelle.

Ce n'est que lorsque nous comprendrons ces points, pris séparément puis tous ensemble, que nous comprendrons ce que signifie le pic pétrolier et la pénurie dans laquelle nous nous engageons.

2.1 Les pétrole dans un monde industriel

Le pétrole est unique

Quelle proportion de pétrole est utilisée pour faire fonctionner le monde, notamment les transports, et quelle proportion est utilisée pour fabriquer les produits les plus divers ? Comment le pétrole est-il employé ?

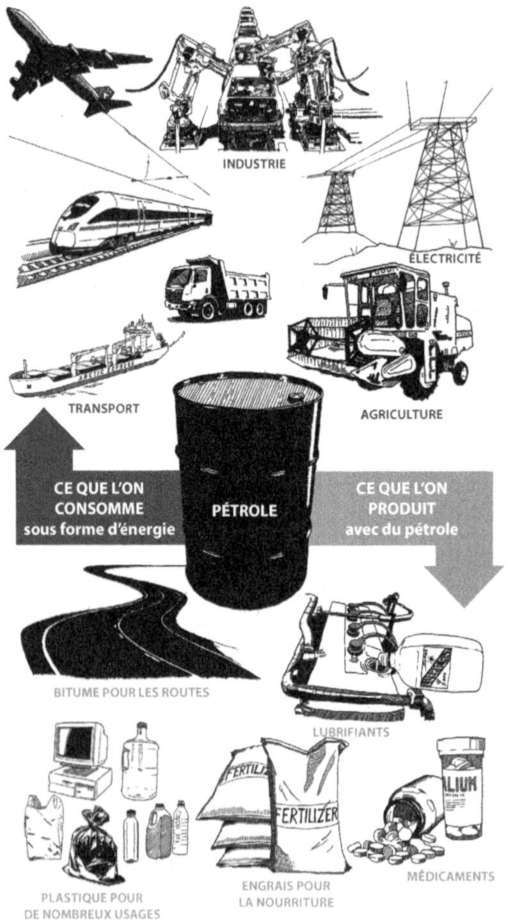

Transport : à partir d'un baril de pétrole de 42 gallons (environ 159 litres), on obtient 32 gallons (environ 120 litres) d'essence, de diesel et autres carburants pour le transport. Ces carburants servent à faire fonctionner notre monde industriel moderne en permettant le déplacement de nos voitures, camions, trains, avions, machines agricoles, etc.

Produits autres : les 10 gallons restants (environ 39 litres) sont utilisés pour fabriquer des produits tels que des plastiques, des lubrifiants, du bitume, des engrais, etc., qui sont essentiels au fonctionnement du monde industriel moderne.

Prenez le temps de bien comprendre les informations ci-dessus. Nous pensons généralement que le pétrole est une forme d'énergie qui sert à faire bouger les choses, à faire fonctionner le monde. Mais nous avons tendance à oublier qu'environ un quart de chaque baril de pétrole est utilisé pour la construction du tissu même de notre monde industriel.

Oui, 24 % de chaque baril de pétrole sert à la fabrication de produits comme le bitume, les plastiques, les engrais, les lubrifiants, les produits pharmaceutiques, etc., que nous ne pouvons obtenir d'aucune autre source d'énergie. Ni solaire, ni éolienne, ni nucléaire, ni rien d'autre. Et de fait, le pétrole est nécessaire au déploiement de toutes les options énergétiques dites alternatives.

D'ailleurs, que vous apportent principalement l'énergie solaire, les éoliennes, le nucléaire, les piles à combustible, etc. ? Le plus souvent, seulement de l'électricité ! Aucune de ces sources d'énergie ne donne de combustibles liquides et la vérité est que notre monde ne fonctionne pas à l'électricité, mais aux combustibles liquides qui proviennent principalement du pétrole. Nous en parlerons dans le prochain chapitre portant sur les énergies alternatives.

Ce qui est essentiel, c'est non seulement que le monde *tourne* avec du pétrole, mais également qu'il se *construit* avec du pétrole. On ne peut en dire autant d'aucune autre source d'énergie. Le pétrole est irremplaçable dans la façon dont nous avons organisé le monde industriel moderne.

La valeur énergétique du pétrole permet la fabrication et le transport de toutes sortes de marchandises. Il est la source d'énergie indispensable au fonctionnement des entreprises partout dans le monde. Et il ne faut pas oublier que c'est le bitume, un sous-produit du pétrole, qui sert à construire les routes dont tous les réseaux de transport ont besoin. Aucune autre source d'énergie ne peut nous fournir ce sous-produit.

Brûler du pétrole dans des centrales thermiques permet de produire de l'électricité. Mais pour cela, il faut disposer de sous-produits comme les isolateurs, les plastiques, les huiles lourdes pour le refroidissement des transformateurs, etc., qui contribuent à l'infrastructure électrique et à une grande partie de l'industrie électronique. Aucune autre source d'énergie ne peut nous fournir ces sous-produits.

Grâce à la richesse énergétique du pétrole, nous avons mis en place des systèmes destinés à générer des excédents alimentaires, qu'ils soient nécessaires ou pas. Cela a pu se mettre en place par le truchement de pratiques agricoles agressives et inutiles qui nécessitent d'augmenter la quantité de pétrole utilisée pour cultiver, irriguer et récolter, et ce, avec un nombre croissant de machines et de méthodes industrielles. Nous avons ensuite transformé les aliments avec l'énergie du pétrole de mille façons, saines ou non, puis nous avons transporté ces aliments transformés dans les coins les plus reculés du monde. Mais ce sont les engrais, sous-produits du pétrole, qui sont au centre de ce type d'agriculture énergivore. Aucune autre source ne peut nous fournir des engrais aussi bon marché et en si grande quantité.

En Inde, ce que nous avons fièrement surnommé la « révolution verte » dans les années 1970 n'était rien d'autre que le passage à une agriculture industrielle consommant beaucoup d'énergie fossile et privilégiant les techniques de la monoculture. Pour maintenir les niveaux actuels de production alimentaire, il faut du pétrole, du labour, de la pulvérisation d'engrais et de pesticides, du sarclage, de l'irrigation, puis, après la récolte, du stockage, du transport, de la réfrigération… jusqu'à ce que l'aliment arrive au supermarché de votre quartier. Retirez le pétrole de ce réseau et ce système alimentaire s'effondrera.

La nourriture que nous recevons aujourd'hui nécessite du pétrole à toutes les étapes. Cette nourriture est transportée, en Inde, sur une moyenne de 1200 miles (environ 1900 km). Aux États-Unis, il faut une dizaine de calories provenant du pétrole pour produire une calorie de nourriture.

Figure 34

L'énergie du pétrole dans l'alimentation

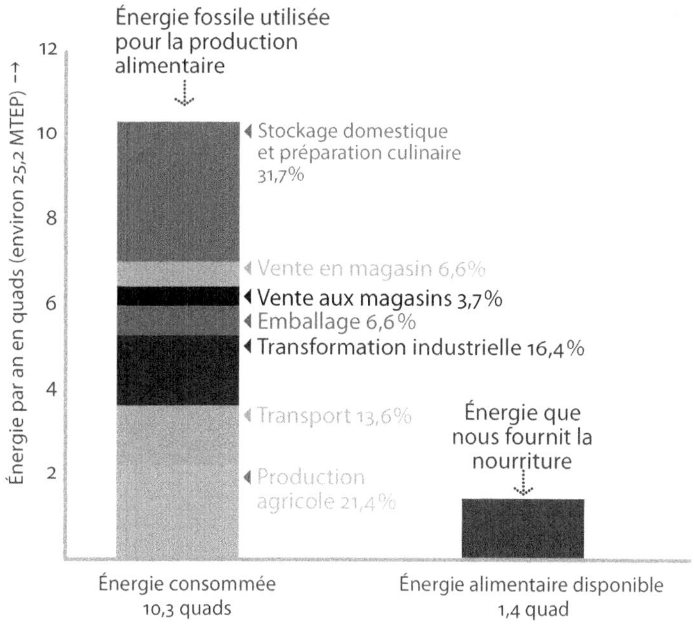

Source : Lettre d'information du Centre pour des procédés durables, Université du Michigan. Fiche d'information sur le système alimentaire des États-Unis.

La figure 34 compare l'énergie fossile que nous mettons dans la production alimentaire, essentiellement du pétrole (barre de gauche), et l'énergie beaucoup plus limitée que la nourriture nous donne réellement en retour (barre de droite). Le rapport entre les deux est pratiquement de 10. Alors qu'initialement, par la photosynthèse, l'agriculture stockait de l'énergie solaire, aujourd'hui, vous mangez surtout du pétrole et non du soleil. Plus un pays est avancé dans sa maîtrise des techniques agricoles modernes, plus le pourcentage d'énergie issue du pétrole (et non pas du soleil) sera important dans l'alimentation de ses citoyens.

Et enfin la conséquence mortelle ! Les combustibles fossiles ayant rendu possible l'agriculture intensive, l'excès de nourriture a permis une augmentation exponentielle de la population, jusqu'à 7,7 milliards. C'est une règle écologique simple que la plupart des gens ignorent : quelle que soit l'espèce, plus la nourriture est abondante, plus la population augmente. Et nous, les humains,

Figure 35

Population mondiale

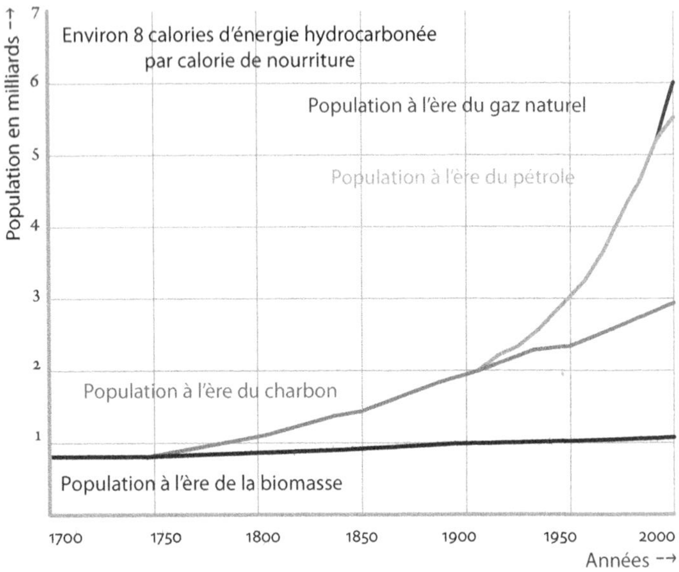

Source: Graham Zabel, «Peak People: The Interrelationship between Population Growth and Energy Resources», *Energy Bulletin*, 20 avril 2009.

suivons cette règle écologique, comme tous les autres organismes vivants.

Si nous avions dû compter uniquement sur la biomasse (trait foncé du bas), qui est de l'énergie solaire convertie en plantes, la population mondiale serait restée à environ 800 millions d'habitants. Mais nous avons ensuite découvert le charbon (second trait). Ce premier combustible fossile a permis de lancer une agriculture intensive basée sur les combustibles fossiles et cela a amorcé la croissance exponentielle de la population. Puis le pétrole (trait pâle) et enfin le gaz naturel (trait foncé du haut) ont permis à la population d'atteindre 7,7 milliards en 2020. Il s'agit d'une croissance exponentielle de la population rendue possible par une consommation exponentielle de l'énergie fossile dans notre système agricole moderne.

Outre la combustion de combustibles fossiles, la croissance de l'agriculture moderne a détourné à son profit 40 % de la capacité photosynthétique de la Terre en prenant la place de nombreux écosystèmes naturels. Cela a gravement affaibli les écosystèmes, lesquels sont cruciaux pour la stabilité du climat, et a accéléré l'extinction de nombreuses espèces non humaines.

Plusieurs études montrent que les États-Unis dépendent tellement des combustibles fossiles pour leur agriculture qu'ils seraient aujourd'hui incapables de nourrir plus des deux tiers de leur population sans ces combustibles fossiles. Si nous transposons cela à l'échelle mondiale, seulement 2 milliards de personnes environ pourraient vivre dans un monde sans combustibles fossiles.

En tenant compte de tout cela, nous voyons comment, dans un monde basé sur une agriculture dépendante du pétrole, le pic pétrolier signifie moins de nourriture.

Et moins de nourriture entraînerait une diminution de la population.

« L'agriculture moderne est l'utilisation de la terre pour convertir le pétrole en nourriture. »

A. A. Bartlett, professeur émérite de physique à l'Université du Colorado à Boulder, États-Unis

Notre dépendance vis-à-vis des sous-produits pétroliers

La liste ci-dessous présente quelques-uns des 6000 objets qui dépendent des sous-produits du pétrole[1].

Adhésifs pour dentier, ammoniac, anesthésiques, antigel, antihistaminiques, antiseptiques, appareils photo, aspirine, auvents, bacs à glaçons, bagages, balles de golf, ballons, bandages, bateaux, batteries de voiture, bigoudis, boîtes de rangement, bottes, bougies, bouteilles, brosses à dents, cannes et fils à pêche, caoutchouc synthétique, carburants, carrosserie de voiture de sport, cartes de crédit, casques, chandails, chaussures, ciment, cirage, collants, colles, colorants, conservateurs alimentaires, cordages, cordes de guitare, cortisone, cosmétiques, couches jetables, courroies de ventilateur, couvertures électriques, crampons de football, crayons de couleur, crème à raser, cuvettes de toilette, dentifrices, déodorants, détergents, émail, emballages alimentaires, encaustique, encres, engrais, éponges, films d'étanchéité, fils, filtres à huile, gazon artificiel, gélules et pilules, gilets de

1. <ranken-energy.com>.

sauvetage, glacières, glycérine, gobelets, graisse pour roulements, haut-parleurs, huile à moteur, insecticides, isolants de câbles électriques, joints de robinet, joints d'étanchéité, jouets, lecteurs CD, lentilles de contact, linoléum, lunettes, lunettes de soleil, maroquinerie, masques de protection, mastic, membres artificiels, mobilier, mousse de calfeutrage, parachutes, parapluies, parasols, parfums, patins à roulettes, peignes, peintures, pellicules de film, percolateurs, pièces automobiles, pièces de lave-vaisselle, pinceaux, planches de surf, pneus, portes et fenêtres, poupées, prothèses auditives, prothèses dentaires, raquettes de tennis, réfrigérants, réfrigérateurs, répulsifs à insectes, revêtements plastiques, rideaux, rideaux de douche, roues, rouges à lèvres, rubans adhésifs, sacs poubelle, savons, shampoings, shampoings colorants, skis, solvants, stylos à bille, tapis synthétiques, téléphones, tentes, tissus synthétiques, tuyaux d'arrosage, vaisselle, valves cardiaques, vaporisateurs, vaseline, vermifuges, vernis à ongles, vêtements, voitures miniatures…

Un réseau complexe d'interdépendances liées au pétrole

Maintenant que nous avons pris conscience de notre dépendance aux produits mentionnés ci-dessus, nous touchons à une réalité plus effrayante et plus sombre : comment un produit nécessitant du pétrole est connecté à un autre et à un autre et à un autre encore dans un réseau sans cesse croissant d'interdépendances. Ici s'ouvre la boîte de Pandore.

Mais juste pour la discussion, cela pourrait servir de prétexte à un jeu passionnant.

Prenons donc un élément simple comme un stylo à bille. Quel est ici le rôle du pétrole ? Eh bien, pour commencer, tout le plastique qui le compose est un sous-produit du pétrole. Mais aussi, tous les composants non plastiques ont été extraits à l'aide de machines utilisant du pétrole, puis transportés à l'aide de pétrole dans des usines construites avec du pétrole. L'encre est fabriquée à l'aide de solvants, notamment du toluène et de l'alcool propylique, qui sont des sous-produits d'une réaction chimique obtenue à partir du charbon et du pétrole.

Passons maintenant au niveau suivant. Où ont été fabriquées les machines utilisées dans ces usines de stylos à bille ? Dans d'autres usines. Et chacune a une infrastructure et des machines qui ont été construites grâce à l'énergie du pétrole. Majoritairement dans le monde, l'électricité nécessaire à ces usines a été produite par la combustion du charbon, qui est un combustible fossile, comme le pétrole.

Et comment les gens qui travaillent dans ces usines s'y rendent-ils ? Le plus souvent dans des voitures fonctionnant au pétrole. Et comment ces voitures ont-elles été fabriquées ? Dans des usines fonctionnant au pétrole, bien sûr. Et qu'en est-il des pièces et des machines nécessaires pour fabriquer ces usines ? Elles proviennent d'autres usines, construites avec du pétrole.

Et où vivent ces gens qui travaillent dans ces usines ? Dans des maisons qu'on a construites en utilisant...

Essayez de poursuivre sérieusement ce jeu aussi longtemps que possible. Vous vous rendrez compte qu'il s'agit d'un réseau sans cesse grandissant d'interdépendances pétrolières, un réseau si difficile à démêler que vous aurez bien du mal à trouver ensuite comment remplacer le pétrole par n'importe quel produit. Plus un gadget est compliqué, plus les industries et les processus impliqués dans sa fabrication sont nombreux. Chaque industrie, chaque processus est lié de manière complexe au pétrole et à ses sous-produits.

Si vous faites ce jeu honnêtement, vous aboutirez à une seule conclusion : le monde industriel moderne est totalement vulnérable à la moindre baisse de la production de pétrole.

Ceci n'est qu'une brève démonstration de ce qu'il faut pour maintenir en état de fonctionnement ce monde industriel moderne. Chaque facette de celui-ci est un artefact d'énergie pétrolière bon marché et abondante et de ses sous-produits. Nous sommes pieds et poings liés par notre dépendance au pétrole, à un point tel qu'il est effrayant d'examiner le sujet dans sa totalité.

2.2 Les preuves du pic pétrolier

Pic pétrolier et courbe de Hubbert

Comment se comportent les puits de pétrole ? En d'autres termes, à quelle vitesse ou en quelle quantité produisent-ils au fil du temps ?

La perception la plus courante et la plus fausse est qu'un puits de pétrole est comme un énorme réservoir souterrain d'où nous pouvons extraire du pétrole à volonté (la quantité étant limitée uniquement par la taille de la pompe et la capacité de ce puits, bien sûr). Cela s'est révélé faux.

Le pétrole étant visqueux, il lui faut du temps pour traverser les pores et les crevasses de la roche qui le contient. Par conséquent, l'extraction et la production de pétrole suivent un scénario identique pour tous les puits. Ce processus a été expliqué par Marion King Hubbert, un géoscientifique qui travaillait au sein du laboratoire de recherche Shell à Houston, au Texas, au début des années 1950.

Marion King Hubbert
1903-1989

Hubbert a prédit que le taux de production de pétrole devait ressembler à une courbe de Bell, comme indiqué ci-dessus. Et ce, qu'il s'agisse d'un seul puits… d'une zone géographique donnée… ou de la planète dans son ensemble.

Dès lors, nous ne pouvions plus supposer que nous pourrions simplement pomper du pétrole à la vitesse que nous souhaiterions. C'est le puits de pétrole qui déciderait pour nous. Et la production aurait la forme d'une courbe en cloche, la courbe de réalité (figure 36).

Les points clés de la production de pétrole dans ce modèle sont les suivants:

1. Peu importe la taille du puits, il suivra toujours la forme de la courbe en cloche.

Figure 36

Production annuelle de pétrole pour une région donnée

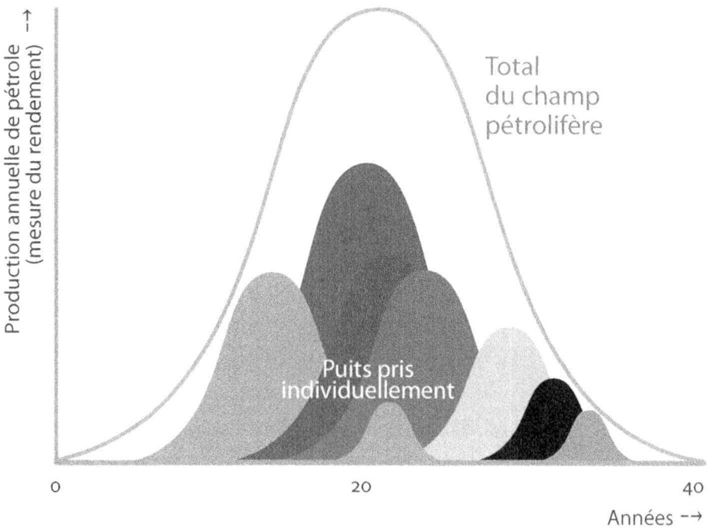

2. Le taux maximal d'extraction du pétrole, nommé le « pic de production », est atteint à mi-chemin, lorsque vous n'avez retiré que la moitié du pétrole de ce puits. Et à partir de là, la production ne fait que diminuer.
3. Cela est vrai pour tous les puits en production à un moment donné.

Hou la la ! Cette découverte a changé la donne, tant pour l'industrie pétrolière que pour le monde industriel en général. Obtenir de moins en moins de pétrole à partir du point situé *à mi-chemin* est une catastrophe. Surtout lorsqu'on croit à la croissance exponentielle perpétuelle. Car pour pouvoir continuer, il est absolument nécessaire que nous puissions extraire de plus en plus de pétrole, à la vitesse que nous choisissons. Or cela est impossible après avoir atteint le point de mi-parcours, comme le montre la découverte de Hubbert.

Sur la base de sa découverte, Hubbert a présenté en 1956 un document lors de la réunion de l'American Petroleum Institute à San Antonio, au Texas. Ce document prédisait que la production pétrolière des États-Unis atteindrait un pic entre la fin des années 1960 et le début des années 1970, puis amorcerait un déclin permanent. Cela signifiait que les États-Unis produiraient par la suite de moins en moins de pétrole chaque année. Et donc que la croissance de l'industrie ne pourrait que ralentir aux États-Unis après ce pic.

Pas étonnant que Hubbert ait d'abord fait l'objet de critiques cinglantes. Il a été moqué et ridiculisé. Avant de prouver qu'il était dans le vrai, Hubbert a dû attendre longtemps et a mené une vie solitaire dès 1956...

Et ceci jusqu'en 1971, date où la production de pétrole conventionnel aux États-Unis a culminé, comme il l'avait prédit. La production de pétrole a commencé à décliner, et ce, malgré des progrès technologiques extraordinaires, des investissements considérables et des aides fiscales à l'industrie pétrolière américaine qui essayait de se maintenir à flot. Cela a provoqué un changement politique dans l'histoire des États-Unis, le pays devant poursuivre sa recherche de pétrole en dehors de ses frontières pour espérer maintenir son taux de croissance.

Depuis, Hubbert est devenu célèbre et admiré. La courbe de Hubbert n'est plus une théorie. C'est maintenant une loi géologique !

Comment Hubbert a-t-il prédit le pic pétrolier américain ?

Hubbert n'était pas un voyant ultralucide. C'était un scientifique spécialisé en géologie. Il a effectué une analyse statistique basée sur des données concernant les découvertes par rapport à la production de pétrole aux États-Unis.

D'après les données des puits de pétrole d'une région, il savait que le délai entre la découverte et le pic de production était d'environ 40 ans. Il a donc étendu cela à l'ensemble des États-Unis. Il a remarqué que les découvertes de nouveaux gisements de pétrole aux États-Unis avaient culminé en 1930. Il a pu extrapoler et prédire que le pic de production de pétrole au pays surviendrait environ 40 ans plus tard, soit vers 1970).

Cependant, il a dû faire de nombreuses vérifications et attendre jusqu'en 1956 avant de faire cette annonce. Comme il l'avait prévu, les États-Unis ont bien connu leur pic pétrolier au tout début des années 1970, tel qu'indiqué dans la figure 38.

Figure 37

Pic de découverte et pic de production de pétrole au niveau mondial

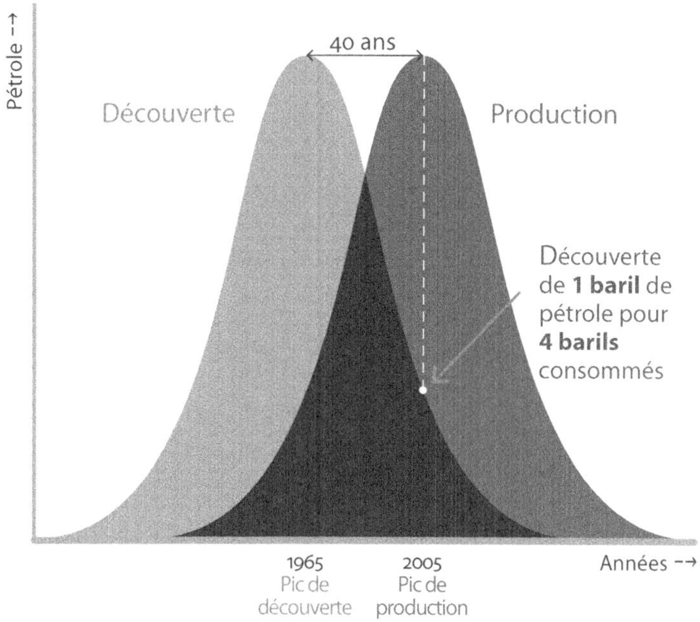

Pour prévoir le moment où la production mondiale totale de pétrole atteindrait son maximum, Hubbert a dû patienter un peu plus longtemps. Il a dû attendre le pic des découvertes mondiales de pétrole, qui s'est produit dans les années 1960. Sur cette base, il a prédit en 1974 que la production mondiale de pétrole atteindrait un pic 40 ans plus tard, soit entre 1995 et 2000.

En fait, le pic est arrivé avec quelques années de retard, notamment à cause des limitations de production pétrolière par les pays du Moyen-Orient dans les années 1970. Néanmoins, la production mondiale de pétrole conventionnel a finalement atteint ce pic vers 2005 (figure 39).

Et depuis, nous avons passé le sommet de la courbe avec environ 85 à 86 millions de barils/jour, et dès lors la production a commencé à baisser. Il s'agit du pic mondial de production de pétrole conventionnel. Aucune nouvelle zone n'est en mesure de compenser la baisse de l'offre de ce pétrole et il n'y a malheureu-

Figure 38

Production de pétrole aux États-Unis

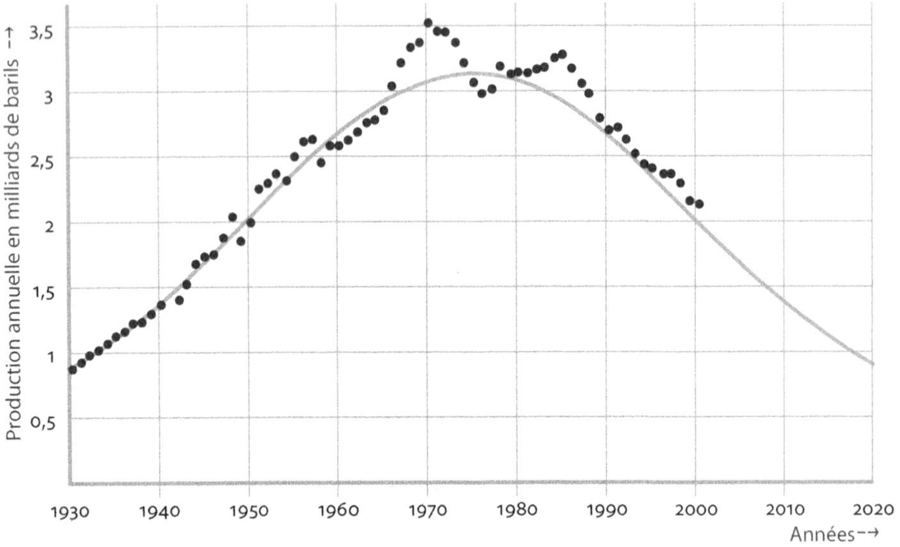

Source : *Le pic de Hubbert*, « La pénurie imminente de pétrole au niveau mondial » de Kenneth Deffeyes, Université de Princeton.

Figure 39

Pic de découverte et pic de production de pétrole au niveau mondial

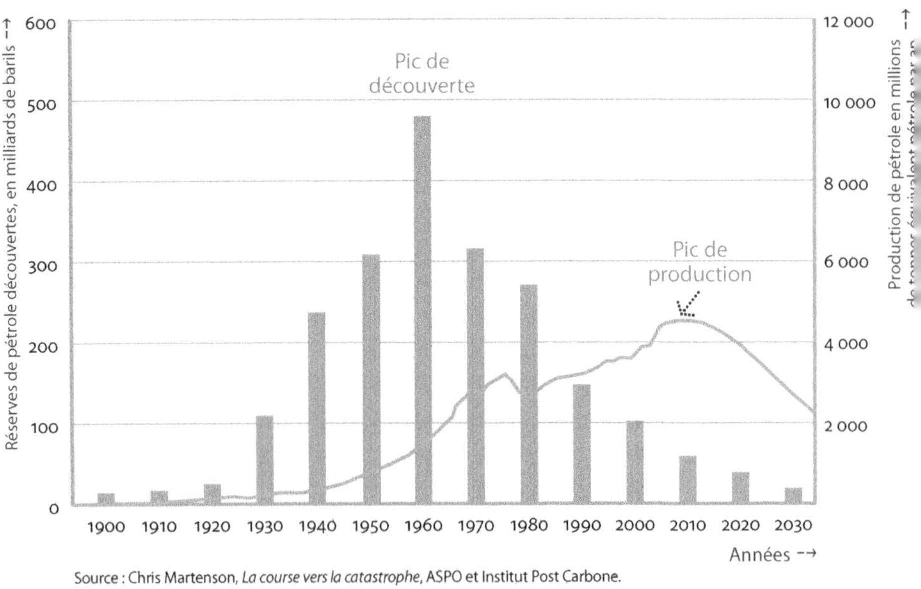

Source : Chris Martenson, *La course vers la catastrophe*, ASPO et Institut Post Carbone.

sement pas d'échappatoire à l'expérience des impacts du pic pétrolier.

Alors que les effets du pic pétrolier sont flagrants et évidents, le discours officiel s'enfonce de plus en plus dans le déni.

Combien reste-t-il de pétrole ?

Seuls quelques pays appartenant à l'Organisation des pays exportateurs de pétrole (OPEP) peuvent encore augmenter leur production de pétrole. Et le monde compte beaucoup là-dessus. Donc, évidemment, la grande question est de savoir quelle est la quantité de pétrole dont disposent encore les pays de l'OPEP. Étant donné que l'OPEP a tendance à dissimuler ses données pétrolières, nous devrions nous poser la question suivante : « Les données sur les réserves de pétrole sont-elles exactes et fiables ? »

Colin J. Campbell, diplômé d'Oxford, est un géologue pétrolier britannique à la retraite qui a prédit que la production de pétrole culminerait vers 2007. Il a relevé de curieuses variations dans les estimations concernant les réserves du Moyen-Orient. Alors que les réserves déclarées par chaque pays sont restées pratiquement constantes d'année en année, elles ont parfois progressé de façon spectaculaire. Ce qui est étonnant, c'est que cette poussée s'est produite parfois même en l'absence totale de nouvelles explorations. Cela a conduit Campbell à suggérer que les réserves de l'OPEP sont surévaluées. On peut voir dans le tableau 1 ce qui semble incohérent.

Le tableau 1 représente l'historique des réserves des pays producteurs (exprimées en milliards de barils). Les chiffres en gras montrent des augmentations soudaines des réserves estimées.

L'Irak a amorcé cette tendance en 1983 avec une augmentation soudaine de ses réserves estimées. Puis ce fut le tour du Koweït en 1985. En 1988, Abou Dhabi, Dubaï, l'Iran, l'Irak et le Venezuela ont signalé jusqu'à un triplement de leurs réserves de pétrole. L'Arabie saoudite leur a emboîté le pas deux ans plus tard, en 1990, ses réserves passant de 170 à 257,5 milliards de barils ! C'est tout simplement incroyable, et un examen rapide de leur histoire actuelle montre une évolution sensiblement différente.

Ce phénomène étrange peut se comprendre toutefois quand on creuse le sujet un peu plus profondément.

Tableau 1

Historique des réserves des principaux pays producteurs

Année	Abou Dhabi	Dubaï	Iran	Irak	Koweït	Zone neutre	Arabie saoudite	Venezuela
1980	28,0	1,4	58,0	31,0	65,4	6,1	163,4	17,9
1981	29,0	1,4	67,5	30,0	65,9	6,0	165,0	18,0
1982	30,6	1,3	57,0	29,7	64,5	5,9	164,6	20,3
1983	30,5	1,4	55,3	**41,0**	64,2	5,7	162,4	21,5
1984	30,4	1,4	51,0	43,0	63,9	5,6	166,0	24,9
1985	30,5	1,4	48,5	44,5	**90,0**	5,4	169,0	25,9
1986	30,0	1,4	47,9	44,1	89,8	5,4	168,8	25,6
1987	31,0	1,4	48,8	47,1	91,9	5,3	166,6	25,0
1988	**92,2**	**4,0**	**92,9**	**100,0**	91,9	5,2	167,0	**56,3**
1989	92,2	4,0	92,9	100,0	91,9	5,2	170,0	58,1
1990	92,2	4,0	92,9	100,0	91,9	5,0	**257,5**	59,1
1991	92,2	4,0	92,9	100,0	94,5	5,0	257,5	59,1
1992	92,2	4,0	92,9	100,0	94,0	5,0	257,9	62,7
1993	92,2	4,0	92,9	100,0	94,0	5,0	258,7	63,3
1994	92,2	4,0	89,3	100,0	94,0	5,0	258,7	64,5
1995	92,2	4,0	88,2	100,0	94,0	5,0	258,7	64,9
1996	92,2	4,0	93,0	112,0	94,0	5,0	259,0	64,9
1997	92,2	4,0	93,0	112,5	94,0	5,0	259,0	71,7
1998	92,2	4,0	89,7	112,5	94,0	5,0	259,0	72,6
1999	92,2	4,0	89,7	112,5	94,0	5,0	261,0	72,6

Dans un premier temps, chaque pays de l'OPEP s'est vu attribuer une part du marché pétrolier en fonction de sa capacité de production annuelle. En d'autres termes, plus la capacité de production d'un pays est élevée, plus le quota de pétrole qu'il est autorisé à vendre sur le marché est élevé. L'OPEP a changé la règle dans les années 1980, décidant d'attribuer des quotas en fonction non seulement de la capacité de production, mais aussi des réserves de pétrole que le pays prétendait avoir.

Imaginez qu'un pays de ce cartel veuille prendre avantage sur les autres membres et être autorisé à vendre plus de pétrole. Il lui suffit simplement de prétendre avoir trouvé plus de pétrole !

C'est ce qui explique qu'à la fin des années 1980, les réserves de pétrole annoncées par plusieurs pays de l'OPEP ont connu une augmentation brutale. De toute évidence, il était dans leur intérêt de signaler soudainement de nouvelles réserves, afin de disposer d'un plus grand quota de pétrole conformément aux nouvelles règles.

Ces réserves gonflées ont été appelées « réserves de papier » ou « réserves politiques » par le Colin J. Campbell, qui estime qu'elles représentent environ 30 % des réserves mondiales estimées. En outre, il précise que de nombreuses ressources prétendument découvertes ne devraient pas être prises en compte, car elles ne seront jamais disponibles pour une extraction bon marché.

Campbell affirme qu'une fois que nous aurons supprimé les « ressources irrécupérables » et les « réserves politiques », il nous restera environ 900 milliards de barils disponibles. Il convient de préciser que ces 900 milliards de barils restants se trouvent dans des sous-sols de plus en plus profonds, et qu'il sera donc de plus en plus difficile de les extraire et de les raffiner.

Maintenant que nous disposons de suffisamment de preuves pour affirmer que le pic pétrolier est une réalité, passons à la compréhension de ses conséquences.

2.3 Les conséquences du pic pétrolier

Le monde à travers le prisme du pic pétrolier

Les 100 dernières années de notre monde industriel nous ont conditionnés à considérer notre mode de vie d'une manière particulière. Nous nous attendons à ce que les choses deviennent plus rapides, moins chères et plus pratiques. Et nous supposons que cela continuera indéfiniment. Nous regardons la vie à travers ce prisme et nous ne reconnaissons donc pas les événements mondiaux pour ce qu'ils sont vraiment. Par exemple, le monde est certainement conscient que quelque chose de douloureux se passe sur le plan économique. La répétition des crises financières rend perplexes les plus grands esprits.

Durant les cinq années qui ont suivi la crise financière de 2008 :

- Les prix des denrées alimentaires et les frais de subsistance ont beaucoup augmenté au niveau mondial.
- Des troubles sociaux ont éclaté dans diverses parties du monde.

- Les prix de l'immobilier se sont effondrés aux États-Unis.
- Le système financier mondial a connu en 2008 un effondrement sans précédent et la récession est persistante.
- La zone euro a connu une période d'instabilité financière qui se poursuit de nos jours.
- Les mesures économiques traditionnelles telles que la baisse des taux d'intérêt, les renflouements, l'assouplissement quantitatif et même le soutien à l'impression sans faille de la monnaie n'ont toujours pas réussi à endiguer la crise financière.

Pourtant, les discours traditionnels continuent d'attribuer ces événements à des facteurs secondaires, tels que des décisions politiques erronées, des politiques économiques mal fondées, une manipulation par des intérêts particuliers et même des pratiques commerciales déloyales dans certains pays. Pendant ce temps, les véritables causes restent négligées parce que notre vision du progrès et du développement, basée sur l'hypothèse de ressources et d'une énergie infinies, nous a habitués à voir les choses d'une certaine manière. Et cela semblait fonctionner jusqu'à présent parce que nous étions sur une courbe ascendante de production d'énergie, nous donnant l'illusion que cela resterait toujours vrai. Mais atteindre le pic de production du pétrole inverse les règles de l'économie et la façon dont les choses fonctionnent.

Nous devons maintenant voir le monde à travers un nouveau prisme – le prisme du pic pétrolier. Ce n'est que lorsqu'on considère la situation à travers ce prisme que les points entre ces événements se connectent pour laisser entrevoir la vérité derrière la cause.

Examinons de plus près certains de ces événements.

Hausse des prix des aliments

Les courbes de la figure 40 montrent qu'aujourd'hui, les prix des produits alimentaires industriels dépendent entièrement du pétrole bon marché et de ses sous-produits tels que les pesticides, les herbicides, les engrais, etc. Le transport et l'énergie nécessaires à l'agriculture dépendent directement du prix du pétrole.

Par conséquent, les prix du pétrole influencent directement ceux de l'industrie alimentaire.

Figure 40

La hausse des prix des aliments

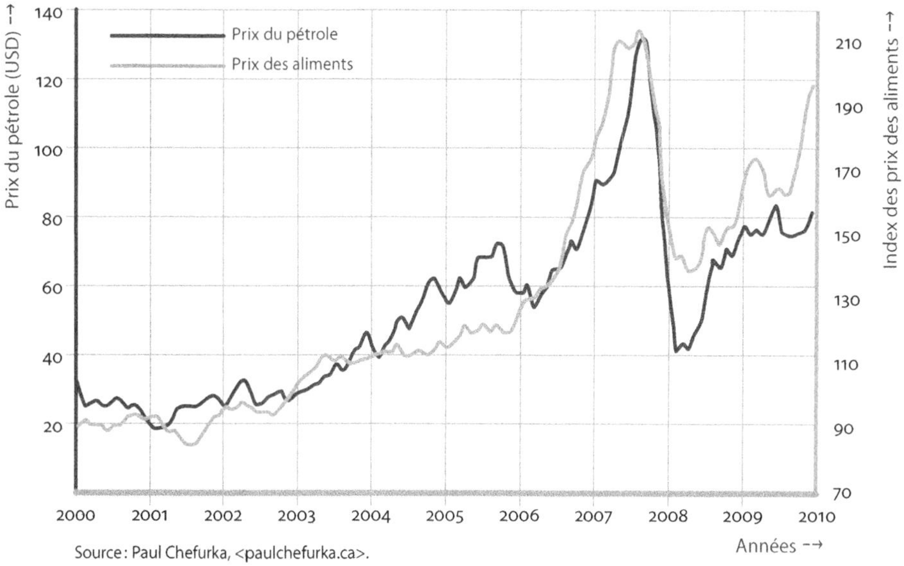

Source : Paul Chefurka, <paulchefurka.ca>.

Pendant longtemps, le prix peu élevé du pétrole a permis le développement d'une agriculture industrielle intensive et, par conséquent, le maintien des prix des denrées alimentaires à un niveau artificiellement bas. Quand le pétrole bon marché se tarit, les aliments artificiellement bon marché se tarissent aussi.

Crise de l'immobilier aux États-Unis

« Je peux calculer le mouvement des étoiles, mais pas la folie des hommes. »

Sir Isaac Newton, après qu'il eut perdu une fortune dans la bulle spéculative des « mers du Sud ».

Tout a commencé aux États-Unis. C'est dans ce pays que se trouvent les têtes financières les plus intelligentes et les plus entreprenantes lorsque vient le moment d'imaginer de nouvelles façons d'essayer de répondre aux exigences de la courbe de l'argent.

C'est dans ce pays que s'est développée en premier une méthode d'acquisition du logement s'appuyant sur des prêts à risque. Ce n'était qu'un nouveau moyen de perpétuer une fausse croissance, ou plutôt une croissance située largement au-delà des limites naturelles du système. L'élargissement de l'attribution de ces prêts à des personnes qui n'étaient manifestement pas capables de faire face aux échéances de remboursement a constitué la première étape.

Plus une personne s'endettait, plus les banques gagnaient de l'argent. La dette immobilière est devenue une marchandise que les banques ont mise en avant. Comme il n'est pas possible d'étendre le nombre de prêts à l'infini, les banques de Wall Street ont trouvé comment tirer davantage parti de leurs profits. Si vous vous souvenez, l'effet de levier était l'une des couches conceptuelles de l'oignon monétaire mentionnée dans le premier chapitre.

Dans ce cas, le recours croissant à l'effet de levier financier a entraîné une modélisation mathématique grâce à laquelle les banques ont réussi à créer des instruments financiers sophistiqués (créances titrisées) basés sur les prêts hypothécaires au logement, qui étaient d'une portée potentiellement illimitée.

Les prêts étant accordés à des personnes de plus en plus pauvres, le recours aux hypothèques n'a pas cessé d'augmenter. La dette que ces prêts représentaient a grimpé en flèche, ce qui équivalait à ce que font les banques lorsqu'elles impriment de l'argent sans contrepartie. Malheureusement, les banques ont fait une fausse hypothèse selon laquelle les prix de l'immobilier augmenteraient toujours et ont donc imaginé que les risques liés aux créances douteuses seraient toujours couverts. Sauf que les prix élevés du pétrole ont entraîné une hausse générale des prix puis des fermetures d'entreprises, et donc des pertes d'emplois. Le logement a cessé d'être une priorité, et cela a fait chuter les prix de l'immobilier. L'ensemble du système a donc fait marche arrière, provoquant ainsi une vaste crise financière. Avec le recul, il est ironique que cette catastrophe financière n'ait pas été attribuée au fait que le monde avait atteint le pic pétrolier.

Crise de l'euro et récession mondiale

La crise du dollar a entraîné la crise de l'euro. Bien qu'ayant mobilisé les meilleurs cerveaux du monde, les dirigeants de l'Union européenne n'ont pas osé regarder la bête dans les yeux. Le recours aux dettes devient toxique quand la croissance n'est plus possible, car alors les prêts ne peuvent pas être remboursés.

Un observateur peu aguerri pourrait penser qu'il n'y a rien de commun entre l'effondrement du marché immobilier nord-américain et la crise de l'euro. Mais, dans le fond, ils sont fondamentalement liés. La seule différence est la suivante : alors qu'aux États-Unis, les banques ont cherché à attirer de nouveaux propriétaires pour contracter des prêts, dans la zone euro l'astuce consistait à trouver de nouveaux pays pour accorder des prêts. Les grandes banques en Europe étaient limitées par les économies à croissance lente dans lesquelles elles opéraient. Comme vous ne pouvez pas gagner de l'argent si vous ne pouvez pas le prêter, les banques se sont retrouvées bloquées. La solution a été de prêter massivement de l'argent aux pays du sud de l'Europe. Les banques tablaient sur le fait que tous les prêts seraient remboursés par la Banque centrale européenne même si ces pays ne pouvaient pas les rembourser. C'était exactement comme aux États-Unis. Wall Street accordait des prêts hypothécaires à des familles pauvres, même s'il n'y avait aucun espoir que ces dernières les remboursent. En Europe, la Grèce, l'Espagne, l'Italie et le Portugal sont considérés comme des pays plus pauvres, du fait de leur dette excessive et de leur difficulté à rembourser. Comme la crise immobilière aux

États-Unis, la crise de l'euro résulte de l'impossibilité de maintenir une fausse croissance que l'énergie et les ressources réelles ne soutiennent pas. Le prix du pétrole, qui a atteint 146 dollars le baril en 2007, a été la goutte (de carburant) qui a fait déborder le vase. L'Union européenne est alors tombée dans ce qui s'est avéré être une récession mondiale.

Pour étayer cet argument, examinons rapidement la corrélation entre les flambées des prix du pétrole et les récessions au cours des 50 dernières années (figure 41). Cinq flambées sur six ont provoqué une récession. Cela nous a prouvé à quel point le pétrole est un facteur clé de notre stabilité économique. Les économistes, le monde des affaires et les dirigeants du monde, abasourdis par l'effondrement financier, sont toujours dans un état de déni sévère, mais jour après jour, la corrélation entre les prix élevés du pétrole et l'instabilité financière devient de plus en plus évidente. Pourtant, les médias grand public continuent d'éviter comme la peste le terme « pic de production ».

Figure 41

Flambée des prix du pétrole et récession

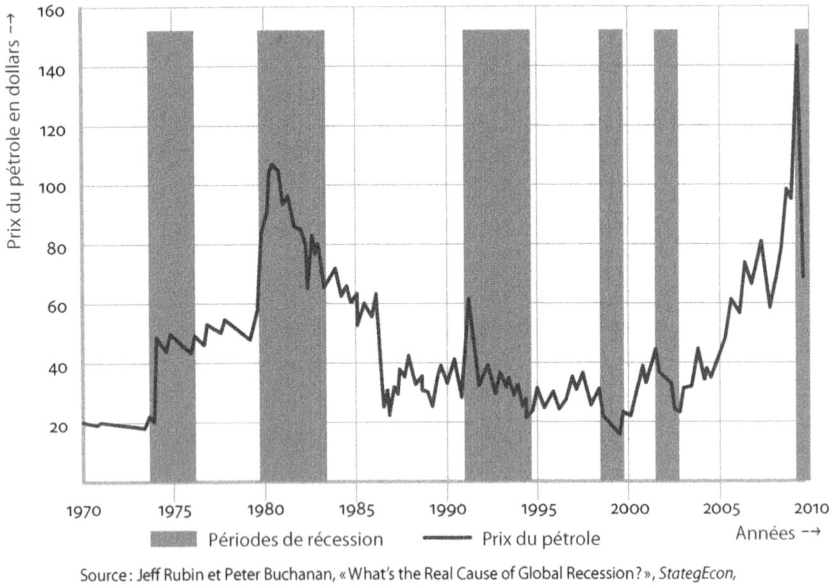

Source : Jeff Rubin et Peter Buchanan, « What's the Real Cause of Global Recession ? », *StategEcon*, 31 octobre 2008, CIBC World Markets Inc. et Bloomberg.

Printemps arabe et troubles au Moyen-Orient

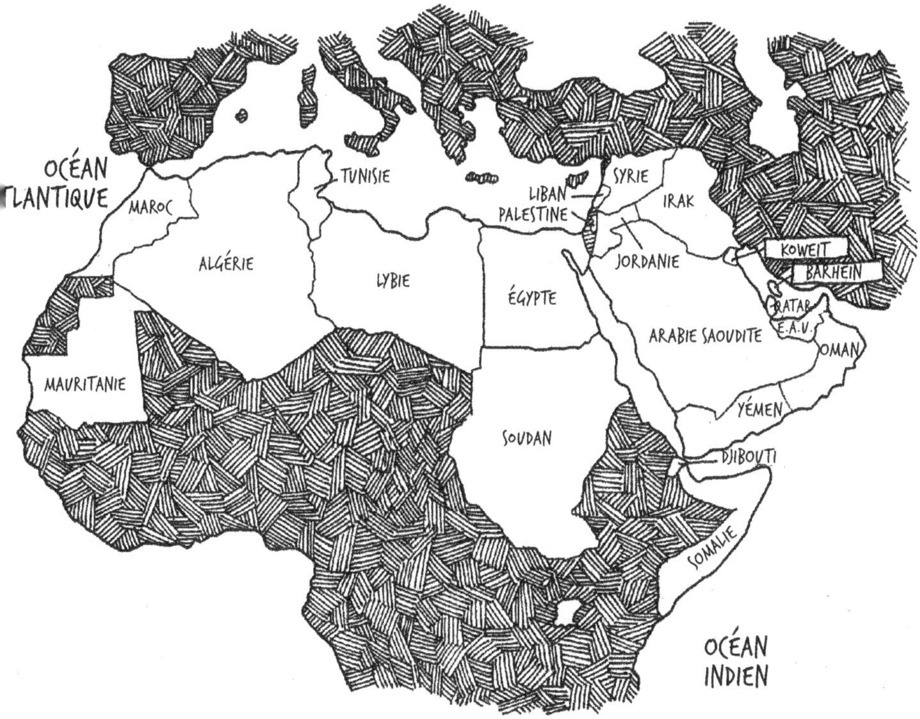

Les troubles sociaux que nous avons observés au Moyen-Orient sont souvent perçus comme un soulèvement contre des régimes autocratiques. Et dans certains pays, comme un affrontement religieux entre les chiites et les sunnites.

Ce sont des effets secondaires. La cause profonde est le coût élevé de la nourriture et le manque d'emplois et de moyens de subsistance en raison des prix élevés de l'énergie.

Si cette soudaine vague d'agitation était due à la nature des gouvernements, le peuple n'aurait pas toléré les mêmes régimes au cours des 70 ou 80 dernières années. Cette situation était supportable tant que les besoins fondamentaux des gens en matière d'emplois, de nourriture et de produits de première nécessité étaient satisfaits. Il n'était pas nécessaire de se révolter. Descendre dans la rue et faire face aux balles n'est pas le premier choix des gens. Il s'agit de la dernière étape lors d'un effondrement économique. Tout cela résulte clairement du pic pétrolier qui entraîne des prix élevés de l'énergie.

Occupy Wall Street

Le mouvement de contestation Occupy Wall Street a commencé le 17 septembre 2011 dans le quartier financier de New York. Les principaux problèmes décriés étaient les inégalités sociales et économiques, la cupidité, la corruption et l'influence inacceptable des entreprises sur le gouvernement. Le message principal dénonçait la cupidité des entreprises et la connivence du gouvernement. Bien que ces points soient importants pour le mouvement de protestation, ils n'en sont pas la cause initiale.

Essayons de remonter à cette cause.

- Aux États-Unis, une production qui progresse faiblement se traduit par une croissance réelle très faible.
- Une croissance réelle très faible nécessite de concevoir des moyens permettant de simuler une croissance plus importante.
- Cette simulation s'est heurtée à une correction puis à un effondrement financier.

- L'effondrement financier a provoqué une crise financière.
- La crise financière a provoqué de nombreuses suppressions d'emplois.
- MAIS les grandes banques et les grands acteurs sont toujours renfloués par le gouvernement en cas de crise.
- Le prix de ce sauvetage est payé par les contribuables, qui de plus en plus sont déjà au chômage.
- Pendant un certain temps, les contribuables ne s'inquiètent pas, du moins s'ils estiment que le système peut rebondir.
- Le pic de production du pétrole empêche le système de rebondir, la croissance devenant géologiquement impossible.
- Les prix montent en flèche, les pertes d'emplois aussi, la production continue de chuter.
- Et on recommence en haut de cette liste… plusieurs fois…

… et c'est ainsi que nous obtenons Occupy Wall Street aux États-Unis.

Oui, la principale cause de ces mouvements populaires est le rétrécissement mondial de l'activité économique en raison d'un déclin énergétique mondial. C'est le pic pétrolier.

Mais évidemment, les pauvres manifestants n'avaient aucune idée du rôle du pic pétrolier dans leur vie. C'est la raison pour laquelle leur colère et leur révolte contre les entreprises semblaient mal orientées, car ces dernières sont elles-mêmes victimes d'un scénario de fin de croissance provoqué par le pic de production pétrolière. Bref, dans un tel contexte, rien ne semble fonctionner.

Cela nous amène au dernier point : aucun train de mesures correctives économiques et politiques ne semble fonctionner. Et c'est parce que rien ne peut relancer la croissance lorsqu'un système qui a été construit sur la base d'un approvisionnement illimité en énergie bon marché se bloque. Ce n'est pourtant pas comme si l'approvisionnement énergétique du monde était soudainement terminé. C'est seulement que nous entamons le début de la descente énergétique.

Oui, le renflouement des institutions et des grandes banques aurait pu aider si leur erreur initiale avait été seulement une erreur de jugement et non pas un effort délibéré pour maintenir à flot un système financier basé sur les jeux d'argent et la jonglerie financière.

Oui, nous aurions pu générer plus de crédit de manière circulaire, comme nous l'avons toujours fait, s'il avait été possible de produire plus de biens pour assurer ce crédit. Mais les biens ont besoin de ressources réelles et d'une énergie bon marché pour être de vrais biens.

Oui, nous aurions pu abaisser les taux d'intérêt pour encourager les entreprises à contracter des prêts si ces prêts pouvaient en quelque sorte amener les entrepreneurs à trouver de nouveaux produits qui pourraient vraiment être vendus à profit. Mais dans une grande partie du monde occidental, les taux d'intérêt sont déjà proches de zéro et la plupart des gens donnent la priorité aux « besoins » plutôt qu'aux « désirs ».

Oui, l'assouplissement quantitatif aurait pu aider à lubrifier les pipelines financiers si le problème n'était qu'une simple congestion de leurs artères.

En conséquence, lorsque la situation est totalement bloquée, le scénario financier ressemble vite à un combat sans limite. Le grand capital fait ce qu'il peut pour protéger ses intérêts, même si cela l'oblige à coucher avec le gouvernement. Il obtient des renflouements que le grand public devra payer avec ses impôts au cours des générations suivantes. Le gouvernement fait alors un pari sur les rentrées d'argent futures, sous forme de renflouements et d'assouplissement des règles, avec des plans de relance dont il sait d'avance qu'ils échoueront.

L'ironie, c'est que le public ne proteste généralement pas parce qu'il espère que le système va de nouveau fonctionner d'une manière ou d'une autre et qu'il ne connaît pas d'autre moyen de sortir de ce gâchis. Et le pire, c'est que nous refusons de croire que la croissance, telle que nous l'avons connue, est bel et bien terminée. Bref, le vent a tourné. Le pic a été atteint.

2.4 Le déni du pic pétrolier

Alors que les effets du pic pétrolier sont flagrants et évidents, le discours officiel s'enfonce de plus en plus dans le déni.

Alors interrogeons-nous : pourquoi y a-t-il tant de déni et une telle contestation de la réalité du pic pétrolier, alors que nous disposons de données concrètes et accablantes à ce sujet ? Et plus encore, pourquoi le déni le plus net vient-il de personnes qui

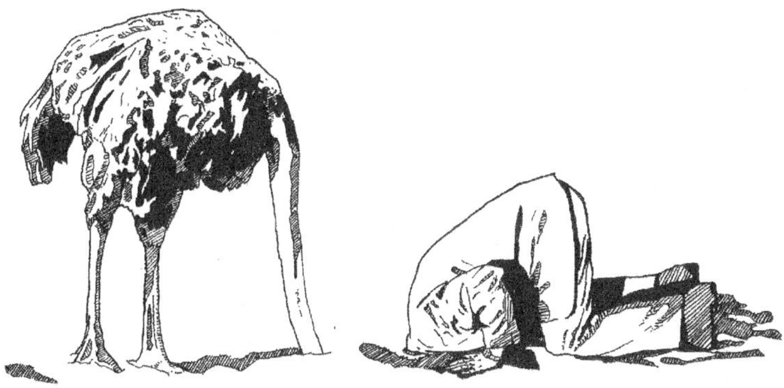

devraient bien connaître la situation exacte des réserves de pétrole et les données liées à l'épuisement – telles que les sociétés pétrolières, les agences gouvernementales, les organisations axées sur l'énergie et les ressources, les médias ?

La réponse est la suivante : si elles admettent la réalité du pic pétrolier, alors elles doivent aussi admettre la fin de la croissance financière quantitative telle que nous la connaissons. Cette prise de conscience équivaut à tirer une balle dans la tête du paradigme économique qui est le nôtre depuis l'invention de l'argent. Les bases mêmes de l'économie classique s'effondrent.

Par-delà l'effondrement des bases de l'économie classique, il est prévisible que nous devrons procéder à une énorme correction des fausses valeurs d'actifs qui se sont accumulées dans nos livres de comptes. C'est pour cela que ces gens sont tous pétrifiés. En ignorant le pic pétrolier, ces négationnistes tentent simplement de reporter à plus tard les corrections inévitables. Rien de plus. Le seul problème, c'est que plus nous refusons de prendre en compte tous les aspects du pic pétrolier et plus nous nous acharnons à poursuivre comme d'habitude une croissance exponentielle, plus la correction financière sera douloureuse et importante.

Nous avons assisté à une première correction lors de l'effondrement financier de 2008. Cela a entraîné une évolution dans les discours officiels. Pourtant, le terme « pic pétrolier » est toujours passé sous silence. Et comme ils refusent d'employer ce terme, ils ont recours à toutes sortes de formules évasives. Comme « contrainte de production à court terme » ou « resserrement des approvisionnements en pétrole ». Mais ils refusent d'utiliser le terme « pic pétrolier» car le mot «pic» évoque immédiatement une montée suivie d'une descente, et donc la fin de la croissance !

La lente rupture du déni

La réalité pèse de plus en plus lourd. Et depuis 2005, nous avons eu une série d'aveux, publics ou non, en provenance du milieu professionnel. Passons en revue quelques preuves du pic pétrolier, dont voici une liste par ordre chronologique.

PREUVE N° 1 : le rapport Hirsch, département de l'Énergie des États-Unis, février 2005

Le rapport Hirsch, officiellement appelé *Peaking of World Oil Production: Impacts, Mitigation, and Risk Management* [Pic de la production mondiale de pétrole: conséquences, atténuation et gestion des risques], a été rédigé à la demande du gouvernement états-unien pour le compte du département de l'Énergie. C'est le premier document officiel qui analyse avec le plus grand sérieux les conséquences du pic pétrolier. Au lancement de cette étude, ni le gouvernement ni son rapporteur, Robert Hirsch, n'étaient préparés à ce qu'ils allaient découvrir.

À la suite de ce rapport, Robert Hirsch a déclaré: «Ce problème est vraiment effrayant. Il ne ressemble à rien de ce que j'aie jamais vu, et plus vous y réfléchissez, plus vous regardez les chiffres, plus vous êtes inquiet. [...] Les risques pour nos économies et notre civilisation sont énormes[2].» C'est une reconnaissance assez sincère de l'importance du pic pétrolier.

PREUVE N° 2: rapport de l'Agence internationale de l'énergie (AIE), 2007

Ce rapport estimait que les champs de pétrole existants dans le monde déclineraient d'environ 3,7% par an. En 2018, la même agence a constaté que le taux de déclin depuis 10 ans était de 2,6 % par an.

---

2. Robert L. Hirsch, «Robert Hirsch on Peak Oil Mitigation», *Global Public Media*, 17 novembre 2005.

PREUVE N° 3 : rapport militaire américain, septembre 2010

L'armée des États-Unis est bien consciente du problème. Ce rapport de 2010 sur l'environnement d'exploitation déclarait : « D'ici 2012, la capacité de production de pétrole excédentaire pourrait complètement disparaître et, dès 2015, le déficit de production pourrait atteindre près de 10 millions de barils par jour[3]. »

PREUVE N° 4 : les grandes compagnies pétrolières admettent la réalité du pic pétrolier

Les plus grandes sociétés pétrolières du monde ont toujours nié le risque du pic de production et ont toujours tout fait pour rassurer le grand public quant au fait qu'il n'y aurait pas de déficit pétrolier avant 2050.

Mais les preuves devenant trop évidentes, les entreprises ont commencé à admettre des pénuries, en prenant soin d'éviter le mot « pic ». Ron Oxburgh, ancien président de Shell, a déclaré : « Il est assez clair qu'il n'y a plus beaucoup de chances de trouver une quantité significative de nouveau pétrole bon marché. Tout pétrole nouveau ou non conventionnel va coûter cher[4]. »

Exxon [Esso en France] est l'une des sociétés pétrolières les plus riches du monde. Son porte-parole officiel a admis ce qui suit : « À peu près tout le pétrole et le gaz faciles à exploiter dans le monde a été trouvé. Maintenant vient le travail le plus difficile, consistant à découvrir et produire du pétrole à partir d'environnements et de zones de travail plus difficiles[5]. »

PREUVE N° 5 : l'OPEP ne parvient pas à augmenter sa production

En 2007, alors que les prix du pétrole montaient en flèche et que des capacités de production de pétrole de réserve étaient absolument nécessaires, les dirigeants du monde ont demandé à l'OPEP d'augmenter sa production de pétrole afin que les prix du pétrole cessent d'augmenter de façon incontrôlable. L'OPEP n'a pas été en

3. US Military, *Joint Operating Environment Report*, 2010, p. 29.
4. Patience Wheatcroft, « The Next Crisis : Prepare for Peak Oil », *The Wall Street Journal*, 11 février 2010.
5. John Donnelly, « Price rise and new deep-water technology opened up offshore drilling », *The Boston Globe*, 11 décembre 2005.

mesure de le faire, malgré des propos rassurants, jusqu'à ce que le pétrole atteigne un niveau sans précédent de 146 dollars le baril.

L'OPEP a affirmé que le problème était uniquement une pénurie d'approvisionnement, qui pouvait être compensée par des solutions d'investissement et de technologie. Le mot « pic » a été soigneusement évité, car cela aurait été admettre que la loi de Hubbert représentait une véritable menace qui pouvait s'appliquer à la puissante OPEP.

Pour résumer le déni du pic pétrolier

Honnêtement, le fait que ces personnes utilisent ou non le terme « pic pétrolier » n'est pas le plus important. Ce qui l'est vraiment, c'est que depuis cette date nous expérimentons les effets de ce qui se passe après un pic énergétique.

Chaque nouvelle statistique confirme que nous sommes au-delà du sommet. La géologie ne ment pas et nous ne pouvons plus nous voiler la face. Par conséquent, je ne souhaite pas insister sur un point qui est déjà évident. Ce qui est plus important et urgent, c'est d'examiner quelles devraient être nos réponses et quelles sont nos options à court ou moyen terme pour répondre au défi du pic pétrolier.

Pas étonnant qu'à ce stade, vous l'aurez compris, il y ait une demande bruyante et désespérée en faveur du recours aux énergies alternatives ! Mais celles-ci représentent-elles une solution réellement viable ? Eh bien, passons un peu de temps à le vérifier.

Bienvenue dans le monde incertain des énergies renouvelables.

3
Les énergies alternatives

La preuve la plus manifeste de la réalité du pic pétrolier est la pénurie d'énergie qui devient chaque jour de plus en plus évidente. Pas étonnant qu'on entende des appels pressants à trouver des « solutions » énergétiques allant dans toutes les directions. Cependant, dans cette course folle vers les soi-disant « solutions », il nous manque quelque chose. Permettez-moi de prendre un moment pour clarifier le sens du mot « solution ».

Les solutions énergétiques alternatives, un faux espoir

John Michael Greer explique la définition des « solutions » de manière très élégante sur son blogue *The Archdruid Report*. Il explique que, dans un premier temps, il est crucial de comprendre la différence entre un « problème » et une « situation difficile ». Les problèmes ont des solutions. Mais les situations difficiles font partie de la réalité et nous devons les prendre en compte. Elles n'ont pas de solutions. Il déclare : « Par exemple, la congestion du trafic routier est un problème et nous pouvons trouver une solution : des routes plus larges, des voies de contournement, des ponts aériens, etc. Mais la mort est une situation difficile. Il n'y a aucun moyen de la contourner, même si nous arrivons à prolonger l'espérance de vie. De même, le pic pétrolier est une situation difficile et non un problème. Les limites de notre planète et la disponibilité des ressources sont également des situations difficiles, tout comme les limites de la vie d'un individu. Pourtant, d'une manière ou d'une autre, les gens continuent à considérer les limites de notre planète et de ses ressources comme un problème. »

Il est évident qu'une croissance exponentielle perpétuelle est impossible sur une planète finie. Par conséquent, les limites fixées par notre planète doivent être considérées comme une situation inévitable, pour laquelle nous devons définir des stratégies d'adaptation et non adopter une approche de déni.

Si nous en avions pris conscience dès les années 1970 et que nous avions mis en place des changements dans la façon dont nous menons nos affaires, dans notre économie et dans notre mode de vie, nous aurions eu plus de marge pour traiter cela comme un problème et pour trouver des solutions. Malheureusement, nous avons atteint le pic de production sans rien anticiper pendant tout ce temps, et ce qui était un problème est donc devenu une situation difficile.

Maintenant que nous reconnaissons que nous sommes dans une situation difficile, nous comprenons que la plupart des solutions proposées sont fausses, car elles ont pour finalité de préserver le paradigme fou de la croissance perpétuelle, qui est en soi un problème insoluble.

Pour surmonter cela, nous devons tout d'abord comprendre que la croissance perpétuelle n'est pas possible et nous devons commencer à chercher quelles devraient être nos réponses à la nouvelle réalité émergente plutôt que d'imaginer des solutions illusoires.

Lorsqu'on confond une situation difficile et un problème, on ne propose que de fausses solutions. Et l'objectif de mes arguments est de démanteler les fausses solutions qui prétendent tout arranger dans la situation où nous nous trouvons.

Voici les fausses solutions que j'ai rencontrées le plus souvent.

Fausses solutions	Fausses croyances
1. Poursuivre sans s'affoler, car il reste encore la moitié du pétrole.	Nous avons beaucoup de temps devant nous pour nous adapter.
2. Trouver plus de pétrole.	Nous pouvons trouver une solution comme nous l'avons fait dans le passé.
3. Augmenter l'efficacité énergétique.	Économiser l'énergie nous sauvera la mise.
4. Développer de nouvelles technologies.	La haute technologie peut résoudre tous les problèmes.
5. Utiliser des énergies alternatives.	D'autres formes d'énergie peuvent remplacer le pétrole.
6. Miser sur l'ingéniosité humaine.	L'intelligence humaine est sans limite.

Avant de poursuivre, arrêtons-nous un instant et rappelons ceci : tout l'intérêt de l'argument « concept contre réalité » dans la première moitié de ce livre était de rappeler que notre concept financier est *infini* et que la réalité sur laquelle il est basé est *finie*. Rien, je le répète, ne peut permettre de poursuivre une croissance exponentielle sur une planète finie. Oui, la réalité, choquante et dangereuse, est que la plupart des grands spécialistes de l'énergie, y compris la plupart des partisans des énergies alternatives, colportent de fausses vérités.

Cela n'a rien d'étonnant – le gros des troupes des promoteurs des énergies alternatives est financé par des entreprises qui constituent le cœur même du capitalisme. Leur objectif ultime est seulement de vendre le maximum de panneaux solaires ou d'éoliennes ou de quoi que ce soit. Ces entreprises font également partie du paradigme de la croissance. Donc, tout ce dont elles font la promotion n'ira jamais à l'encontre de ce paradigme. De plus, elles sont bien conscientes qu'elles peuvent obtenir le soutien du grand public si elles lui tiennent des discours apaisants, à savoir qu'il n'y aura pas de problèmes de pénurie d'énergie à l'avenir grâce à des solutions alternatives qui nous permettront de fonctionner comme d'habitude.

Cela deviendra encore plus évident lorsque nous examinerons les fausses solutions 1 et 2, qui permettent d'éviter de remettre en question la croissance exponentielle. Néanmoins, nous examinerons chacune de ces fausses solutions en détail pour bien comprendre les limites de ces croyances.

Il est donc temps de passer à l'analyse de ces fausses solutions, qui ne permettront pas, malgré ce qu'en pense la population, de faire face à la crise de l'énergie et de la croissance.

3.1 Les fausses solutions

Première fausse solution : poursuivre sans s'affoler, car il reste encore la moitié du pétrole.

Et donc première fausse croyance : nous disposons de temps pour nous adapter.

La première des fausses solutions semble pourtant la plus facile à affirmer. Pourquoi devrions-nous nous inquiéter alors que nous avons atteint *seulement* la moitié des réserves de pétrole ? Après tout, personne ne s'inquiète lorsque son réservoir d'essence est à moitié vide. Il paraît évident que nous disposons de beaucoup de temps, pendant l'utilisation de la seconde moitié de ces réserves de pétrole, pour prendre des mesures appropriées et sortir de la surutilisation actuelle.

Examinons un exemple présenté par A. A. Bartlett, professeur émérite de physique de l'Université du Colorado à Boulder, aux États-Unis. Il illustre ce qui se passe lorsque quelque chose a à moitié disparu dans un scénario exponentiel. Imaginez un verre vide un soir à 23 heures.

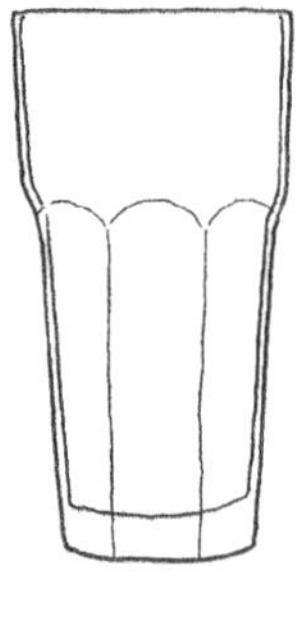

À ce moment-là, nous y avons introduit une bactérie. Celle-ci a la propriété de se dédoubler toutes les minutes. Il est donc 60 minutes avant minuit. À 23 h 01, il y a 2 bactéries. À 23 h 02, il y a 4 bactéries. À 23 h 03, il y a 8 bactéries. Etc.

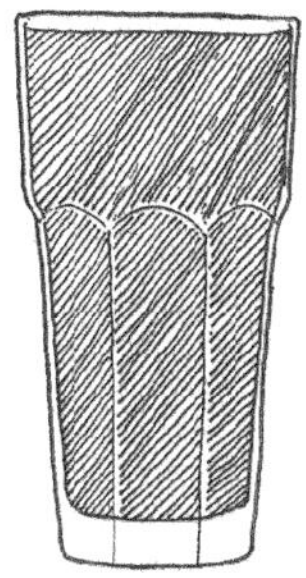

À minuit, le verre est plein de bactéries.
Question : à quelle heure le verre était-il à moitié plein ?

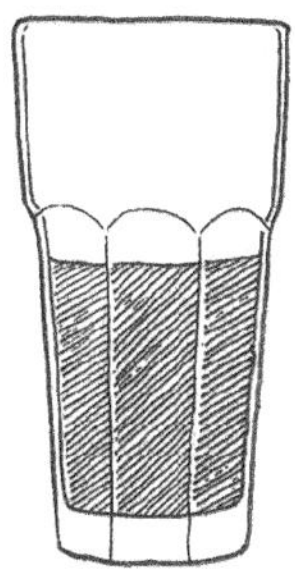

Réfléchissez un moment, et lorsque vous pensez avoir la solution, suivez les flèches jusqu'à la réponse ci-après.

↓

↓

↓

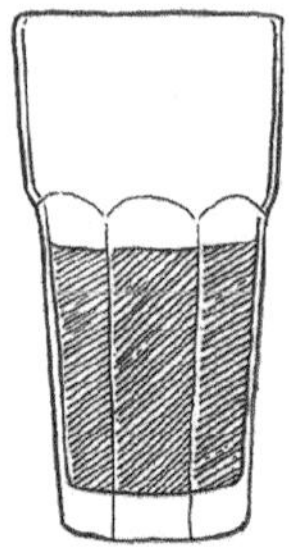

La réponse : à 23 h 59, 1 minute avant minuit !

Puisque les bactéries doublaient toutes les minutes, un demi-verre de bactéries devenait un verre plein en seulement 1 minute. Une minute est le temps de doublement. Il a donc fallu 59 minutes pour que le verre soit à moitié plein. Ensuite, il n'a fallu que 1 minute pour que la seconde moitié du verre se remplisse. C'est cela, la puissance de la croissance exponentielle.

La formule de calcul du temps de doublement dans un cas de croissance composée est bien connue des gestionnaires de fonds. Sa version simplifiée se présente ainsi :

Temps de doublement = 70/taux de croissance.

Dans notre paradigme économique de croissance exponentielle, si nous connaissons une croissance composée de 5 % par an, le temps de doublement est de 70/5, soit seulement 14 ans. Donc, si nous avons consommé la moitié du pétrole de la planète et insistons pour avoir une croissance annuelle de 5 %, nous n'avons qu'un seul doublement, soit 14 ans, pour finir le pétrole restant !

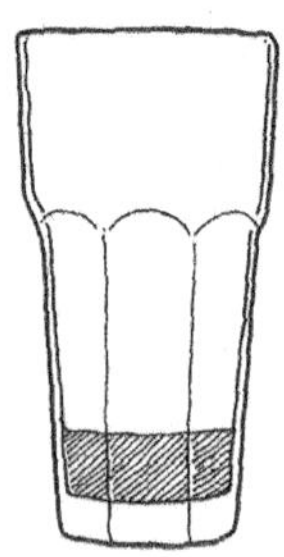

Poussons cet exemple un peu plus loin. Nous pouvons nous rendre compte que seulement 3 minutes avant minuit, soit 3 temps de doublement plus tôt, le verre n'était rempli qu'à 12,5 %. Est-ce que quelqu'un, à ce stade, y verrait un signal de danger ? Certainement pas ! Pourtant, dans le cadre d'un paradigme de croissance exponentielle, le danger est déjà présent.

Quelle quantité de pétrole est utilisée à chaque période de doublement ?

Figure 42

Doublement par décennie de la consommation de pétrole

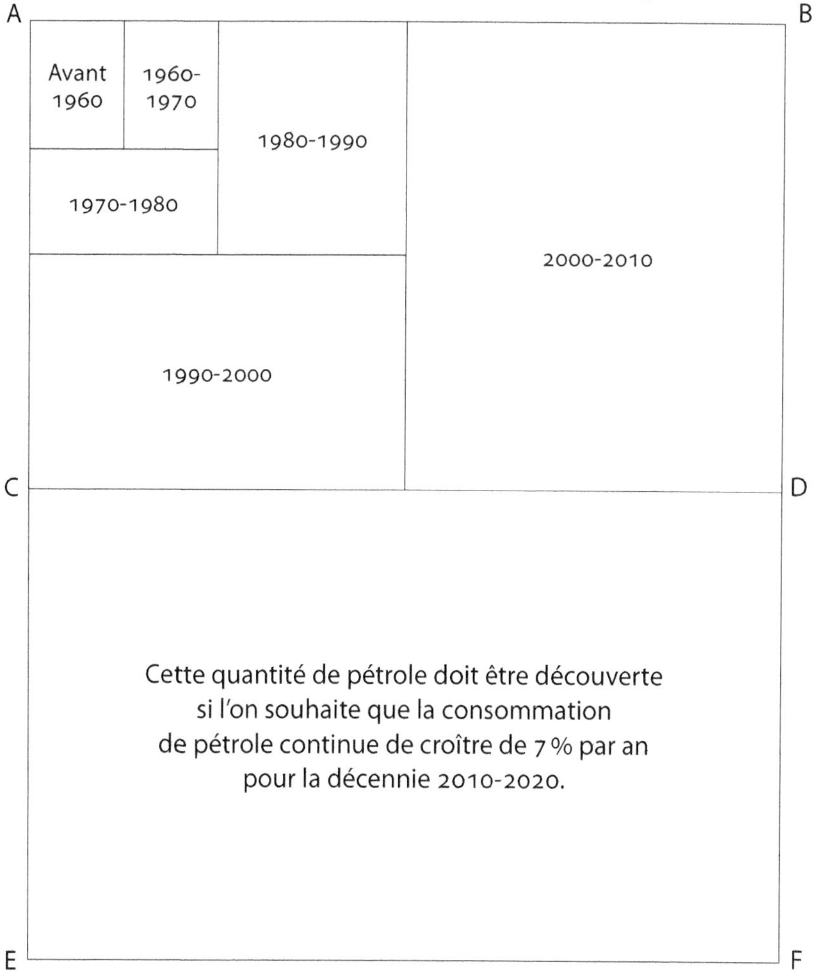

Ce qui est déconcertant dans le paradigme du doublement, c'est que chaque doublement équivaut à tous les doublements précédents !

Le plus petit rectangle en haut à gauche de la figure 42 représente le pétrole consommé avant 1960. Avec une croissance de 7 %, on double ce rectangle pour chaque décennie de consommation de pétrole, comme indiqué. À chaque temps de doublement, on utilise donc la somme de tout le pétrole consommé jusqu'alors. Le rectangle du bas représente le pétrole total qui doit être découvert qu'on puisse pour maintenir la consommation de pétrole à un rythme annuel de 7 % entre 2010 et 2020. Comme vous le constatez, le rectangle du bas a une surface équivalente à celle de tous les rectangles situés au-dessus de lui. En d'autres termes, pour maintenir le rythme de consommation annuelle de pétrole à 7 %, nous devons découvrir une quantité de pétrole équivalant à tout le pétrole utilisé depuis la découverte du pétrole jusqu'en 2010 !

C'est une autre façon d'illustrer le danger d'un paradigme de croissance exponentielle.

Bien sûr, si le taux de croissance annuel baisse, comme c'est le cas actuellement, le temps de doublement devient plus long, mais pas beaucoup plus long, comme nous pouvons le voir dans le tableau 2. En Inde et en Chine, qui représentent un tiers de la population des consommateurs, les plans gouvernementaux visent encore à atteindre des taux de croissance compris entre 7 et 8 %. En 2018, ce taux était encore de 6,8 % en Inde et de 6,6 % en Chine. Au niveau mondial, il était de 2,4 % en 2019. Du fait de la crise sanitaire, le taux a été négatif pour la première fois en 2020 (estimé à -4,5 % au niveau mondial).

Tableau 2

Taux de croissance et temps de doublement

Taux de croissance (en pourcentage)	Temps de doublement (en années)
7	10
6	11,67
5	14
4	17,5
3	23,33
2	35

Dans le tableau 2, nous avons le taux de croissance par rapport au temps de doublement. Vous pouvez constater que cela ne fait pas beaucoup de différence comparativement à notre durée de vie.

Deuxième fausse solution : trouver plus de pétrole.

Et deuxième fausse croyance : nous pouvons trouver une solution comme nous l'avons fait dans le passé.

Figure 43

Découverte de pétrole dans le monde et courbe de production

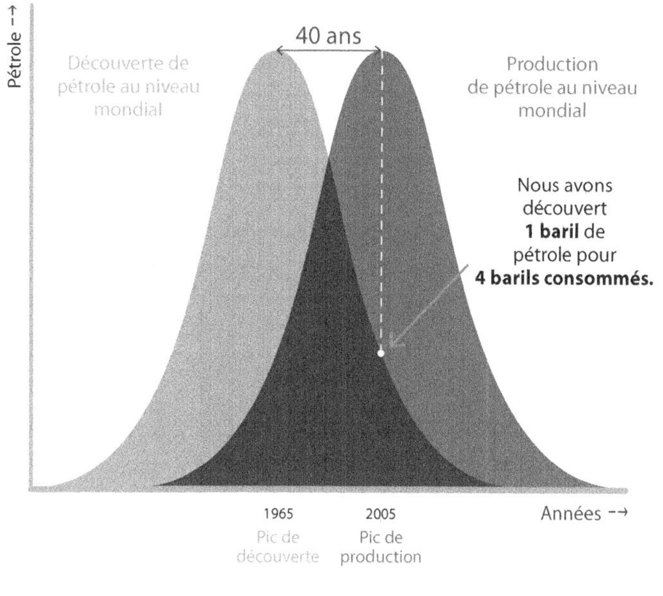

Découverte contre production

Maintenant, oublions un instant cette problématique du doublement. Ce ne sont que des calculs mathématiques. Si nous, les humains, avons mis au point les mathématiques, alors nous pouvons sûrement les contourner. Voyons si c'est possible.

Ainsi, au lieu de nous inquiéter d'atteindre le sommet, nous avons simplement à nous donner les moyens nécessaires pour trouver plus de pétrole. Nous avons su le faire par le passé. Alors pourquoi ne pas le faire maintenant ?

Le léger inconvénient est qu'on doit d'abord découvrir le pétrole avant de pouvoir l'extraire et le produire.

Il y a donc évidemment un certain décalage entre la découverte et la production maximale. Hubbert avait découvert à l'époque que ce décalage était de 40 ans. Aujourd'hui, cet écart est plus court en raison des améliorations technologiques, mais il y a néanmoins un écart significatif entre la découverte et la production.

Globalement, la courbe de la découverte de pétrole est suivie par la courbe de la production de pétrole avec un écart de 40 ans (figure 43). Nous avons aujourd'hui dépassé le sommet de la courbe de droite. C'est le pic de la production de pétrole conventionnel.

Alors, combien de pétrole découvrons-nous aujourd'hui ? Pour le savoir, il suffit de tracer une ligne vers le bas à partir du haut de la courbe de production (droite) jusqu'à son point de rencontre avec la courbe de découverte (gauche). À quel résultat arrivons-nous ? Nous découvrons moins de 25 % de ce que nous produisons et utilisons aujourd'hui. En d'autres termes, nous ne trouvons qu'un seul nouveau baril pour 4 barils que nous utilisons. Une situation qui a peu de chance d'être durable.

En plus de cela, les plus grands géologues pétroliers du monde estiment que plus de 95 % de tout le pétrole récupérable a déjà été trouvé. Il n'y a donc pas beaucoup d'espoir de trouver soudainement une énorme quantité de pétrole. L'époque de la découverte des champs de pétrole géants est révolue.

Par conséquent, lorsque certains prétendent que nous découvrirons plus de pétrole, cela semble un peu fantaisiste. Il faudrait un miracle pour découvrir soudainement suffisamment de pétrole pour égaler le niveau de la courbe de production. Et nous devrions le renouveler chaque année pour que cela soit réellement significatif.

La logique du marché nous dit que, pour augmenter notre production de pétrole, tout ce que nous avons à faire est d'allouer d'énormes capitaux à l'exploration pétrolière, et la Terre continuera à déverser du pétrole bon marché et abondant, comme dans les décennies de l'âge d'or. C'est en fait le discours d'entreprises égoïstes et de politiciens mal informés. Néanmoins, ils devront bien reconnaître un jour l'évidence et accepter les limites de la courbe de Hubbert.

Malgré le recours depuis une dizaine d'années au gaz naturel puis au pétrole et au gaz de schiste, la limite à l'utilisation exponentielle du pétrole plane toujours comme une menace sur nos plans de croissance exponentielle perpétuelle.

Car même avec l'usage de ce nouveau pétrole et de ces gaz, le gain de temps ne sera pas énorme. Revenons maintenant à nos bactéries dans leur verre. Disons que 1 minute avant minuit, les bactéries trouvent miraculeusement 3 autres verres vides.

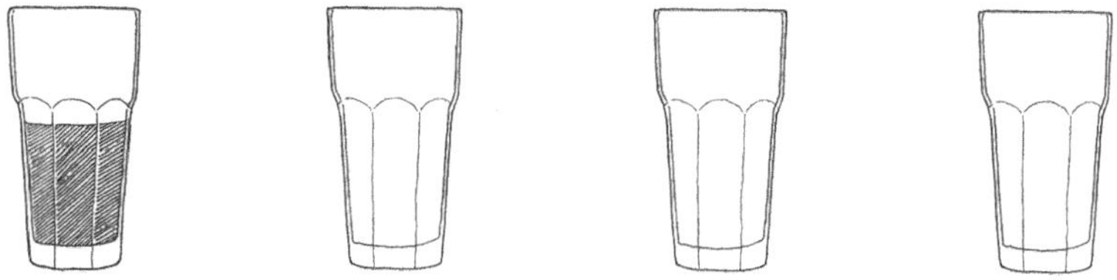

Cela équivaut à pouvoir extraire aujourd'hui 6000 milliards de barils de pétrole en plus, alors que nous avons atteint le pic de production du pétrole conventionnel. Cela correspond à 6 fois la quantité totale de pétrole que le monde a déjà consommée depuis la découverte du pétrole. Cela représente aussi 6 fois le total des réserves de pétrole connues restantes. C'est un fantasme total et complet, mais acceptons-le quand même pour illustrer les aléas d'une croissance exponentielle.

Donc, voici 3 nouveaux verres vides. Et le premier est à moitié plein, 1 minute avant minuit.

Question : de combien de temps disposons-nous avant que tous les verres soient pleins de bactéries – ce qui signifie que toutes les réserves de pétrole sont épuisées ?

Encore une fois, je vais vous donner un peu de temps pour réfléchir à votre réponse. Lorsque vous serez prêt, suivez les flèches vers le bas.

↓

↓

Réponse :

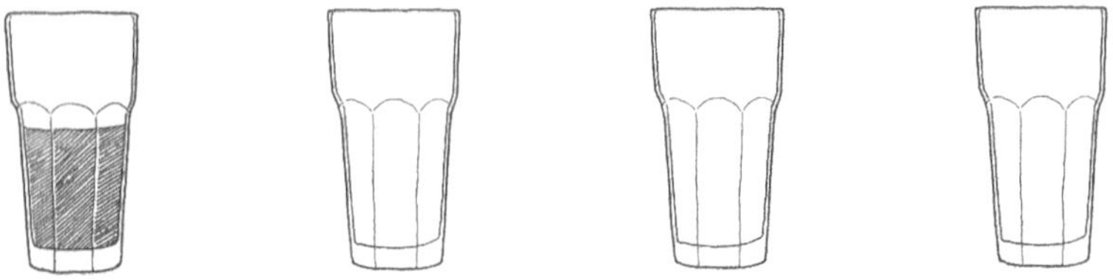

Départ

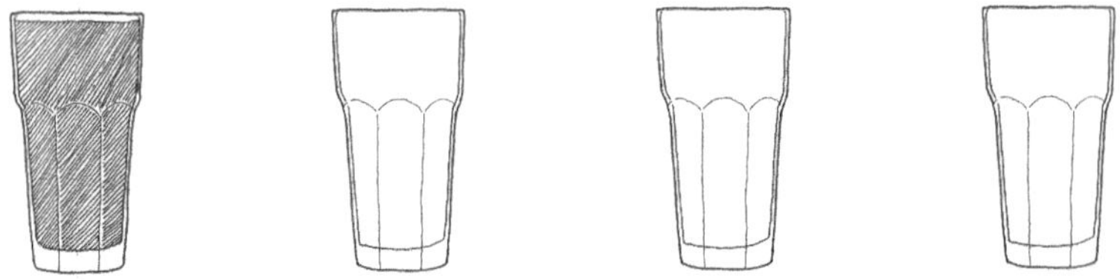

Une minute plus tard

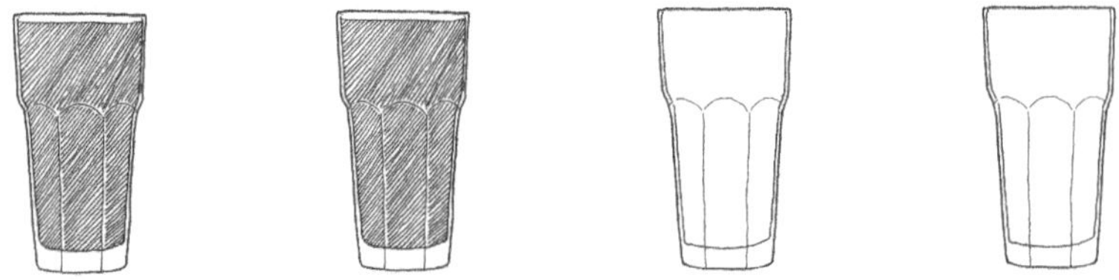

Deux minutes plus tard

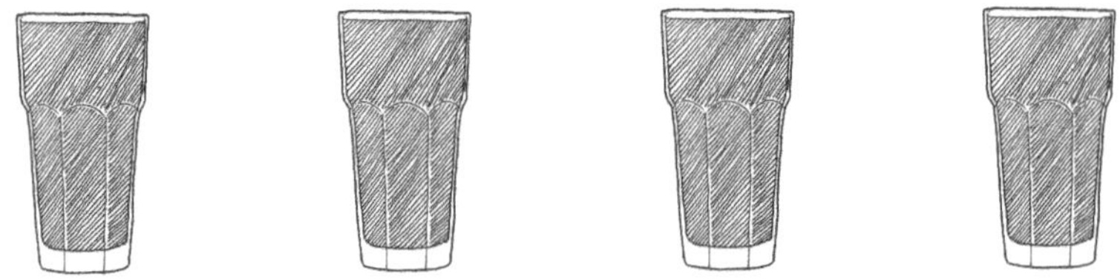

Trois minutes plus tard

Seulement 3 minutes ! Ce qui correspond à seulement 3 temps de doublement. En revenant au pétrole, avec un taux de croissance de 7 %, on obtient donc un répit de seulement une trentaine d'années. Et ceci en supposant que l'on trouve la quantité absolument incroyable et absurde de 7000 milliards de barils de pétrole ! Pour le moment, 1000 milliards sont réellement disponibles, les 6000 autres milliards restent à découvrir.

Personne dans la sphère de l'industrie pétrolière ou parmi les géologues ne croit que ce soit possible.

Si le taux de croissance exponentielle était de 5 %, taux que nous avions en 2005 au niveau mondial, il ne faudrait que 42 ans pour épuiser ce stock imaginaire de 7000 milliards de barils de pétrole ! Avec un taux de 2,4 %, que nous avions encore en 2019, cela ne prendrait que 90 ans. Trouver du pétrole en quantités arithmétiques ne sert à rien lorsque nous en consommons de manière exponentielle. Ces exemples révèlent la nature délétère d'une croissance exponentielle ; or c'est le concept de base de notre économie. Cela a l'air génial quand l'argent entre. Mais c'est horrible quand ce sont les ressources ou le pétrole qui sortent. Il est clairement impossible de suivre le rythme de tout ce qui croît de façon exponentielle. Maintenant, cela devrait vous aider à faire la part des choses la prochaine fois que quelqu'un déclarera en toute confiance que « nous pouvons toujours trouver plus de pétrole ».

« Le plus grand défaut de la race humaine est son incapacité à comprendre la fonction exponentielle. »

A. A. Bartlett, professeur émérite de physique à l'Université du Colorado à Boulder, États-Unis.

Troisième fausse solution : augmenter l'efficacité énergétique.

Et troisième fausse croyance : économiser l'énergie nous sauvera la mise.

Une autre solution qui vient à l'esprit pour faire face à la crise énergétique est l'efficacité énergétique. Même les gens bien informés sont prompts à passer à cette option sans considérer le scénario de notre monde industriel dans son ensemble. Commençons par un exposé des faits et une question simple.

Les faits : il est vrai que généralement, au cours des 150 dernières années de l'ère industrielle, chaque génération de gadgets, appareils, machines ou processus a été plus économe en énergie que celle qui la précédait.

Question : si tel est le cas, comment se fait-il que la consommation brute d'énergie à l'échelle mondiale ne cesse d'augmenter, comme le montre la figure 44 ?

Figure 44

Consommation mondiale d'énergie brute

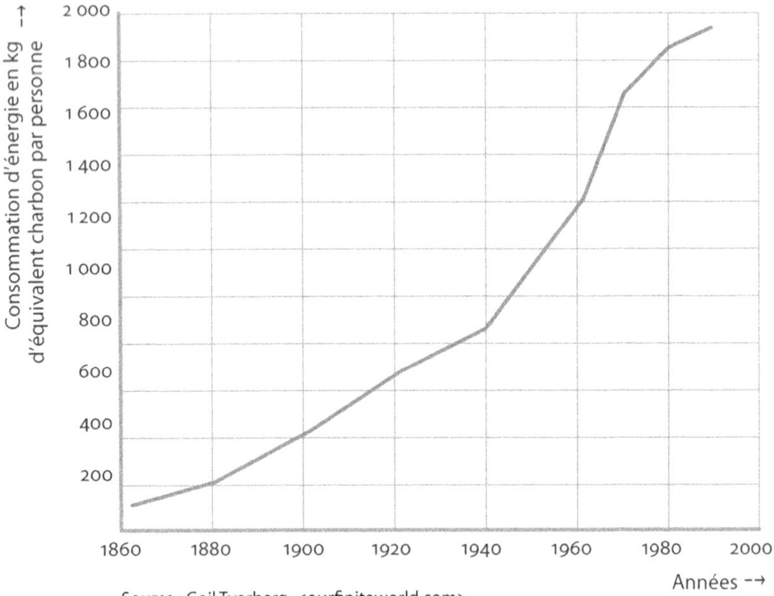

Source : Gail Tverberg, <ourfiniteworld.com>.

De toute évidence, l'efficacité énergétique n'a guère été une aide au cours des 150 dernières années. En fait, la tendance suit joyeusement la croissance exponentielle comme si rien n'avait été fait. Alors pourquoi citons-nous l'efficacité comme le moyen privilégié pour sortir de la crise énergétique ?

Peut-être devons-nous examiner de plus près ce que cela signifie. Ce n'est pas si évident à première vue.

Le paradoxe de Jevons

En 1865, l'économiste anglais William Stanley Jevons a observé que les améliorations technologiques censées augmenter l'efficacité de l'utilisation du charbon entraînaient une augmentation de la consommation de charbon dans une vaste gamme d'industries. Selon Jevons, et contrairement à l'intuition commune, les améliorations technologiques entraîneraient en fait une augmentation de la consommation de combustibles fossiles.

Cette observation a d'abord été présentée comme un paradoxe. Ultérieurement, j'expliquerai pourquoi ce n'est pas un paradoxe, mais plutôt une situation à laquelle il fallait s'attendre, étant donné la manière dont nous avons choisi de gérer notre monde industriel moderne. Pour saisir cette situation, il suffit de comprendre qu'une plus grande efficacité énergétique dans l'utilisation d'une ressource entraîne historiquement une baisse du prix unitaire pour l'acheteur. Si le coût baisse, le produit devient plus abordable pour un plus grand nombre d'acheteurs, et son utilisation a tendance à augmenter. C'est ce que j'appelle l'« effet de prolifération ». On parle aussi d'« effet rebond ».

L'autre façon d'expliquer ce paradoxe apparent est la suivante : toutes les industries qui fabriquent ou utilisent des méthodes ou des dispositifs visant à réaliser des économies d'énergie s'inscrivent finalement dans le paradigme de la croissance économique exponentielle. Ces industries essaieront donc de croître, et ce, quel qu'en soit le prix. Si une industrie invente un dispositif plus économe, elle utilisera simplement cet avantage pour produire plus de biens et générer plus de profits, ce qui annulera au bout du compte toute économie d'énergie brute.

Le monde économique dans lequel nous vivons est semblable à une immense boîte en expansion. Ce que nous faisons à l'intérieur de la boîte n'a au fond aucune importance, car finalement les règles sont que la boîte doit s'étendre – l'argent doit croître avec le temps. Telle est la règle qui régit la croissance quantitative exponentielle perpétuelle.

Vous voyez donc que ce n'est pas du tout un paradoxe, comme l'a affirmé M. Jevons, mais quelque chose de prévisible. Il n'y a pas d'échappatoire au syndrome de croissance perpétuelle. Beaucoup de gens qui tentent d'économiser de l'énergie ou utilisent des dispositifs visant à réaliser des économies d'énergie peuvent être contrariés par cette façon de penser. Ils peuvent penser que ce raisonnement découragera quiconque essaie d'économiser de l'énergie.

Ce n'est pas ce que j'essaie de faire. Je dis seulement que nous devons d'abord changer les règles et empêcher la « boîte » de croître de façon exponentielle. Il faut d'abord bloquer le concept de croissance exponentielle qui régit l'ensemble de l'économie, de l'industrie, des ressources et de l'énergie. Car c'est ce qui définit finalement l'énergie brute utilisée (selon la figure 44). Cette énergie ne peut pas être compensée par des dispositifs ou des processus d'économie d'énergie individuels, car ils sont finalement utilisés pour améliorer la croissance.

Ce n'est que si l'on sort du paradigme de la croissance exponentielle que nos efforts pour utiliser des dispositifs et adopter des habitudes d'économie d'énergie seront efficaces.

Changez votre objectif!

Je vais prendre un exemple pour vous expliquer le mirage de l'efficacité énergétique. Je montrerai qu'il s'agit d'une illusion. Et qu'on peut s'en rendre compte en ayant une vision d'ensemble, plutôt qu'un regard trop centré sur l'innovation.

Par exemple, lorsque l'électronique est apparue, on utilisait d'énormes appareils encombrants et incandescents appelés « tubes électroniques ». Ceux-ci ont été employés dans la fabrication de radios, d'amplificateurs, d'émetteurs et de toutes sortes d'appareils électroniques.

Cela ressemblait à une ampoule à incandescence qui chauffait un filament. Beaucoup d'énergie était dissipée sous forme de chaleur. Ils étaient également très volumineux et nécessitaient pas mal de verre et de métal pour leur fabrication.

Puis, vers le début des années 1950, un nouveau dispositif électronique révolutionnaire, basé sur une technologie complètement différente appelée « semi-conducteur », est apparu. Cela a donné le transistor, qui consomme un million de fois moins d'énergie qu'un tube électronique. Il était également beaucoup plus petit et moins cher.

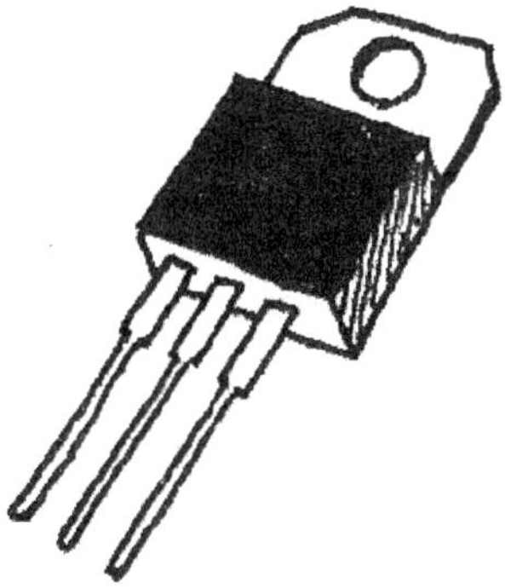

Si vous observez un seul transistor à travers une loupe grossissante, vous constaterez qu'il consomme 1 millionième de l'énergie d'un tube à vide. À première vue, il semblerait donc que l'énergie soit économisée par un facteur de 1 million.

Cependant, si vous utilisez un appareil optique permettant une vision plus large, vous constaterez à quel point l'industrie électronique dans son ensemble a explosé à la suite de l'invention du transistor. Alors que le monde fabriquait auparavant des tubes à vide par millions, nous produisons maintenant des transistors par centaines de milliards !

Par ailleurs, si vous additionnez toute l'énergie utilisée pour fabriquer des transistors à celle utilisée pour les faire fonctionner, vous vous rendrez compte que cette invention a entraîné une consommation beaucoup plus importante d'énergie à l'échelle mondiale.

Il est temps de rappeler un principe énergétique : au-delà des chiffres, il existe une autre dimension qui doit être prise en compte dans la fabrication des dispositifs de haute technologie, soit la quantité d'énergie consommée au cours du cycle de vie d'un matériau ou d'un produit. C'est ce que l'on appelle l'« énergie grise » ou « énergie intrinsèque ».

La fabrication des transistors nécessite une ingénierie beaucoup plus précise que celle exigée par les tubes électroniques, soit une purification des matériaux, des machines de précision, une atmosphère où la poussière est contrôlée, des usines sophistiquées, un personnel hautement qualifié, etc. Si vous examinez l'infrastructure complète qui est nécessaire pour fabriquer tous ces transistors, que vous faites la somme de toutes les consommations d'énergie et que vous divisez le résultat par le nombre de transistors fabriqués, vous pouvez calculer la quantité d'énergie grise utilisée. Vous vous rendrez compte qu'à chaque transistor correspond une énergie grise importante qui diminue d'autant l'énergie que le transistor est censé économiser.

En conclusion, l'efficacité énergétique ne permet pas d'économiser de l'énergie dans un paradigme de croissance et de haute technologie. Et nous verrons dans la section suivante (fausse solution n° 4) à quel point la technologie dépense une quantité astronomique d'énergie.

Le bateau avec un trou exponentiel

L'analogie la plus simple pour illustrer la futilité de l'efficacité énergétique dans un paradigme de croissance est une situation que j'appelle le « bateau avec un trou exponentiel ».

Imaginez que vous soyez sur un bateau, qu'il y ait un tout petit trou sous la ligne de flottaison et que l'eau commence à jaillir.

Au fur et à mesure que les pièces autour du trou cèdent, ce dernier s'agrandit. Quelques passagers se précipitent pour trouver tout ce qu'ils peuvent pour écoper manuellement. Pendant un certain temps, cela semble fonctionner, mais bientôt il devient clair qu'en fait, le trou double à intervalles réguliers. Les passagers essaient de suivre le rythme. Ils parviennent à surmonter plusieurs doublements du trou jusqu'à ce qu'ils atteignent leur vitesse maximale d'écopage. Il est évident maintenant qu'ils seront condamnés à écoper encore plus lorsque se concrétisera le prochain doublement.

Avez-vous remarqué que, pendant tout le temps passé à vider l'eau, rien n'a été fait pour boucher ou réparer le trou – pour l'empêcher de doubler ? Si les gens sur le bateau s'étaient concentrés, sur la manière de maîtriser le trou, dans un premier temps, celui-ci aurait cessé de croître de façon exponentielle. Puis, avec une approche encore meilleure, le trou aurait cessé de croître pour se maintenir à une taille fixe. À ce moment-là, il aurait été possible d'écoper de manière viable.

En conclusion, si vous voulez finalement arrêter d'écoper, vous devez boucher le trou. C'est évident !

Dans notre monde industriel, ce trou représente le concept de croissance exponentielle et l'écopage représente nos mesures d'efficacité énergétique et d'économie d'énergie. Les mesures correctives ne suffisent pas alors que le marché économique et la consommation d'énergie augmentent de façon exponentielle. Les deux ne progressent pas à la même vitesse.

Alors, quand cesserons-nous de poursuivre l'illusion que l'efficacité énergétique et l'économie d'énergie nous sauveront ?

Soyons réalistes en comprenant et en abordant la cause profonde de notre situation difficile : notre paradigme économique de croissance exponentielle.

Quatrième fausse solution : développer de nouvelles technologies.

Et quatrième fausse croyance : la haute technologie peut résoudre tous les problèmes.

La technologie est vénérée comme une sorte de force surnaturelle. Il semble y avoir une foi presque aveugle en ce qu'elle peut accomplir. Et dans toute discussion sur l'épuisement de l'énergie, à un moment surgit cette foi sous la forme du mantra hypnotique : « Nous trouverons un moyen grâce à la technologie. »

Il y a une raison à cette croyance. Dans le passé, la technologie nous a effectivement permis de réaliser énormément de choses époustouflantes qui nous ont été favorables. Mais à cette époque le pétrole était abondant et nous n'avions pas encore de problème de pénurie d'énergie. Nous verrons bientôt que la technologie est régie par les lois fondamentales de la physique et de la thermodynamique. Une grande partie de la technologie existante ne peut tout simplement pas fonctionner sans un recours important aux combustibles fossiles.

Les gens espèrent que la technologie nous aidera dans le scénario d'épuisement du pétrole, et ce, de deux façons :

1. En améliorant les méthodes d'extraction du pétrole, du charbon, du gaz naturel et d'autres ressources énergétiques conventionnelles ;
2. En permettant de découvrir une nouvelle source d'énergie.

En ce qui concerne le premier point, il est important de comprendre qu'une technologie améliorée peut, au mieux, fonctionner pour retarder l'arrivée du pic de production du pétrole ou de toute autre ressource. Elle ne peut cependant pas faire disparaître ce pic.

Quant au deuxième axe, cela relève jusqu'à présent du mirage. Toutes nos idées actuelles de progression technologique consistent à faire passer l'énergie d'une forme à une autre, avec comme inconvénient une perte d'énergie à chaque conversion.

Rien à l'horizon ne permet d'envisager, même dans un futur lointain, la possibilité de générer une énergie propre et abondante sans dépendance au pétrole. Nous aborderons ce sujet en détail dans la section suivante, sur les énergies alternatives. Mais pour une meilleure compréhension, essayons d'abord de définir ce qu'est exactement la technologie.

Qu'est-ce que la technologie ?

La technologie est généralement confondue avec l'outil. Le plus souvent, nous utilisons de manière interchangeable les termes « technologie » et « outil », et ce, sans même nous en rendre compte. Nous imaginons que la technologie est semblable à un outil que nous achetons et qui est ensuite disponible à tout moment. Et qu'une fois que nous avons mis au point un type particulier de technologie, celui-ci est là pour rester.

C'est complètement faux, car ce sont deux choses complètement différentes. Passons en revue les étapes – en commençant par les outils et en terminant par la technologie.

Toutes les créatures vivantes manipulent leur environnement en fonction de leur objectif. Un oiseau construira un nid avec son bec. Un castor utilisera ses dents pour casser des branches qu'il disposera ensuite de façon à construire un barrage, etc. Les humains aussi manipulent leur environnement en fonction de leur

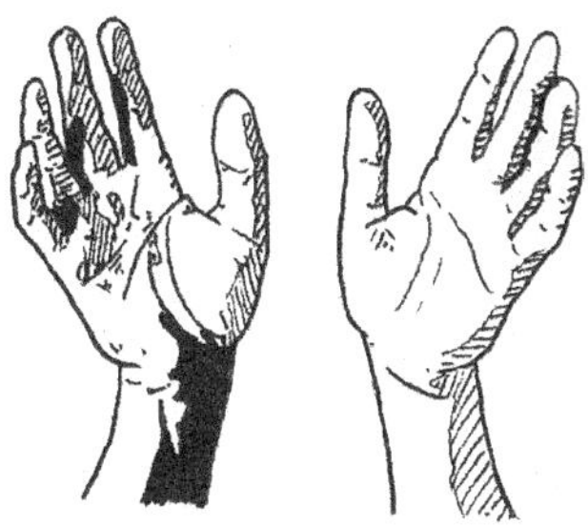

objectif. Le moyen le plus simple pour nous, humains, de manipuler notre environnement est d'utiliser un outil.

Les premiers outils humains ont été nos mains. C'est ainsi que nous manipulons physiquement notre environnement pour l'adapter à notre objectif. Ce qui est formidable avec nos mains, c'est qu'elles sont toujours là à notre service et qu'elles nécessitent très peu d'énergie et de ressources en dehors de notre alimentation normale.

L'étape suivante, ce sont les outils manuels, comme le marteau, le tournevis, la scie, la houe de jardin, la fourche, etc. Ils augmentent la capacité des humains à manipuler leur environnement. Mais il faut déjà une certaine quantité de ressources et d'énergie pour fabriquer ces outils manuels. Cependant, une fois qu'ils sont fabriqués, nous n'avons plus besoin d'énergie ou de ressources supplémentaires pour les entretenir et les faire fonctionner.

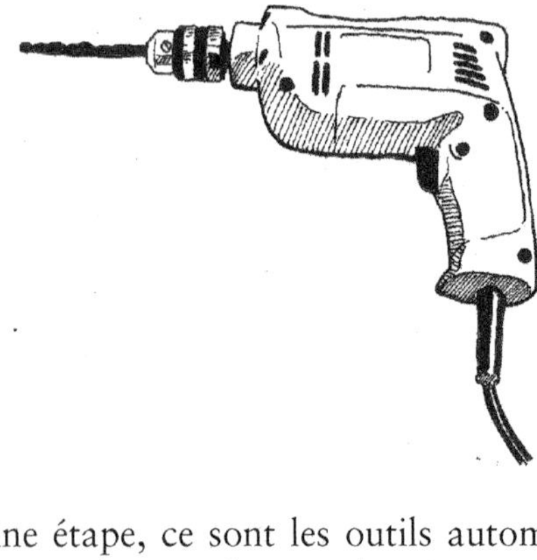

La prochaine étape, ce sont les outils automatisés comme la perceuse électrique, la tour, la scie électrique, etc. Ils permettent une manipulation encore plus grande de notre environnement mais sont plus vulnérables aux besoins d'énergie, de ressources, de carburants spéciaux pour leur fabrication et leur entretien, et pour bien fonctionner. Ils nécessitent également plus de connaissances et de formation. Surtout, ils ont besoin d'une source d'énergie pour marcher.

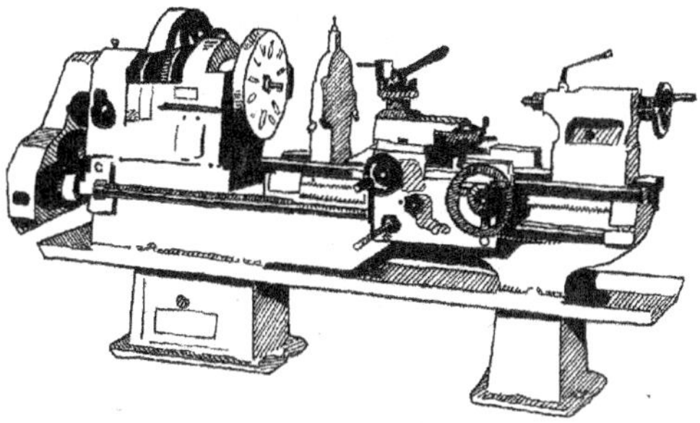

En remontant l'échelle de la complexité, nous arrivons ensuite à la machine. Il s'agit d'un assemblage plus ou moins compliqué de pièces qui nécessite beaucoup plus d'énergie pour sa conception, sa fabrication, son entretien et son fonctionnement. Il nécessite également des connaissances spécialisées pour chacune de ces étapes. Et les machines ont besoin de beaucoup plus d'énergie pour leur maintenance et pour fonctionner correctement. Une machine est donc plus vulnérable, car de nombreux éléments spécifiques sont nécessaires pour en assurer le fonctionnement. La complexité augmente et la complexité a toujours un coût énergétique.

Et finalement, nous arrivons à ce que nous appelons la « technologie ».

Figure 45

Organigramme de la technologie

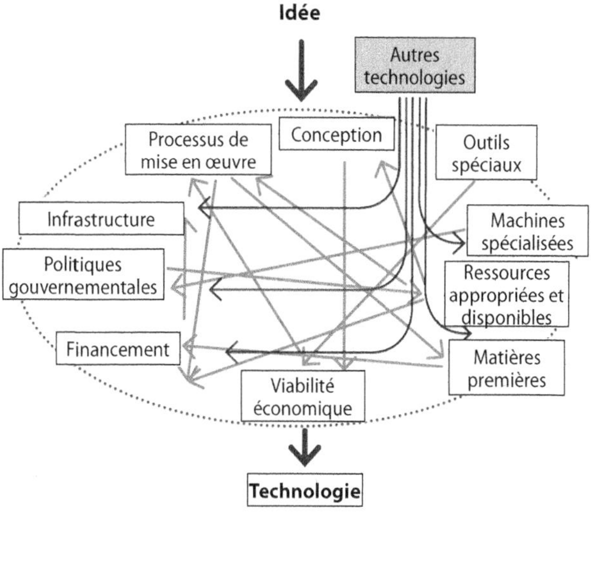

Une technologie est un « regroupement » de tout ce qui précède et d'autres éléments qui rendent ce type particulier de technologie possible et abordable à ce moment-là. Une technologie est un réseau étendu et complexe d'innombrables facteurs travaillant ensemble. Certains sont immatériels et vraiment difficiles à comprendre complètement. Voici pourquoi.

Une technologie regroupe :

- des idées ;
- des conceptions ;
- des matières premières ;
- des procédés de fabrication ;
- des outils spécialisés ;
- des machines spécifiques ;
- des compétences particulières ;
- une main-d'œuvre bien formée ;
- une viabilité économique ;
- des choix de politiques gouvernementales ;
- des réseaux de transport ;
- et bien d'autres choses encore…

Tous ces intrants sont liés entre eux de manière complexe, souvent difficile à déterminer la plupart du temps et dépendent d'autres technologies qui elles-mêmes découlent d'autres technologies. Et ce réseau époustouflant de dépendances interconnectées est évidemment lié à beaucoup d'énergie et de ressources bon marché. Ceci permet d'affirmer que, pour commencer, toute crise énergétique frappera à coup sûr la technologie.

Toute technologie est extrêmement vulnérable au moindre changement à l'un de ses nombreux intrants. Vous supprimez l'un d'eux et cette technologie peut aussitôt échouer, sauf si l'on trouve rapidement un substitut qui doit être aussi bon marché, etc. Plus elle est complexe, plus elle est fragile et exposée à des facteurs externes indépendants de la volonté de quiconque.

Gardez cela présent à l'esprit la prochaine fois que vous entendrez les mantras « la technologie nous fournira une solution » ou « la haute technologie sauvera la situation ». Ce que les idolâtres de la technologie ne veulent pas admettre, c'est que la technologie, en particulier la haute technologie de par sa nature même, est tellement dépendante de l'énergie (en dehors de milliers d'autres intrants qui nécessitent également de l'énergie) qu'elle sera la première à s'effondrer en cas d'effondrement énergétique mondial.

Le triste constat:

- La technologie ne crée pas d'énergie.
- C'est l'inverse: c'est l'énergie bon marché qui rend la technologie possible.
- Plus il y a d'énergie disponible, plus la haute technologie devient possible.
- Si l'on réduit ce niveau de disponibilité d'énergie et de ressources, boum! cette technologie n'est plus viable et cesse d'exister.

Il est donc peu probable que la technologie nous sauve!

Cinquième fausse solution: utiliser les énergies alternatives.

Et cinquième fausse croyance: d'autres formes d'énergie peuvent remplacer le pétrole.

> *« Contrairement à la perception du public, les énergies renouvelables ne sont pas la solution miracle à tous nos problèmes. »*

Jeroen van der Veer, ancien PDG de Shell, « The Standard », extrait de « Three Hard Truths about the World's Energy Crisis ».

Le mot « alternative » semble contenir une promesse magique. Intrinsèquement, cela nous rassure de penser qu'il existe quelque part, ici ou ailleurs, une forme d'énergie qui pourrait remplacer le pétrole et qu'il nous suffit de trouver.

De même, ne souhaiteriez-vous pas qu'il y ait des emplois « alternatifs » pour tous ceux et celles qui ont été licenciés récemment dans le monde?

Alors pourquoi sont-ils toujours au chômage? Vous pensez peut-être que les gens licenciés ne font tout simplement pas assez d'efforts pour trouver ces emplois « alternatifs ». Ou peut-être que la vérité réside dans le fait que les emplois « alternatifs » ne sont pas rémunérés au même niveau.

Si on vous offre un nouvel emploi avec un salaire de 60 000 roupies au lieu des 100 000 roupies que vous touchiez auparavant, un emploi qui implique de travailler la nuit dans un quartier miteux de la ville, sans climatisation et avec moins de vacances… et pas de café gratuit… que ferez-vous ? Fort probablement, vous déciderez de refuser ce travail et continuerez à en chercher un autre.

C'est la même histoire avec le pétrole et les énergies alternatives.

Bien sûr, il en existe, des énergies alternatives. Mais combien produisent-elles par rapport au pétrole ? Et quels sont les autres inconvénients de leur production ?

Un indice réside peut-être dans le fait que nous parlons d'alternatives depuis plus de quatre décennies maintenant. Pourtant, ces énergies alternatives ne représentent toujours qu'une faible part de la consommation mondiale d'énergie, malgré les subventions généreuses des gouvernements du monde entier.

En 2017, selon l'Agence internationale de l'énergie, pétrole, charbon et gaz couvraient 81,3 % de la consommation mondiale commercialisée d'énergie, la biomasse et les déchets 9,5 %, l'hydraulique 2,5 %, le nucléaire 4,9 % et les autres (solaire, éolien, géothermie…) 1,8 %. Il faut y ajouter ce qui n'est pas commercialisé, en particulier le bois.

Une raison est peut-être que la plupart des énergies alternatives sont comme les emplois faiblement rémunérés. Elles offrent toutes moins d'énergie et ne fonctionnent pas comme nous en avons l'habitude dans notre monde moderne. L'énergie nette qu'elles fournissent est soit inférieure, soit marginale par rapport à l'énergie qui doit y être investie (principalement du pétrole). C'est comme prendre un nouvel emploi à 60 000 roupies en ayant toujours besoin de l'emploi à 100 000 roupies pour maintenir votre mode de vie. Je ne pense pas que votre ancien patron ait pensé à cela quand il vous a licencié.

Donc, même si nous trouvons le moyen de conserver du pétrole assez longtemps pour mettre en place nos plans « alternatifs », nous devons rester prudents et ne pas gaspiller le précieux pétrole restant dans des expériences d'énergies alternatives. À un moment donné, il faudra que les énergies alternatives puissent se débrouiller sans l'aide de trop de pétrole. Et même, de préférence, sans en utiliser aucun. Et plus important encore, les « solutions » énergétiques alternatives devraient nous procurer plus d'énergie que ce que nous investissons pour les fabriquer et les entretenir. Sinon, quel est l'intérêt d'investir dans ces énergies alternatives ?

Nous arrivons ainsi à la règle **énergétique fondamentale n° 1, qui concerne le « taux de retour énergétique »** (TRE) **ou « énergie nette »**, un thème que nous avons déjà abordé dans la partie 1.3. C'est un peu comme dans une entreprise : le prix de vente d'un produit doit être supérieur au prix de revient pour dégager un bénéfice.

La règle énergétique n° 1 est que l'énergie nette gagnée doit être suffisamment élevée pour qu'une énergie alternative soit viable. Certaines, comme l'énergie solaire et éolienne, peuvent avoir un rendement énergétique net raisonnablement élevé. Le facteur suivant est le coût. Malgré une chute importante des coûts depuis 10 ans, les énergies alternatives commencent tout juste à rivaliser avec le pétrole. Les experts en énergies alternatives nous conseillent donc d'attendre que les prix du pétrole montent pour que la bonne vieille sagesse du marché s'applique. À savoir que lorsque le prix du pétrole deviendra suffisamment élevé, les énergies alternatives seront rentables et le marché trouvera un moyen de remplacer le pétrole. Le pétrole conventionnel étant sur la pente descendante, cela signifie bien qu'il ne pourra que devenir plus cher. Mais comme le pétrole est nécessaire pour l'instant à la mise en place des énergies renouvelables, leur coût risque d'augmenter...

Attendez une minute ! J'ai l'impression de regarder mon chien courir après sa queue :

- Les énergies alternatives restent chères par rapport au pétrole.
- Attendons simplement que le prix du pétrole monte, et les énergies alternatives deviendront intéressantes.
- Le pétrole cher fait augmenter le prix d'installation des énergies alternatives.
- Attendons encore un peu que le pétrole monte.
- Le pétrole monte... et les énergies alternatives deviennent de plus en plus chères.

Et on continue, encore et encore. J'ai la tête qui tourne. Qu'est-ce qui m'échappe ?

Eh bien, pour commencer, la queue est bien attachée à l'extrémité du chien qui tourne en rond.

Les énergies alternatives sont la queue. Elles sont *toutes* fabriquées avec de l'énergie pétrolière et certains de ses sous-produits. Et quiconque ne vous le dit pas est coupable d'un gros mensonge. Peu importe la fantaisie de leur « solution d'énergie alternative ».

Que ces solutions alternatives soient renouvelables (solaire, éolien, hydraulique, agrocarburants) ou pas (nucléaire, sables bitumineux, schistes bitumineux) ou encore qu'ils soient des vecteurs de transport d'énergie (hydrogène, piles à combustible), *tout* est construit, géré, entretenu, transporté au sein d'une infrastructure pétrolière. Toutes ces techniques nécessitent beaucoup d'énergie pour être construites et nécessitent une plate-forme pétrolière pour fonctionner. Cela n'est pas du tout une alternative !

En fait, ce sont ce que j'appellerais des « convertisseurs d'énergie ». Mais dans tous les cas, ils ne peuvent se développer qu'avec l'énergie du pétrole.

Et c'est bien là que nous nous retrouvons coincés.

Cela nous rappelle la **règle énergétique n° 2** au sujet de **la dépendance au pétrole :** l'énergie alternative ne doit pas être trop dépendante du pétrole et de son prix.

Outre un taux de rendement énergétique plus faible et une dépendance au pétrole, les énergies alternatives échouent à un autre niveau fondamental. La plupart d'entre elles sont des énergies diluées. En effet, ces dispositifs extraient l'énergie lorsqu'elle arrive en temps réel. L'énergie solaire ou éolienne, les agrocarburants, la biomasse, les vagues, les marées, la géothermie, etc.

dépendent de l'ensoleillement, de la force du vent, de la croissance des plantes, du mouvement des océans ou de la chaleur de la Terre. Ces ressources sont disponibles en temps réel, alors que les énergies fossiles, en particulier le pétrole, sont disponibles sous la forme de stocks. Les combustibles fossiles nous permettent d'exploiter l'énergie de millions d'années de stocks de rayonnement solaire. Ils sont une forme d'énergie extrêmement dense.

Pour illustrer ce point, comparons le débit d'eau de la pluie et celui d'un barrage. Les énergies alternatives sont comme la pluie. C'est de l'eau qui tombe en temps réel. Le débit est dilué – le volume d'eau est distribué sur une grande surface et dans le temps. Il doit être collecté pour être utile.

À l'inverse, les combustibles fossiles sont semblables à la retenue d'eau d'un barrage.

L'eau est stockée sur une grande surface et sur une longue période. Le débit est concentré et dense.

Ce que le flux concentré d'un barrage permet de récupérer en énergie, les précipitations ne le permettent pas. Les nappes de pétrole sont comme la retenue d'eau d'un barrage qui contiendrait 150 millions d'années de rayonnement solaire, prêtes à brûler d'un coup.

Certains avancent que notre consommation journalière de pétrole équivaut à utiliser 7 ans de l'énergie solaire totale qui atteint la Terre. Nous l'utiliserions donc à un rythme environ 2500 fois plus élevé que celui auquel elle nous parvient. Ce point lui-même, s'il était confirmé, règlerait la question de l'intérêt des solutions de rechange.

Pour l'instant, notons simplement que cela nous permet d'aborder une caractéristique particulière des différents types d'énergie. Ces derniers peuvent être dilués ou denses. C'est ce qu'on appelle la « densité énergétique ».

Cela nous amène à **la règle énergétique n° 3** sur **la densité énergétique**. Il faut comparer la densité énergétique des énergies alternatives à celle du pétrole. Certaines personnes abordent ce problème de cette manière : si ces méthodes alternatives collectent de l'énergie diluée, alors nous pourrions combler l'écart (entre pétrole et énergies alternatives) en en captant plus. Mettre plus de panneaux solaires et plus d'éoliennes. Cette « intensification » devrait, selon ces personnes, résoudre le problème.

Et c'est exactement ce que les gouvernements, les promoteurs des énergies alternatives et les investisseurs ont essayé de faire au cours des deux dernières décennies. Tous les efforts ont été déployés, y compris des subventions gouvernementales importantes et généreuses et des allégements fiscaux, pour encourager la croissance ou la « mise à l'échelle » des énergies alternatives.

En 2020, 15,7 % seulement de la consommation d'énergie mondiale est constitué d'énergies renouvelables (hydraulique, biomasse, solaire, éolien et autres) et le reste, 84,3 %, provient des combustibles fossiles (charbon, gaz et pétrole). Le nucléaire, non renouvelable, et l'hydroélectricité représentent 10,7 %. Les grands espoirs placés dans le solaire, l'éolien et d'autres énergies renouvelables ne représentent que 5 % de la production mondiale d'énergie (figure 46). Il semble bien qu'il y ait un aspect de la réalité qui ne permet pas l'utilisation d'énergies alternatives à grande échelle. Ce facteur limitant est appelé « adaptabilité ».

Figure 46

Consommation énergétique dans le monde par type d'énergie (2020)

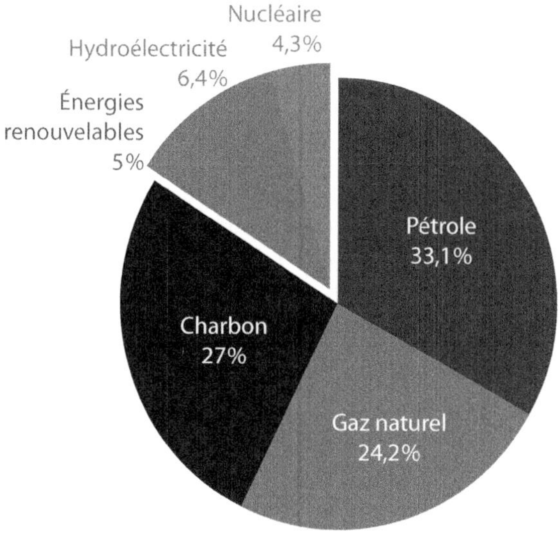

Source: *BP Statistical Review of World Energy 2020*, 69e édition.

Les limites d'adaptabilité sont différentes pour chaque type d'énergie alternative. Mais elles ne peuvent être modifiées. Par exemple, les panneaux solaires ont besoin d'une surface au sol, d'un ensoleillement fiable, d'une disponibilité du silicium, etc. Les éoliennes ont besoin d'emplacements appropriés recevant des vents qui surpassent une vitesse minimale critique pendant un nombre de jours suffisant. D'autres énergies, comme le carburant extrait des algues, ont été expérimentées depuis 50 ans dans les laboratoires, mais le problème demeure de le faire à grande échelle pour que l'énergie soit viable et assure une production significative.

Nous arrivons donc à la **règle énergétique n° 4, qui concerne l'adaptabilité.** Pour être intéressante, une énergie alternative doit être souple et évolutive selon les besoins.

En continuant à observer les particularités des énergies alternatives, nous constatons qu'il existe un problème encore plus important. Et celui-ci les rend encore plus insuffisantes. *Aucune* de ces énergies alternatives ne permet d'obtenir les sous-produits que le pétrole nous donne, tels que le bitume, les plastiques, les engrais, les lubrifiants ou les produits pharmaceutiques, sans lesquels notre monde industriel ne peut fonctionner.

Cette spécificité du pétrole – soit la capacité de fabriquer des sous-produits – est souvent omise mais revêt une importance fondamentale. C'est comme si l'on cherchait à trouver un substitut à l'eau pour faire fonctionner notre corps, qui en contient environ 60 %. Dans l'impossibilité de trouver ce substitut à l'eau, il faudrait alors rien de moins qu'une refonte et une reconstruction de notre corps autour d'un nouveau liquide. Il s'agit clairement d'une tâche difficile. Il en va de même pour le monde industriel moderne. Il nous faudrait rien de moins que le repenser et le reconstruire autour des nouvelles énergies alternatives. Mais alors, d'où viendra l'énergie qui nous permettra d'y parvenir ? Cela fait l'objet d'une autre règle.

Règle énergétique n° 5, au sujet des sous-produits pétroliers : le passage à un système de production d'énergie par des sources alternatives ne peut se faire sans également prévoir le remplacement de tous les sous-produits pétroliers essentiels à la construction, au fonctionnement et à l'entretien de notre monde industriel moderne. Nous avons déjà donné dans le chapitre précédent une courte liste des 6000 sous-produits que seul le pétrole peut nous procurer.

Mettons toutes les règles ensemble pour bien nous en souvenir.

Règle 1 – ÉNERGIE NETTE (taux de retour énergétique) : l'énergie nette gagnée doit être suffisamment élevée pour qu'une source alternative soit viable.
Règle 2 – DÉPENDANCE AU PÉTROLE : l'énergie alternative ne doit pas dépendre du pétrole et de son prix.
Règle 3 – DENSITÉ ÉNERGÉTIQUE : la densité énergétique de l'énergie alternative doit être proche de celle du pétrole.
Règle 4 – ADAPTABILITÉ : l'énergie alternative doit être suffisamment flexible pour pouvoir répondre aux besoins.
Règle 5 – SOUS-PRODUITS PÉTROLIERS : l'énergie alternative doit permettre le remplacement des sous-produits pétroliers essentiels à la construction, au fonctionnement et à l'entretien de notre monde industriel moderne.

Malheureusement, nous pouvons constater qu'aucune des énergies alternatives ne répond à l'ensemble de ces règles, et c'est ce qui freine leur utilisation. C'est la raison pour laquelle je considère les énergies alternatives comme de fausses solutions.

Mais si elles échouent dans ce type de raisonnement, c'est peut-être à cause de la façon dont nous avons formulé le problème. Reprenons la question initiale : « Comment pouvons-nous gérer notre monde industriel moderne actuel avec des énergies alternatives fonctionnant exactement comme le pétrole ? »

Nous espérons encore que tout puisse fonctionner dans le mode actuel de croissance exponentielle alors que nous avons dépassé le pic pétrolier. Cela signifie que nous prévoyons toujours de gérer nos entreprises, nos usines, nos industries, nos transports, nos habitations, notre agriculture, etc., en poursuivant sensiblement les tendances exponentielles passées, même si la production de pétrole diminue.

De plus, nous prévoyons que nos économies et nos marchés continueront de croître, que nous obtiendrons un retour sur investissement année après année et que les lois traditionnelles de la croissance économique seront maintenues.

Tout continuerait donc comme avant avec pour seul changement le fait que nous alimenterions notre monde par des énergies alternatives au lieu du pétrole. Or nous venons de démontrer que c'est impossible ! La question de départ étant mal posée, nous obtenons de fausses solutions. Je ne veux pas dire par là qu'il n'y a pas de place pour les énergies alternatives dans notre monde futur. Ce que je veux dire, c'est que les énergies alternatives ont des limites imposées par les lois thermodynamiques, un coût, une échelle et des applications différentes. C'est pourquoi elles fournissent finalement beaucoup moins de solutions que le système lié au pétrole qui a servi à les fabriquer.

Un peu comme le nouvel emploi à bas salaire.

Alors, que devez-vous faire lorsque vous obtenez un emploi à faible salaire et que vous n'avez aucune chance de retrouver un emploi à salaire plus élevé ?

Vous devez ajuster votre style de vie. Réduire !

Cette conclusion s'applique aux énergies alternatives et peut se résumer ainsi :

- Les énergies alternatives ne peuvent pas alimenter le monde industriel moderne de la manière, au coût et à l'échelle où nous l'avons conçu et auxquels nous sommes habitués.
- Si les énergies alternatives sont judicieusement utilisées, elles peuvent occuper des créneaux importants, mais elles nécessitent intrinsèquement une réduction de notre consommation d'énergie brute.
- Cela signifie que le rétrécissement économique ne peut être évité. Il faut seulement le gérer d'une manière non désastreuse. Oui, la croissance est morte avec l'avènement du pic pétrolier et aucune combinaison d'énergies alternatives ne peut empêcher cela.

On peut voir cette perspective comme pessimiste, mais il est intéressant de l'examiner d'un peu plus près. « Optimiste » et « pessimiste » semblent être les deux seuls points de vue dans un monde où le pétrole et les ressources sont suffisamment abondants pour concrétiser nos idées et nos rêves les plus fous. Soit vous êtes optimiste ; soit vous avez dit quelque chose que les optimistes n'aimaient pas ou avec lequel ils n'étaient pas d'accord, et alors vous êtes pessimiste.

Il n'y a pas de place pour quelque chose que l'on pourrait appeler le « réalisme » !

Pourquoi ? Parce que ce que nous pensons n'a rien à voir avec la réalité. Parce que notre approche est basée sur des concepts, souvenez-vous. Nous avons supposé que nous devions simplement « concevoir » et que tout le reste suivrait. La planète a été obligée de se soumettre à nos exigences d'« ingéniosité humaine ». Tout était dans l'esprit... et le corps devait suivre. Aujourd'hui, nous essayons donc de faire à peu près de même avec notre approche des énergies alternatives. Il suffit de concevoir une solution énergétique alternative et les lois de la thermodynamique (la réalité physique) seront obligées de s'y conformer.

Le pic pétrolier et le déclin énergétique qui va suivre viennent changer tout cela. Soudain, être réaliste devient respectable. Un réaliste n'est pas un pessimiste. Il a juste beaucoup plus de respect pour la réalité et est prêt à changer ses concepts et ses modes de vie pour être en phase avec elle.

Sixième fausse solution : miser sur l'ingéniosité humaine.

Et sixième fausse croyance : l'intelligence humaine est sans limite.

Après l'échec des 5 premières fausses solutions, on trouve encore des gens qui ont recours au dernier bastion d'espoir et de croyance – l'infinité et l'infaillibilité de l'ingéniosité humaine. Notre conditionnement culturel à un optimisme béat nous empêche d'admettre que c'est ce type même d'ingéniosité humaine qui a causé ce gâchis. Cette ingéniosité humaine, basée sur la quantité, a clairement échoué. Nous devons essayer de redéfinir une ingéniosité humaine qui va au-delà de la simple quantité et qui reconnaît et respecte les limites que ce livre a soulignées depuis le début.

Il ne s'agit donc pas simplement de trouver des moyens ingénieux de gérer le même paradigme de croissance quantitative exponentielle perpétuelle, mais d'accepter la valeur des limites et des interconnexions selon lesquelles opèrent l'écologie, les communautés et les systèmes vivants.

Si l'ingéniosité humaine est un facteur positif, elle doit pouvoir comprendre cela. Et donc proposer une approche complètement différente.

Et c'est ce que nous allons faire maintenant. (Nous reviendrons aussi sur cette question de l'ingéniosité humaine dans le chapitre 5, sur la transition.)

En conclusion, l'ingéniosité humaine accompagne la croissance exponentielle et le monde industriel moderne, mais elle n'en est pas la source. C'est la fourniture d'une énergie bon marché et de ses sous-produits qui a permis à l'ingéniosité humaine de construire et d'entretenir le monde industriel moderne. C'est comme si je vous demandais de faire une omelette sans vous donner d'œufs. Même si vous étiez Einstein, vous ne pourriez pas la faire.

Comme l'a dit la philosophe Ayn Rand : « Nous pouvons nous évader de la réalité, mais nous ne pouvons pas échapper aux conséquences de l'évasion de la réalité. »

Maintenant que nous sommes armés d'une compréhension des formes d'énergie et des principes qui les encadrent, passons à la section suivante concernant l'évaluation des types d'énergies alternatives. Il est temps de les tester en tenant compte de la réalité.

3.2 Évaluation des énergies alternatives

Types d'options en matière d'énergie alternative

Les énergies alternatives se répartissent en 3 catégories. Outre le pétrole, les **autres combustibles fossiles** sont le charbon et le gaz naturel. Ils contribuent déjà pour une large part à alimenter en énergie notre monde industriel moderne.

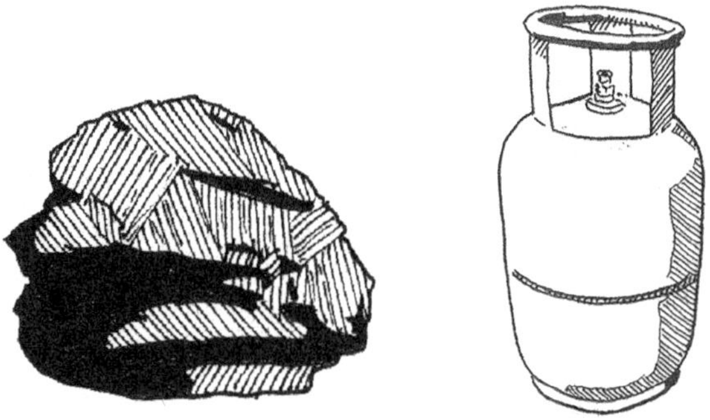

Il existe aussi des **carburants liquides alternatifs** comme les agrocarburants (éthanol) ou le combustible extrait des sables bitumineux et des schistes bitumineux. Bien que très peu performants, ceux-ci sont considérés aujourd'hui comme vitaux, car ils peuvent remplacer directement le pétrole et donc contribuer au fonctionnement du monde industriel moderne tel qu'il est construit. Ces carburants nécessitent toutefois des transformations complexes.

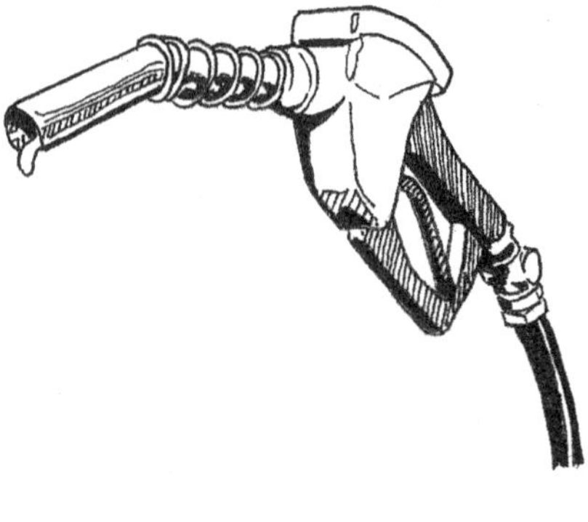

Enfin, il y a les **nombreuses solutions alternatives qui permettent de produire de l'électricité**, comme les énergies solaire, éolienne, hydraulique, nucléaire, géothermique, houlomotrice (énergie des vagues), marémotrice... Elles produisent de l'électricité, mais ont besoin d'une infrastructure basée sur le pétrole et les combustibles fossiles, et cette infrastructure doit être construite, exploitée et entretenue.

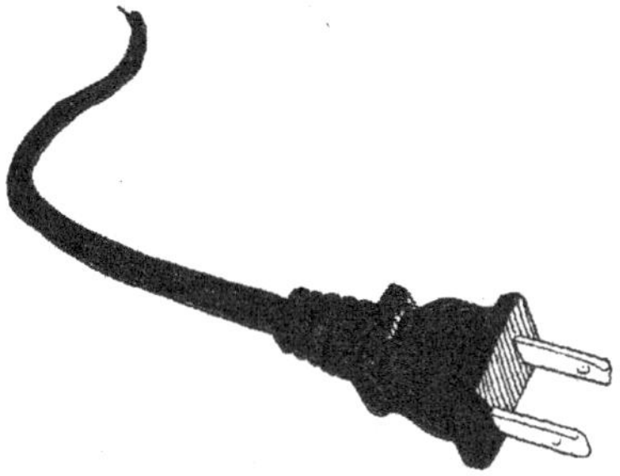

1. Autres combustibles fossiles : charbon et gaz naturel

Charbon

Commençons par un rappel : le charbon et le gaz naturel sont tous deux des combustibles fossiles qui contribuent déjà lourdement à alimenter le monde industriel et dont les pics de production sont imminents. Ce ne sont donc pas des solutions alternatives au sens strict. Dans le cas du charbon, nous avons entendu dire que l'approvisionnement en charbon durerait encore 150 ans au niveau de consommation actuel. À cet égard, gardez présents à l'esprit deux éléments qui sont nécessaires pour maintenir la croissance économique comme avec le pétrole :

1. C'est le pic de production qui compte, pas la quantité de ressources restantes.
2. Nous n'avons pas une consommation constante. Nous consommons du charbon de façon exponentielle ; une estimation de 150 ans « à consommation constante » équivaut en fait à environ 43 ans. Pas 150 ans ! Chers amis, ne sous-estimez pas la puissance de la consommation exponentielle.

Une grande partie de ces 43 années sera consacrée à lutter pour essayer de rester au sommet de la courbe en cloche du charbon, comme c'est actuellement le cas avec le pétrole.

Le charbon continuera à alimenter en énergie notre monde industriel moderne. Et maintenant que le pétrole a atteint son apogée, le charbon devra y contribuer encore plus.

Cela aura des conséquences néfastes dans le domaine du réchauffement climatique et signifie que nous ne nous préoccupons pas vraiment de savoir si notre planète est en train de griller, pourvu que nous puissions maintenir la croissance. Le charbon n'est pas soudainement devenu une énergie alternative « propre » : il dégage toujours une énorme quantité de CO_2 et d'autres polluants.

Il fut un temps où l'exploitation des mines de charbon relevait d'un code de bonne conduite. L'extraction se faisait de manière assez discrète. Mais maintenant, nous faisons quelque chose qui ressemble à la photo ci-dessous.

Source : photo gracieuseté de James Goodman, ilovemountains.org, et survol de SouthWings.org.

C'est ce qu'on appelle en anglais le « *mountain top removal* » (MTR), ou la technique de l'enlèvement du sommet de la montagne ! Voilà un vrai progrès ! Il suffit de faire sauter le sommet de la montagne pour maintenir notre monde industriel moderne sur la voie de la croissance. Peut-être que quelqu'un devrait offrir des voyages organisés spéciaux permettant d'assister aux progrès de la technologie du « charbon propre ».

Source : photo gracieuseté de Vivian Stockman, ohvec.org. et survol de SouthWings.org.

Que diriez-vous des belles et vierges montagnes des Appalaches (photo ci-dessus) pour commencer ? Oups... désolé, c'est une photo un peu dépassée des Appalaches, une chaîne de montagnes située dans l'est de l'Amérique du Nord.

Source : photo gracieuseté de Vivian Stockman, ohvec.org. et survol de SouthWings.org.

Oui, la photo de la page précédente est l'endroit où vous pourriez passer, à un prix promotionnel, des vacances tout compris. Les Appalaches sont devenues un désert après l'élimination intensive du sommet des montagnes. Les rivières ont été empoisonnées pour qu'on en arrive à produire ce que nous appelons le charbon « propre ».

Quelques précisions peu connues sur le charbon :

- Les centrales électriques libèrent des gaz radioactifs équivalant à la pollution de plusieurs bombes atomiques.
- La pollution par le mercure, qui est l'une des principales conséquences de la combustion du charbon, est responsable chaque année de 60 000 cas de lésions cérébrales chez les nouveau-nés aux États-Unis.

Conclusion : recourir au charbon pour maintenir la croissance perpétuelle, c'est comme faire un pas de géant en arrière, mais en utilisant une enseigne publicitaire qui dit : « Croître avec le charbon propre ! »

Le gaz de schiste

La dernière méthode d'extraction en date, qui suscite beaucoup d'enthousiasme aux États-Unis, est une nouvelle technologie appelée « fracturation hydraulique », qui libère du gaz naturel piégé dans la roche schisteuse. Cela se fait en créant des fractures dans la roche avec un mélange d'eau, de sable et de produits chimiques toxiques, injecté sous haute pression.

La technologie de la fracturation hydraulique a sans aucun doute permis de poursuivre la partie en cours, mais n'a pas réussi à éviter les impacts du pic pétrolier sur la croissance économique. Lorsque le prix du pétrole reste élevé, l'exploitation de ce gaz est rentable, mais alors l'abondance provoque une baisse du prix… et cela ne devient plus rentable. La production chute… et les prix repartent à la hausse. Depuis le pic pétrolier en 2005, nous assistons à des prix qui serpentent explosion et effondrement. Chaque passage élevé amplifie la crise économique liée au manque de croissance. Le gaz naturel ne peut pas remplacer totalement le pétrole, source d'énergie essentielle du monde industriel moderne.

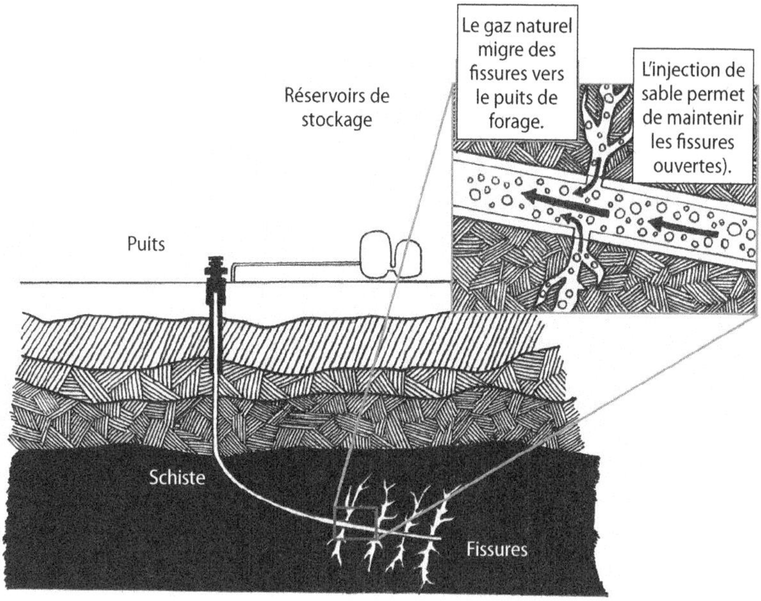

Même bon marché et excédentaire, il ne peut donc pas relancer le moteur de la croissance.

Au lecteur intéressé par une évaluation détaillée des dangers d'investir trop d'espoir dans le gaz naturel, je recommande fortement un livre de Richard Heinberg intitulé *Snake Oil: How Fracking's False Promise of Plenty Imperils Our Future* [Poudre de perlimpinpin: comment la fausse promesse d'abondance de la fracturation hydraulique met en péril notre avenir].

En attendant, regardons comment le gaz naturel se comporte dans le contexte de nos règles énergétiques:

- Pour commencer, il ne passe pas le test de la règle énergétique n° 3 sur la **densité énergétique**, car il faut un énorme volume de 157 mètres cubes de gaz naturel pour obtenir l'équivalent énergétique d'un seul baril de pétrole.
- Et enfin, il ne répond pas aux exigences de la règle énergétique n° 4 sur l'**adaptabilité**. Les débits des puits de gaz naturel diminuent à un rythme beaucoup plus rapide que ceux des puits de pétrole. Une recherche de l'Association pour l'étude du pic pétrolier (ASPO) a révélé qu'avec un nombre de puits stable, la production chute de 38 % par an. Dans ce scénario, il faut

forer 1600 nouveaux puits par an pour maintenir la production à son niveau actuel.
- Par ailleurs, le gaz naturel ne répond pas aux exigences de la règle énergétique n° 5 sur les **sous-produits**. Il ne nous donne pas de sous-produits pétroliers, qui sont si nécessaires pour développer et entretenir notre monde industriel moderne.

Et maintenant, voici les conséquences environnementales de la fracturation hydraulique:

- Les méthodes de fracturation nécessitent d'énormes volumes d'eau, pompés à partir de plans d'eau naturels et transportés dans de gros camions fonctionnant au diesel. Le mélange utilisé pour la fracturation est composé de produits chimiques à des niveaux qui sont souvent, de manière inacceptable, plus élevés que ceux fixés par les normes de sécurité fédérales américaines.
- Des analyses en vue d'étudier les perturbations endocriniennes ont conclu que 93 % de ces produits chimiques auraient un effet toxique sur la santé s'ils étaient ingérés ou inhalés ou s'ils entraient en contact avec la peau. Parmi ces produits chimiques figurent le méthanol, le benzène, le naphtalène, l'éthylbenzène, les hydrocarbures aromatiques polycycliques, l'éthylène glycol, le formaldéhyde, les éthers de glycol, l'acide chlorhydrique, le toluène, le xylène, l'hydroxyde de sodium, etc. Ils sont considérés comme corrosifs, cancérigènes, mutagènes et tératogènes, et 43 % d'entre eux sont des perturbateurs endocriniens qui imitent les hormones ou bloquent ces hormones dans le corps humain, causant l'infertilité, le TDAH (trouble déficitaire de l'attention avec ou sans hyperactivité), l'autisme, le diabète et les troubles thyroïdiens[6]...

Conclusion: l'exploitation du gaz naturel par fracturation hydraulique, avec sa faible densité énergétique, ses taux élevés d'épuisement des puits et son incapacité à remplacer les combustibles liquides, est évidemment incapable d'empêcher le déclin de la croissance économique. Pourtant, cette technique est employée de manière agressive et dangereuse. C'est un moyen sûr de tuer des

6. « The Truth about Gas Drilling and your Health: Health Risks from the Fracking of Gas Wells », *Catskill Mountainkeeper*, <www.catskillmountainkeeper.org>.

communautés entières par la contamination des eaux souterraines et de l'air avec des produits chimiques dangereux.

2. Carburants liquides alternatifs : agrocarburants (éthanol), combustible extrait des sables bitumineux, schistes bitumineux

Les sources d'énergie alternatives comme l'éthanol, les sables bitumineux et le schiste bitumineux sont présentement les chouchous de la transition énergétique, car elles donnent du carburant liquide et peuvent remplacer directement le pétrole, qui est crucial dans les transports ainsi que dans d'autres domaines vitaux de notre monde actuel.

Les combustibles produits proviennent de plantes, dont les céréales alimentaires, de sables bitumineux et de dépôts de schiste. Ces derniers sont dits « sources non conventionnelles de combustible liquide », car ils ne sont pas directement exploitables. Les combustibles qu'ils donnent sont extrêmement exigeants en main-d'œuvre, en ressources et en énergie pour être produits et raffinés. Cela se traduit par des coûts de production plus élevés et engendre jusqu'à trois fois plus d'émissions de gaz à effet de serre par baril[7].

Toutes ces formes d'énergie ne répondent pas aux exigences de la **règle énergétique n° 1** sur le taux de retour énergétique. L'énergie dégagée par rapport à l'énergie investie est au mieux marginale : on dépense beaucoup d'énergie pétrolière pour les produire et on obtient en retour à peine plus que l'investissement énergétique initial. De nombreuses études montrent que dans certains cas on obtient même moins d'énergie qu'au départ. Du fait même de ce faible taux de retour énergétique, elles représentent en réalité une perte d'énergie. La seule raison pour laquelle nous insistons si désespérément pour aller dans cette direction, c'est que ce sont elles qui se rapprochent le plus du comportement du pétrole comme carburant liquide et que notre monde est largement conçu pour fonctionner avec du carburant liquide.

Elles ne répondent pas non plus aux exigences de la **règle énergétique n° 2** sur la dépendance au pétrole. Elles ont toutes besoin de pétrole et d'autres combustibles fossiles pour être extraites et raffinées.

7. « Peak Oil – Unconventional Sources » (Wikipédia).

En outre, dans chacun des cas considérés, les conséquences environnementales sont catastrophiques. Persister dans ces exploitations est le signe certain du désespoir de nos dirigeants qui s'acharnent à maintenir la façon dont le monde fonctionne actuellement, et ce, à n'importe quel prix et au détriment de la vie sur cette planète. Ces pratiques relèvent de la folie.

Les agrocarburants (éthanol)

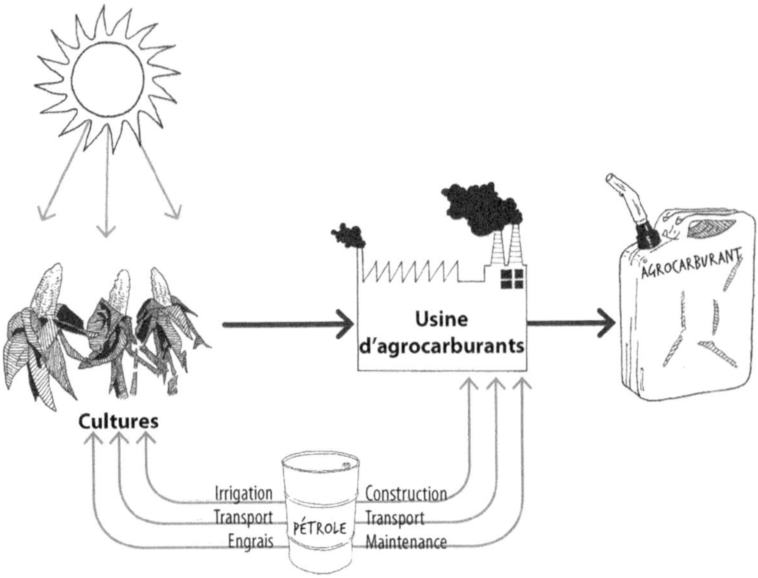

L'éthanol est obtenu le plus souvent par la culture de céréales alimentaires et d'oléagineux, qui sont transformés pour créer du carburant liquide. Il bénéficie d'une vive promotion et est considéré comme l'une des solutions de carburant liquide les plus prometteuses. Beaucoup d'entre nous pensent que l'éthanol sera bientôt le véritable substitut du pétrole. Il s'agit d'un fantasme qui n'est pas basé sur des faits scientifiques et peut s'avérer dangereux.

- L'agrocarburant ne répond pas aux exigences de la **règle énergétique n° 2**, sur la dépendance au pétrole. Il nécessite du pétrole et d'autres combustibles fossiles pour la culture des plantes, pour son extraction et pour son raffinage. D'énormes quantités d'engrais à base d'azote sont utilisées pour les cultures de maïs qui donnent l'éthanol. De plus, l'éthanol est très corrosif et ne peut donc pas être transporté par pipelines, ce qui nécessite une livraison par camions-citernes fonctionnant au diesel[8].

- L'agrocarburant ne répond pas aux exigences de la **règle énergétique n° 4** sur l'adaptabilité. L'éthanol est produit par la culture de céréales et d'oléagineux ; les récoltes sont donc utilisées pour alimenter nos voitures au lieu de nous nourrir. Comme le dit David Strahan, auteur de *The Last Oil Shock* [Le dernier choc pétrolier], « même si nous consacrions toutes nos terres cultivées à la production d'agrocarburants, nous ne produirions qu'un quart de notre consommation actuelle. Nous pourrions tous mourir de faim dans un embouteillage ». Du fait de cette tendance à confisquer des terres agricoles, le prix des aliments dans le monde avait doublé entre 2007 et 2011 (soit juste après le pic pétrolier).
- Enfin et surtout, les agrocarburants ne répondent pas aux exigences de la **règle énergétique n° 1**, qui porte sur le taux de retour énergétique et qui est donc la plus importante. En effet, l'élément qui clôt le débat définitivement est qu'en moyenne, il faut 5 litres de pétrole pour obtenir seulement 4 litres d'éthanol !

Comme si le non-respect de ces règles énergétiques n'était pas suffisant, les agrocarburants génèrent également bon nombre de préoccupations environnementales. Considérez ceci :

- Les engrais à base d'azote, utilisés pour stimuler de manière agressive les cultures qui donnent les agrocarburants, causent des dommages au sol et à l'eau ainsi que des problèmes de santé publique. Le ruissellement des engrais tue la vie dans le golfe du Mexique depuis des décennies, tandis que les eaux souterraines contaminées utilisées pour l'approvisionnement public en eau aux États-Unis sont connues pour augmenter le risque de cancer de la thyroïde chez les femmes.
- Consacrer des terres forestières à la culture d'agrocombustibles (agrocarburants de deuxième génération) entraîne la déforestation tandis que le biodiesel de soja et l'éthanol de maïs

8. James M. Andrews, « The Biofuels Scam », *American Thinker*, 7 novembre 2010.

entraînent en fait un doublement des émissions de gaz carbonique par rapport à l'essence. Cela accélère bien sûr le réchauffement climatique. En conséquence, cette culture dévaste la planète au lieu de la préserver, comme le prétendent la plupart des partisans de l'éthanol.

Conclusion : l'éthanol est une solution dont le bilan énergétique est négatif et dont le coût environnemental est extrêmement élevé. Cette solution folle fait pourtant l'objet d'une promotion agressive simplement parce qu'elle nous donne l'espoir de disposer d'un carburant liquide dont le monde a désespérément besoin.

Les sables bitumineux

Si la culture d'agrocarburants est une solution suicidaire, l'extraction des sables bitumineux peut être comparée à un carnage effectué de sang-froid.

Tout d'abord, les sables bitumineux ne sont pas du pétrole facilement utilisable. Il s'agit en fait d'un mélange d'argile, de sable, d'eau et de bitume : une sorte d'huile extrêmement visqueuse. Contrairement au pompage du pétrole souterrain, celui des sables bitumineux nécessite un traitement très énergivore avant que ceux-ci puissent être utilisés comme carburant. Cette énergie utilisée en amont provient pour l'essentiel du gaz naturel (également un combustible fossile), utilisé pour générer de la vapeur qui sépare le pétrole du sable.

Mettre en avant les sables bitumineux comme une solution de remplacement intelligente et raisonnable est une position insensée, désespérée et atroce, comme l'a parfaitement illustré Robert Skinner, de l'Institut pour l'énergie d'Oxford. Voici ce qu'il a déclaré en 2003 :

« J'espère que je n'aurai pas la conversation suivante avec ma petite-fille dans vingt ans :

— Grand-père, vous avez vraiment fait ça ?

— Fait quoi, Masha ?

— Avez-vous transporté du gaz naturel de l'Arctique jusqu'en Alberta pour faire bouillir de l'eau afin de produire de la vapeur, pour faire fondre le goudron des sables bitumineux, puis utilisé encore plus de

gaz naturel pour fabriquer de l'hydrogène afin de transformer les molécules de goudron en essence, de sorte que les Nord-Américains puissent conduire des véhicules de quatre tonnes sur cinq kilomètres jusqu'à des clubs de sport pour passer quinze minutes sur un vélo stationnaire ? L'avez-vous vraiment fait, grand-père ?

— Ah... Oui, Masha, j'ai bien peur que nous l'ayons fait. »

Cette perspective résume la folie des sables bitumineux. Les sables bitumineux ne respectent pas certaines règles énergétiques :

- En nous basant sur ce qui précède, il est évident que la production de pétrole à partir des sables bitumineux viole la **règle énergétique n° 1**. L'énergie récupérée est au mieux légèrement supérieure à l'énergie investie.
- Cette production viole également la **règle énergétique n° 2**, car chaque étape d'extraction et de production dépend énormément des combustibles fossiles.

Et maintenant, considérons l'impact environnemental épouvantable des sables bitumineux.

- L'extraction des sables bitumineux nécessite l'abattage de vastes zones d'anciennes forêts boréales. Greenpeace estime que les émissions annuelles de dioxyde de carbone causées par les sables bitumineux dépassent 80 millions de tonnes, soit plus que ce qui est actuellement produit par tous les véhicules du Canada. Ce n'est guère une recette pour faire face au réchauffement climatique[9].
- D'énormes quantités d'eau sont polluées et des quantités encore plus importantes de gaz naturel précieux sont brûlées pour produire du pétrole brut de mauvaise qualité. Par exemple, au Canada, la quantité de gaz naturel utilisée serait suffisante pour chauffer plus de 3 millions de foyers. Et il faut entre 2 et 4 barils d'eau pour produire 1 baril de pétrole extrait des sables bitumineux[10].

9. Greenpeace Canada, « Questions and Answers about the Alberta Tar Sands ».
10. « H2Oil Factsheet: The Tailing Ponds », <http://h2Oildoc.com> (consulté le 29 mars 2013).

- La consommation d'eau des sables bitumineux a produit de grandes quantités d'eaux usées toxiques. Le deuxième barrage en importance au monde a été construit pour retenir les déchets toxiques provenant des sables bitumineux près de la rivière Athabasca[11].
- L'extraction des sables bitumineux a pour conséquence qu'en Alberta les émissions de gaz à effet de serre par habitant sont plus élevées que celles de n'importe quel autre pays au monde.

Larguer une bombe nucléaire sur la zone serait à peine plus grave. Matt Simmons, auteur du livre *Twilight in the Desert* [Crépuscule dans le désert], a d'ailleurs décrit cette entreprise futile de manière tout à fait appropriée: « Messieurs, nous venons de transformer l'or en plomb. »

L'exploitation des sables bitumineux

avant...

et après.

Source: photo gracieuseté de Colin Baines, The Co-Operative Group.

Frederic Malter, du centre munichois pour l'économie du vieillissement, a énoncé cela honnêtement et clairement: « L'excitation de la société à propos des sables bitumineux est comme celle d'un alcoolique entrant dans un bar et trouvant les robinets taris. Comme pendant des années des clients ont renversé de la bière sur le sol, il se met à genoux et essaie d'essorer le tapis pour en extraire quelques gouttes. »

11. Joseph Sebastian Paimpillil, « Reservoir de-siltation and its impacts on wetland water quality – A case study », Center for Earth Research and Environment Management.

Conclusion: les sables bitumineux ne sont rien de moins qu'une tentative criminelle visant à éliminer plus de 50 ans de sensibilisation à l'environnement pour promouvoir une source d'énergie dont le bilan net est négatif. Cela illustre une fois de plus le fait que nous faisons face à une situation désespérée.

Le schiste bitumineux

Source: US National Archives.

Soyons clair: le schiste bitumineux ne contient pas de pétrole en tant que tel, mais une matière organique solide appelée « kérogène ». Celui-ci doit être transformé en pétrole de schiste par un processus très énergivore.

- Le schiste bitumineux viole la **règle énergétique n° 1** sur l'énergie nette. Sa transformation en pétrole liquide nécessite de brûler du gaz naturel et de chauffer le kérogène à plus de 300 °C, ce qui entraîne une consommation d'énergie élevée. Le Conseil de défense des ressources nationales des États-Unis, citant Rand Corporation, un institut de conseil et de recherche proche de l'armée, estime que la production annuelle de 100 000 barils de pétrole à partir de schiste bitumineux consommerait autant d'électricité qu'une ville de 500 000 habitants!

- Le schiste bitumineux ne respecte pas la **règle énergétique n° 2** sur la dépendance au pétrole. Il nécessite une infrastructure pétrolière étendue pour l'extraction et la production.

Examinons maintenant les effets environnementaux de l'exploitation du schiste bitumineux:

- Cette méthode pollue de vastes étendues de terre, nuisant ainsi gravement à la faune et à la végétation de la région.
- Chaque baril de pétrole obtenu à partir de schiste bitumineux nécessite de 2,1 à 5,2 barils d'eau prélevés dans des régions déjà en difficulté. Cela produit la même quantité d'eaux usées contaminées par le processus d'extraction, dont la gestion et le traitement sont difficiles.
- Hormis ces dommages, le Worldwatch Institute rapporte que l'extraction du schiste bitumineux libère en outre du plomb, des oxydes d'azote et du dioxyde de soufre, dont le traitement constitue un réel problème et peut être écologiquement catastrophique.

Conclusion: la promesse sans cesse renouvelée du potentiel du schiste bitumineux est bien exprimée par Brian J. Fleay, de l'Institut de durabilité et de politique technologique de l'Université de Murdoch, en Australie, qui a déclaré: « Le pétrole de schiste est comme un mirage qui recule à mesure qu'on s'approche. » Il n'est pas étonnant que la production de pétrole à partir du schiste bitumineux ait été tentée à divers moments depuis près de 100 ans, sans être jamais rentable. Le pétrole de schiste est, comme le dit le dicton, « le carburant du futur et le sera toujours ».

3. Solutions alternatives électriques

Solaire, éolien, hydraulique, nucléaire, géothermie, hydrogène, piles à combustible, vagues, marées, fusion… Voilà autant de formes de production ou de restitution de l'énergie sous forme d'électricité.

Le solaire et l'éolien sont le plus souvent mentionnés comme premiers choix pour sortir de la dépendance au pétrole, mais il existe des pièges que leurs ardents partisans négligent. Les deux inconvénients majeurs qui freinent la plupart des solutions alternatives électriques sont l'intermittence et le stockage. Seules, elles ne peuvent donc pas fournir une base de production stable, laquelle est cruciale pour répondre à nos besoins modernes en électricité.

L'hydroélectricité, le nucléaire et la géothermie peuvent fournir une charge de base stable. Mais ces énergies ont d'autres limites que nous examinerons plus loin.

L'hydrogène et les piles à combustible permettent le stockage et la restitution de l'énergie, mais pas la production d'énergie. Vagues et marées sont encore peu utilisées. Quant à la fusion, c'est un domaine de recherche et un gouffre financier depuis maintenant des dizaines d'années.

Les sources d'énergies basées sur le soleil, comme le solaire et l'éolien, sont intermittentes en raison de l'alternance du jour et de la nuit, du ciel nuageux et du ciel clair, et dépendent de la saison et de la latitude. Lors d'un jour ensoleillé normal, la production fluctue en fonction de l'angle d'inclinaison du rayonnement et les heures à plein rendement sont limitées à environ 6.

Le soleil affecte également le vent et les vagues. Ainsi, tous les panneaux solaires et dispositifs éoliens, houlomoteurs et marémoteurs sont intrinsèquement intermittents et donc dépendants d'une forme de stockage. L'énergie électrique est surtout stockée dans des batteries qui sont chères, inefficaces et lourdes. La quantité que les batteries peuvent stocker est limitée. Voyez comment les batteries se comparent à certaines sources d'énergie dans la figure 47.

Mettons cela dans une perspective quotidienne : malgré tous les efforts déployés ces dernières années pour promouvoir le développement des voitures électriques, il faut encore, dans un petit modèle, 300 kg de batteries pour parcourir 200 km, soit ce que permettent de faire 10 litres d'essence (soit 7,55 kg) dans le réservoir d'une voiture. Vous pouvez clairement constater que toute source d'énergie alternative électrique reposant sur le stockage dans une batterie ne répond pas aux exigences de la **règle énergétique n° 3** concernant la densité énergétique.

Sur la base des observations ci-dessus et du fait que les batteries ajoutent un poids important à tout véhicule qui les utilise, nous constatons qu'aucun système de batterie ne peut déplacer efficacement les camions, les navires et les avions qui constituent l'épine dorsale du transport dans le monde industriel moderne. Les batteries, qui perdent beaucoup de leur efficacité à des températures extrêmement basses, doivent donc être remplacées régulièrement, et ce, à un coût élevé.

Figure 47

Densité énergétique : batterie au plomb vs éthanol, charbon et essence

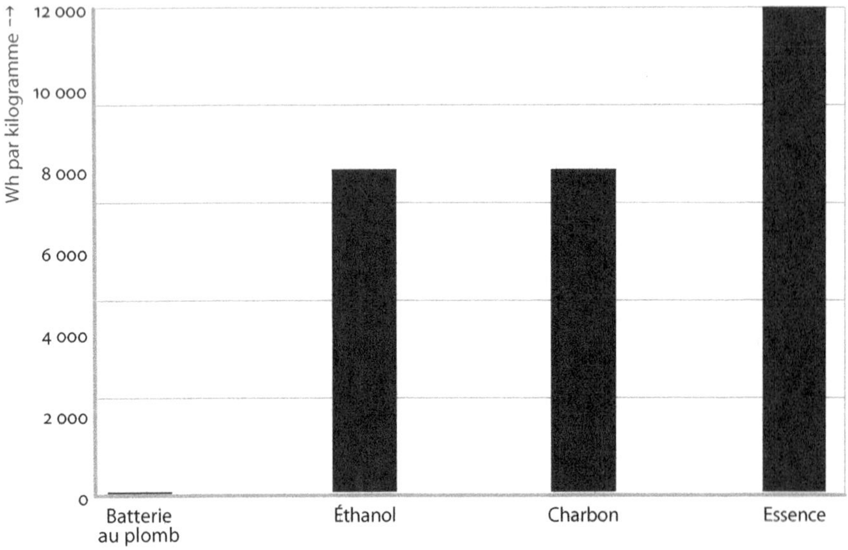

Il existe un autre mode de stockage : les STEP, les stations de transfert d'énergie par pompage. Avec deux retenues d'eau séparées par une différence d'altitude, il est possible d'acheminer de l'eau dans la retenue supérieure quand la production électrique est trop importante, puis de la faire redescendre via une turbine lorsque l'électricité vient à manquer. Le rendement des STEP est meilleur que celui des batteries. Mais ces dispositifs sont fixes et ne peuvent donc pas alimenter des véhicules mobiles. Pour d'autres usages, cela fragilise un peu l'argument concernant l'intermittence de certaines énergies, sans pour autant résoudre les autres problèmes. En 2019, la puissance installée des STEP dans le monde atteignait 158 Gigawatts.

Il est nécessaire de connaître ces contraintes de stockage avant de plonger dans les caractéristiques de chaque solution alternative électrique.

L'énergie solaire

L'énergie solaire nous vient bien sûr du Soleil, qui semble être une source illimitée et abondante. Cependant, le potentiel de l'énergie solaire ne dépend pas de la quantité de rayonnement solaire atteignant la Terre, mais principalement du débit auquel on peut la récolter et la stocker, et à quel prix.

- L'énergie solaire est une énergie de faible densité, avec un faible rendement de conversion en électricité (entre 15 % et 20 %). Ce type d'énergie ne répond pas aux exigences de la **règle énergétique n° 3** sur la densité d'énergie. Le solaire a besoin de vastes surfaces pour l'installation de panneaux photovoltaïques. Par conséquent, autour des mégapoles, des villes et des zones industrielles, où la demande est la plus importante, le prix du terrain peut vite devenir une limite.
- Ceci explique le fait que, malgré les subventions extrêmement généreuses de nombreux gouvernements, l'énergie solaire et l'énergie éolienne combinées restent marginales dans la production mondiale d'énergie. Ces deux types d'énergie ne répondent donc pas aux exigences de la **règle énergétique n° 4**, soit celle de l'adaptabilité.
- De plus, l'énergie solaire ne répond pas aux exigences de la **règle énergétique n° 2** sur la dépendance au pétrole, car les panneaux solaires et les batteries de stockage eux-mêmes sont encore le plus souvent fabriqués à l'aide d'une infrastructure basée sur l'énergie pétrolière et dépendent de celle-ci pour le transport (le plus souvent depuis la Chine). Par conséquent, si le prix du pétrole s'envole, il en sera de même pour celui des panneaux photovoltaïques et des batteries.
- Enfin, l'énergie solaire ne répond pas aux exigences de la **règle énergétique n°5** sur les sous-produits pétroliers. Les panneaux photovoltaïques produisent uniquement de l'électricité et ne fournissent aucun des sous-produits à base de pétrole.

Conclusion : l'énergie solaire est intermittente, de faible densité et dépendante du pétrole. Elle a des limites d'adaptabilité lorsqu'elle est utilisée pour produire de l'électricité. Elle est utile pour des usages à petite échelle, notamment pour le chauffage de l'eau ou des logements. Elle peut couvrir une large part de nos besoins électriques, mais ne pourra jamais faire fonctionner le monde industriel moderne comme le fait le pétrole, ni perpétuer le paradigme de la croissance. Le solaire n'est pas une solution alternative dans le sens qu'imaginent la plupart de ses partisans.

L'énergie éolienne

Le vent est un effet secondaire du rayonnement solaire. En chauffant l'air de manière irrégulière, le soleil provoque l'apparition du vent, qui fait ensuite tourner des turbines qui produisent de l'électricité. Cette source d'énergie n'est pas constante étant donné que le rayonnement du soleil est intermittent.

- Pour les éoliennes terrestres, l'énergie nette peut être raisonnablement élevée (taux de retour d'environ 15 à 20) selon le site d'implantation. Mais en ne donnant que de l'électricité, elle ne remplace pas de manière significative le pétrole et ses sous-produits. Donc, le vent ne répond pas aux exigences de la **règle énergétique n° 5**.
- De même, le vent ne répond pas aux exigences de la **règle énergétique n° 4** sur l'adaptabilité, car il existe relativement peu de sites terrestres appropriés pour l'installation d'éoliennes. La croissance de la production provient de plus en plus du renouvellement des installations existantes par des machines plus puissantes. Peut-être que le développement en mer permettra de produire davantage, mais le taux de retour énergétique sera alors plus faible, car l'installation et l'entretien des machines devendront plus difficiles.
- Enfin, l'ensemble du parc éolien est construit, géré et entretenu à l'aide d'une infrastructure pétrolière et de sous-produits. En conséquence, l'énergie éolienne ne répond pas aux exigences de la **règle énergétique n° 2** sur la dépendance au pétrole.
- Comme pour l'énergie solaire se pose aussi la question du stockage. Le vent ne peut donc pas être l'énergie de base nécessaire à la consommation électrique dans notre monde industriel moderne.

Et maintenant, analysons brièvement les coûts environnementaux.

- Les sites d'éoliennes les plus importants ont tendance à être placés dans des zones où ils peuvent capter les courants d'air qui s'engouffrent entre les collines. Ces courants d'air sont aussi couramment empruntés par les oiseaux. Ceux-ci cherchent intuitivement à fournir un moindre effort en utilisant les courants aériens à leur avantage, et cela les conduit à proximité des éoliennes. Ce n'est pas le fruit du hasard, mais plutôt de la conception et de la planification du parc éolien. Et si les oiseaux apprennent rapidement à éviter les éoliennes, ce n'est pas le cas des chauves-souris.

Conclusion : l'énergie éolienne, qui est intermittente, de faible densité et dépendante du pétrole, a des limites d'évolutivité. Elle dépend encore souvent de subventions gouvernementales pour être viable. Ne produisant que de l'électricité, elle ne pourra jamais faire fonctionner le monde industriel moderne comme le fait le pétrole ni perpétuer le paradigme de la croissance. Par conséquent, ce n'est pas une solution alternative dans le sens qu'imaginent la plupart de ses partisans.

L'hydraulique

L'hydroélectricité, produite par des barrages, était à l'origine considérée comme une source d'énergie verte, propre et respectueuse de l'environnement. Elle est utilisée depuis près d'un siècle, mais au fil du temps le monde a découvert les inconvénients des grands barrages. Les voici :

- Tout d'abord, les grands barrages nécessitent une infrastructure gigantesque. La construction, la machinerie, l'installation, la production d'électricité, la distribution et la maintenance nécessitent énormément de pétrole. Les barrages ne répondent donc pas aux exigences de la **règle énergétique n° 2**.
- Les barrages ne répondent pas aux exigences de la **règle énergétique n° 4** de l'adaptabilité. La plupart des sites appropriés pour des barrages sont déjà construits, de sorte que (heureusement) la production hydroélectrique ne peut plus être augmentée de manière significative.

- Le produit final est l'électricité, et non un remplacement du pétrole, et bien sûr nous n'obtenons aucun des sous-produits du pétrole. L'hydraulique ne répond donc pas aux exigences de la **règle énergétique n° 5** des sous-produits pétroliers.

Et maintenant les coûts environnementaux :

- La destruction silencieuse de l'environnement a des conséquences incalculables. Les rivières sont les artères de la Terre, et en aval de chaque grand barrage la vie d'une rivière est détruite. La construction d'un grand barrage équivaut à bloquer une artère du corps de la Terre. Imaginez la gangrène dans un membre où l'approvisionnement en sang est coupé. Imposeriez-vous un tel traitement à votre corps ? Certainement pas ! Alors pourquoi autorisons-nous de grands barrages qui tuent le corps de la Terre ?
- Tous les barrages finissent par s'user et ont donc une durée de vie limitée. Mais la rivière est morte pour toujours. La sédimentation est inévitable et les études révèlent que les retenues d'eau s'envasent à des vitesses beaucoup plus rapides que celles qui ont été calculées. Les dépôts de limon réduisent progressivement la capacité de stockage de l'eau. Certains barrages ont déjà perdu plus de 40 % de leur capacité et, à terme, la plupart des grands barrages seront des murs de béton ne retenant plus que de la boue[12].
- Les barrages noient des vallées fertiles, précieuses pour l'agriculture – et souvent très productives pour l'alimentation locale.
- En amont, les communautés humaines sont déplacées et la faune sauvage détruite par la retenue d'eau. Cela entraîne une migration vers les villes, qui vient grossir la population des bidonvilles et augmenter les fortes disparités sociales urbaines.
- En Inde, selon N. C. Saxena, cité dans le rapport *Dams, Displacement, Policy and Law in India* [Barrages, déplacements, politiques et lois en Inde][13] alors qu'il était secrétaire de la Commission de planification, environ 50 millions de personnes (dont 40 millions pour les grands barrages) ont été déplacées par de grands projets en 50 ans d'indépendance.

12. « Nuclear Power in the United States » (Wikipédia).
13. Ravi Hemadri *et al.*, *Dams, Displacement, Policy and Law in India*, 1999, <https://core.ac.uk/download/pdf/162463595.pdf>.

Voici comment Arundhati Roy, autrice indienne lauréate du prix Booker, met ces chiffres en perspective dans son essai de 1999 intitulé *The Greater Common Good* [Le plus grand bien commun] : « Cinquante millions, cela représente plus que la population du Gujarat. Près de trois fois la population de l'Australie. Plus de trois fois le nombre de réfugiés créés par la partition de l'Inde et du Pakistan. Dix fois plus que le nombre de réfugiés palestiniens. Mais aujourd'hui, le monde occidental n'est bouleversé que par l'avenir d'un million de personnes déplacées au Kosovo[14]. »

Et comme si cela ne suffisait pas :

- Les communautés en aval ne sont pas considérées comme affectées par le projet, et ne sont donc pas indemnisées. Elles ne sont pas comptabilisées dans les chiffres ci-dessus.
- Les barrages permettent de privatiser l'eau, laquelle est détournée vers de riches domaines agricoles, des industries et des agglomérations urbaines, qui sont les secteurs qui gaspillent le plus d'eau. Les riches agriculteurs optent pour des cultures à forte consommation d'eau comme la canne à sucre, laquelle n'est pas une culture vivrière mais une culture destinée à l'industrie sucrière. Le sucre, qui n'est pas un produit vital, est consommé en trop grande quantité. Prenez le temps de rechercher quelques données sur le diabète dans le monde industriel moderne.

Nous fermons donc les yeux sur les ravages des grands barrages, qui pourtant font autant de victimes qu'un génocide. Et ceci parce qu'on nous a vendu la grande illusion du développement. Et parce que ce ne sont pas notre maison et nos villages qui en sont victimes. Il ne s'agit, en Inde, que de 40 millions d'âmes sacrifiées dans le grand projet d'édification de la nation, qui détruit la Terre.

Conclusion : les grands barrages sont des armes de destruction massive qualifiés avec bienveillance de « temples de l'Inde moderne ». Ils produisent de l'électricité à un coût économique, environnemental et social énorme tout en détruisant définitivement des rivières entières. La construction de barrages est l'une des entreprises les plus monumentales et les plus structurées pour tuer notre planète. De plus en plus de pays riches s'engagent

14. Arundhati Roy, *The Greater Common Good*, IndiaBook, 1999.

activement dans leur démantèlement. Mais cela coûte aussi de l'argent et de l'énergie !

Les centrales nucléaires

Le nucléaire a longtemps bénéficié d'une aura spéciale de sainteté scientifique mais, depuis, son image s'est largement fissurée. Les centrales nucléaires produisent de l'électricité grâce à la chaleur dégagée par une réaction atomique. L'eau, transformée en vapeur, traverse une turbine pour produire de l'électricité. Le discours selon lequel le nucléaire est propre et bon marché a été anéanti par des décennies d'expérience réelle. L'énergie nucléaire est aujourd'hui en grande difficulté sur tous les plans.

- L'énergie nette n'a jamais été estimée honnêtement. Cela est dû à la complexité du processus. L'énergie totale requise pour le démantèlement est maintenant estimée à environ 50 % de plus que celle nécessaire à la construction d'origine[15].
- L'histoire de la dépendance au pétrole est la même avec l'énergie nucléaire qu'avec toutes les autres énergies alternatives : le nucléaire dépend totalement du pétrole pour la mise en place de son infrastructure. Il ne répond donc pas aux exigences de la **règle énergétique n° 2**.
- Une fois de plus, le nucléaire ne nous donne aucun des sous-produits du pétrole sur lesquels notre monde industriel moderne est construit, et qui servent à le gérer et à l'entretenir. En conséquence, il ne répond pas aux exigences de la **règle énergétique n° 5**.

Les coûts environnementaux sont innombrables :

- Les barres de combustible nucléaire usagées doivent refroidir dans des piscines qui ont besoin d'une alimentation électrique fiable pour garder une température suffisamment basse. Ce sera de plus en plus difficile et coûteux de maintenir ces installations dans un monde qui envisage de consommer peu d'énergie.
- Ultérieurement, tous ces déchets radioactifs doivent être emballés par des robots dans des conteneurs de haute sécurité

15. David Fleming, *The Lean Guide to Nuclear Energy: A Life Cycle in Trouble*, novembre 2007, <www.theleaneconomyconnection.net/nuclear/index.html>.

recouverts d'acier, de plomb et de cuivre électrolytique pur qui devront ensuite être stockés pendant des centaines d'années dans d'immenses dépôts en formation géologique profonde.

- L'énergie nécessaire à la fabrication de ces conteneurs a, dans un premier temps, été estimée à peu près égale à l'énergie nécessaire à la construction du réacteur[16]. Si en plus on fait le choix d'installer ces dépôts dans des couches géologiques profondes, a-t-on l'assurance d'avoir évalué correctement ce que cela consommera en énergie ?
- Outre les considérations énergétiques, l'énergie nucléaire est extrêmement capitalistique. Le nucléaire n'est devenu viable que grâce à de généreuses subventions gouvernementales.
- L'uranium nécessaire est une ressource rare et non renouvelable qui aura son propre pic de production.
- Le nucléaire est souvent présenté comme une méthode de production d'électricité décarbonisée. C'est le même tour de passe-passe qui donne à un certain nombre d'énergies alternatives un aspect bénin, étant donné que seule l'étape de la production électrique est prise en compte. Mais qu'en est-il de tout ce qui se passe avant et après ?
- Les techniques actuelles d'élimination des déchets radioactifs ne sont qu'un moyen de transférer les responsabilités actuelles aux générations futures, qui finiront par être exposées à leurs rayonnements.
- L'ensemble du processus d'extraction, de traitement, d'enrichissement et d'élimination de l'uranium produit un effet de serre important. Par exemple, l'enrichissement de l'uranium nécessite de grands volumes d'hexafluorure d'uranium et d'autres composés halogénés. Ce sont des gaz à effet de serre qui ont 10 000 fois le potentiel du dioxyde de carbone en ce qui concerne le réchauffement climatique.

Pas étonnant que le développement de l'énergie nucléaire ait été stoppé aux États-Unis, en Allemagne... tandis que d'autres pays qui sont engagés dans cette voie (par exemple la Russie, le Japon, la Suède...) ont de sérieux doutes à ce sujet.

---

16. Charles Eisenstein, *Sacred Economics : Money, Gift, and Society in the Age of Transition*, New York, Random House, 2011.

Pour une argumentation complète contre l'énergie nucléaire dans le contexte du pic pétrolier et du changement climatique, voir David Fleming, *The Lean Guide to Nuclear Energy: A Life Cycle in Trouble* [Le petit guide de l'énergie nucléaire: un cycle de vie problématique][17].

Conclusion: l'énergie nucléaire a perdu toute crédibilité après la série de catastrophes récentes (Tchernobyl, Fukushima...). Malheureusement, nous avons procédé trop tardivement à une évaluation honnête des avantages et des inconvénients de cette énergie. Essayer de présenter le nucléaire comme une solution de remplacement «propre» ou «sûre» est un signe évident de désespoir face à la réalité du pic pétrolier.

L'hydrogène

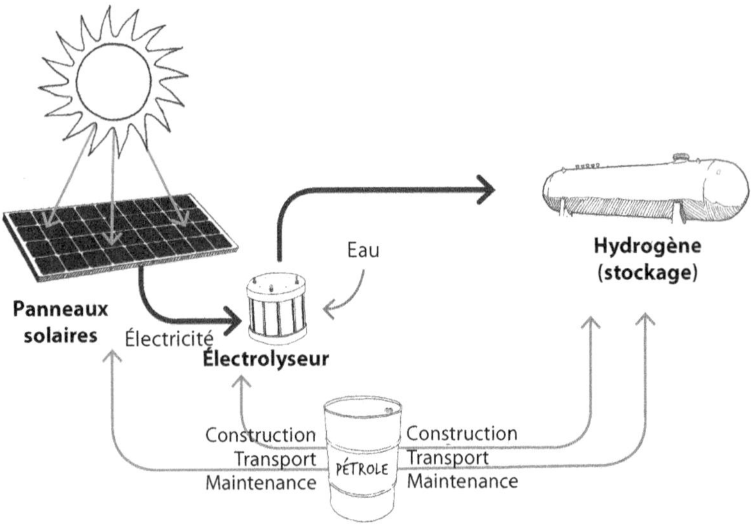

Prétendre que l'hydrogène va nous sauver la mise est un bon exemple de la façon dont les gens sont grossièrement trompés. L'hydrogène n'existe pas à l'état libre sur cette planète. Il faut de l'énergie pour le produire. C'est donc un moyen de *transmettre* l'énergie; on parle d'un «vecteur d'énergie». Ce n'est pas une *source* d'énergie.

17. David Fleming, *The Lean Guide to Nuclear Energy*, *op. cit.*

- La principale source actuelle d'hydrogène est le gaz naturel (CH_4, méthane), qui est un hydrocarbure. Il faut plus d'énergie pour produire de l'hydrogène que celui-ci n'en restitue. Par conséquent, l'hydrogène ne répond pas aux exigences de la **règle énergétique n° 1** sur l'énergie nette.
- Mettre en place l'infrastructure pour produire et stocker l'hydrogène de manière efficace et à moindre coût sur la même base que le pétrole et ses dérivés est une tâche énorme, coûteuse et à long terme.
- Par ailleurs, l'hydrogène est hautement explosif et donc difficile à manipuler. Il doit être comprimé et refroidi à des températures extrêmement basses pour être transporté et stocké. Ce n'est donc évidemment pas un substitut pratique de l'essence !

Conclusion : l'hydrogène est une pseudo-solution alternative qui ne pourra pas contribuer de manière significative dans une économie basée sur le pétrole.

Les piles à combustible

Les piles à combustible ne sont pas non plus une source d'énergie. Elles fonctionnent comme un générateur à partir de l'apport d'hydrogène. Or nous venons de voir que l'hydrogène n'est pas une option.

Dans une pile à combustible, de l'hydrogène et de l'oxygène sont introduits respectivement dans l'anode et la cathode. Un catalyseur entraîne une réaction qui produit de l'eau et libère des électrons, lesquels génèrent un courant électrique.

- Le problème fondamental est que l'énergie dépensée pour produire l'hydrogène utilisé comme carburant par la pile à combustible est supérieure à l'énergie générée par la pile. En conséquence, les piles à combustible ne répondent pas aux exigences de la **règle énergétique n° 1**.
- Si nous utilisons des combustibles fossiles pour générer de l'hydrogène, par les méthodes de méthane-vapeur ou d'électrolyse de l'eau, autant utiliser directement ces combustibles fossiles. Ainsi, les piles à combustible ne répondent pas aux exigences de la **règle énergétique n° 2** sur la dépendance au pétrole.

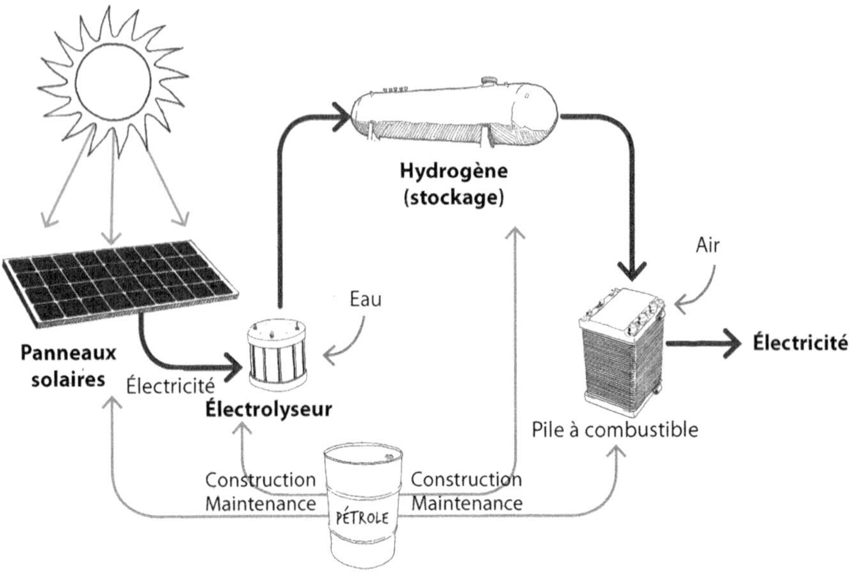

- Par ailleurs, les piles à combustible ne fournissent que de l'électricité et aucun des sous-produits du pétrole qui façonnent notre monde. Autant dire que les piles à combustible ne répondent absolument pas aux exigences de la **règle énergétique n° 5** des sous-produits pétroliers.

Conclusion: je vous laisse le soin de lire davantage d'informations sur les piles à combustible. Vous pourrez toujours essayer de comprendre pourquoi on essaie de nous présenter cela comme une source d'énergie alternative.

La géothermie

La géothermie exploite la chaleur que l'on trouve dans le sous-sol. On injecte de l'eau dans un puits pour la réchauffer, puis on la pompe pour produire de l'électricité.

- Il y a peu d'endroits dans le monde où les températures des nappes souterraines soient assez chaudes pour permettre une exploitation économique. Cette solution ne dispose pas d'un grand potentiel d'extension. Fondamentalement, la géothermie ne répond pas aux exigences de la **règle énergétique n° 4** sur l'adaptabilité dès le départ.

- Le produit final est de l'électricité (ou de la chaleur), qui n'est pas un substitut des sous-produits du pétrole. En conséquence, la géothermie ne répond pas aux exigences de la **règle énergétique n° 5**.
- L'entreprise géothermique complète fonctionne au pétrole. Elle ne répond donc pas aux exigences de la **règle énergétique n° 2**.
- De nombreux sites de production d'énergie géothermique dans le monde sont maintenant en déclin, car l'extraction trop rapide de la chaleur ne laisse pas le temps au sous-sol de reconstituer la ressource.

Conclusion: la géothermie restera un acteur marginal dans le bilan des solutions énergétiques alternatives.

L'énergie des vagues

Il n'existe que quelques installations d'énergie houlomotrice dans le monde. Les vagues ne sont pas une source d'énergie facile à exploiter. Les conditions dans lesquelles ces systèmes doivent fonctionner sont hasardeuses. De plus, l'eau de mer est très corrosive et l'entretien à long terme est un véritable défi.

En outre, le produit final n'est que de l'électricité et sa production en quantité significative semble une perspective très éloignée, coûteuse et difficile à mettre en œuvre. Bien qu'il existe plusieurs projets expérimentaux à travers le monde qui testent différents types de systèmes, les résultats restent extrêmement modestes.

Conclusion: la possibilité que l'énergie générée par les vagues soit une solution valable très faible. Nous pouvons nous interroger sur l'utilité de gaspiller de grosses sommes dans des expériences futiles au lieu d'accepter finalement les limites imposées par les lois de l'énergie.

L'énergie marémotrice

L'énergie marémotrice est une forme d'énergie hydraulique qui peut être convertie en électricité. Un site capable de produire une quantité importante d'énergie marémotrice nécessite des conditions très particulières telles qu'une marée suffisamment haute, une certaine configuration côtière et un estuaire étroit qui peut être endigué. De tels endroits sont rares. Par ailleurs, les 100 dernières années nous ont appris les dommages que les barrages peuvent infliger à une rivière ! Reproduire ce type d'installations dans un estuaire n'est rien d'autre que la poursuite d'une politique irresponsable et désespérée.

- L'énergie marémotrice n'est pas une source d'énergie importante. Il n'y a pas de données sur les émissions nettes d'énergie
- Seulement 9 sites viables ont été trouvés dans le monde. Deux sont maintenant en usage (Russie et France) et produisent un peu d'électricité. Cette solution ne répond donc pas aux exigences de la **règle énergétique n° 4** de l'adaptabilité.
- L'énergie marémotrice ne produit que de l'électricité et a besoin d'une énorme infrastructure pétrolière pour son entretien. Elle ne répond donc pas aux exigences de la **règle énergétique n°** 5.
- L'énergie marémotrice est intermittente. Elle ne permet de produire de l'électricité que pendant environ 10 heures par jour, lorsque la marée se déplace avec suffisamment de force vers l'intérieur ou l'extérieur de l'estuaire.
- L'eau salée corrode les pièces métalliques et rend difficile l'entretien des générateurs de courant. Les barrages dans les estuaires sont extrêmement coûteux et difficiles à entretenir.

La production d'énergie marémotrice n'est pas sans affecter l'environnement :

- Les dommages à l'environnement sont colossaux et affectent une très grande zone – plusieurs kilomètres en amont et en aval.
- En bloquant le flux normal des marées et en utilisant des turbines à pales rotatives ou des lubrifiants qui peuvent fuir, la production d'énergie marémotrice peut nuire à la vie marine, voire la tuer.

Conclusion : l'énergie marémotrice est une mesure désespérée de haute technologie, une mesure coûteuse, limitée et non viable qui présente d'énormes inconvénients.

La fusion

La fusion est la réaction entre les atomes qui est la source d'énergie du Soleil. Le problème est qu'elle se produit à des températures qui vont d'environ 10 000 °C à la surface du Soleil jusqu'à environ 15 à 18 millions de degrés à l'intérieur. En bref, pour que la fusion fonctionne, il nous faudrait reproduire la température du Soleil. Pas étonnant que la fusion reste un rêve qui relève non pas de la science, mais de la science-fiction.

Il serait temps que les personnes qui placent leurs espoirs dans la fusion reviennent à la réalité ! Avec l'avènement du pic pétrolier, le patient est déjà aux soins intensifs. Mais certains continuent d'affirmer que nous pouvons trouver un remède d'une minute à l'autre parce que des recherches sont en cours depuis plus de 50 ans !

Conclusion : même si la fusion demeure une lointaine possibilité, elle n'a pas plus de chances de résoudre le problème que l'énergie nucléaire axée sur la fission, que nous avons déjà écartée.

Résumons les fausses solutions alternatives

Nous venons de faire un bref tour d'horizon des faux espoirs qu'apportent les différentes énergies qui semblent susceptibles de remplacer le pétrole. Un examen plus détaillé serait sans doute encore plus accablant, mais cela ne s'inscrit pas dans le cadre de cet ouvrage.

L'objectif principal était de montrer pourquoi la poursuite de notre monde industriel moderne et de notre paradigme financier actuel de croissance exponentielle perpétuelle n'est pas viable, même en s'appuyant sur une combinaison d'énergies alternatives. Seuls les combustibles fossiles permettent d'exploiter des systèmes très complexes à des échelles gigantesques pour soutenir une croissance exponentielle.

Le public, les chefs d'entreprise et les politiciens (qui connaissent bien l'économie *mais pas* les principes de l'énergie) se sont presque tous lancés sur l'idée fausse selon laquelle l'épuisement du pétrole est un simple problème d'ingénierie que la technologie et l'ingéniosité humaine réussiront à résoudre, comme elles ont su le faire auparavant.

Une grande partie de la communauté scientifique et technique induit le public en erreur en disant que ce n'est qu'une question de temps, que les innovations scientifiques et technologiques permettront en fait de dépasser les limites de la géologie et de la thermodynamique pour résoudre la crise énergétique.

C'est impossible et c'est tout l'objet de ce chapitre.

Alors, quelle est la voie à suivre ?

Passons à l'idée toute simple et universelle sur laquelle ce livre est basé : la troisième courbe.

4

Vision de la troisième courbe

MON BUT N'EST PAS DE PRÉSENTER un nouveau concept abstrait. Dans les paragraphes suivants, je vais vous expliquer ce que représente cette troisième courbe et pourquoi elle est fondamentale.

Mais en attendant, je suis sûr que vous ressentez une certaine perplexité. Où allons-nous à partir d'ici ? Comment trouver une solution au gâchis insoluble dans lequel nous semblons être plongés ?

La réponse réside peut-être dans la notion de *limites*.

Jusqu'à maintenant, j'ai sélectionné deux courbes pour illustrer les dangers de ne pas respecter les limites.

Le concept exponentiel d'une expansion illimitée de l'argent est une aberration. C'est la *cause* du problème. La réalité de l'épuisement progressif des ressources au-delà du sommet de la courbe en cloche en est à la fois le symptôme et la *conséquence*.

Et comme nous l'avons vu, la cause n'est pas durable et la conséquence est indésirable.

Le malaise qui en résulte se fait sentir dans toutes les facettes d'un mode de vie qui s'élève actuellement de façon exponentielle au-delà des limites de sûreté.

Pour sortir de ces deux courbes, il faut essayer d'aller vers une courbe qui respecte les limites de la nature, le comportement de l'univers. C'est cette courbe qui est durable et souhaitable, car elle propose un modèle d'utilisation des ressources qui respecte intrinsèquement ce qui était naturellement à notre disposition avant que nous nous attelions au pillage et à la destruction à sens unique de l'énergie stockée.

Figure 48

La troisième courbe

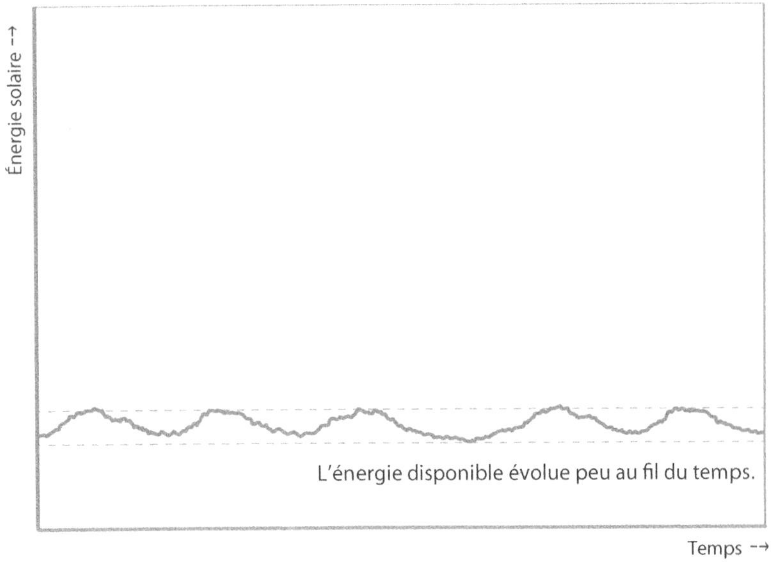

Ce que j'appelle la « troisième courbe » n'est rien d'autre que la quantité d'énergie dont dispose la Terre. Cette quantité d'énergie nous est donnée naturellement et régulièrement depuis le début du système solaire. C'est avec cette énergie que tout a pris forme. Le monde a évolué très longtemps ainsi. Jusqu'à ce que nous commencions à l'altérer de manière irréversible. Mais comment en est-on arrivé là ?

Nous avons parlé de l'esprit et du corps. Les esprits sont sans bornes, mais chaque corps a des limites qui sont défendues par sa propre troisième courbe – les seuils entre lesquels son énergie fluctue. C'est le respect de ces limites qui permet à un corps de fonctionner sainement en tant qu'organisme. Les corps d'une fourmi, d'un lion ou de notre coureur ont chacun leur troisième courbe. Pomper de l'énergie au-delà de cette limite ne va pas les aider. Cela ne fera que rompre le fragile équilibre énergétique qui devait permettre à ces corps de fonctionner.

Nous revenons ainsi à notre angle mort culturel qui néglige le fait que la Terre est un organisme vivant. Et que par conséquent la Terre a sa propre troisième courbe. Donc, la question n'est pas de savoir combien d'énergie nous *pouvons* trouver et brûler pour obtenir une illusion de succès et de progrès, mais plutôt de déterminer à combien nous *devons* nous limiter.

La troisième courbe d'une Terre vivante doit suivre fidèlement le rythme de notre principal fournisseur d'énergie, le Soleil. En un lieu donné, celui-ci se lève, atteint un maximum, redescend et se lève à nouveau le lendemain – le rythme de la nature est gouverné par l'ensoleillement.

La Terre s'est comportée ainsi pendant des millénaires avant notre apparition et continuera de le faire. C'était l'énergie qui établissait l'ordre universel. En ce temps, la croissance existait, mais se contentait d'osciller en vagues douces selon la disponibilité de l'énergie du soleil. Les petites oscillations du jour et de la nuit se superposaient aux oscillations plus importantes des saisons et aux oscillations encore plus grandes des cycles solaires.

Elle était en constante évolution, mais toujours au sein d'une étroite plage de variation. Rien ne s'envolait de façon incontrôlée et rien ne tombait à zéro. Telles étaient les limites fixées à nos actions par l'univers, pour notre propre bénéfice et pour notre survie.

Telles étaient les limites respectées par toutes les autres formes de vie sur cette planète, y compris nos ancêtres autochtones et les cultures indigènes qui ont survécu jusqu'à aujourd'hui. Cultures que nous effaçons activement avec notre mythe du progrès et une vision inversée du bien-être. Violant toutes les limites, la civilisation moderne a brûlé toutes les formes connues de stocks d'énergie solaire, s'éloignant de la troisième courbe de façon exponentielle, de telle sorte que nous nous trouvons aujourd'hui face au pic pétrolier, au pic du pillage de la planète et au pic de la désillusion – une situation peu enviable.

Le retour à la troisième courbe est inévitable. Parce que c'est l'état stationnaire, le rythme éternel de l'univers.

En acceptant de revenir à ce rythme éternel, nous pourrons également résoudre les autres problèmes urgents que constituent l'effondrement de la biodiversité et le réchauffement climatique.

La troisième courbe donne le pouls de tout ce qui est en phase avec l'univers. Accepter de la respecter ne nous empêchera pas de continuer à utiliser, de manière limitée, les différentes formes d'énergie disponibles qui jusqu'à maintenant nous ont permis d'être l'espèce dominante.

Figure 49

Effondrement vs transition

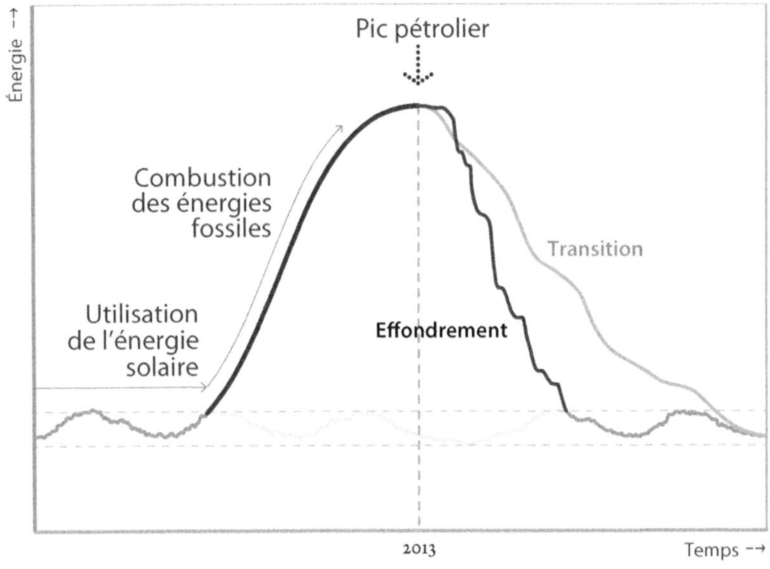

La figure 49 montre que nous avons atteint le pic de consommation de l'énergie et des ressources, ce qui nous entraîne inéluctablement vers un déclin. Nous avons deux moyens de revenir à la troisième courbe : le refus ou l'acceptation du pic pétrolier.

Le choix de la négation et du déni peut sans doute prolonger un moment notre maintien au sommet de la courbe, mais cela ne fera que rendre la situation encore plus difficile, avec de surcroît le risque d'un effondrement abrupt et chaotique. Chaque tentative visant à faire encore grimper la courbe ou seulement à maintenir le statu quo se traduira par l'effondrement de secteurs entiers, donnant à cette chute l'allure d'une terrifiante dégringolade. Dans cette démarche de déni, celle que nous avons choisie jusqu'à maintenant, nous avons recours à toutes sortes d'astuces et de manœuvres pour relancer la croissance – et, ce faisant, nous détruisons la plus grande part de ce qui aurait pu être sauvé dans l'état actuel de notre planète. En combattant la descente énergétique plutôt qu'en l'acceptant comme une fatalité, nous épuisons encore plus nos ressources, au risque de rendre la Terre totalement inhabitable.

À l'inverse, la voie de l'acceptation permet d'amorcer immédiatement une descente énergétique plus douce, plus longue et plus contrôlée. Cela nécessite une révision de notre paradigme économique et de nos croyances culturelles, ainsi que la volonté de faire des sacrifices et de supporter un certain degré de douleur ou de désagrément. Ce chemin sera plus doux, moins raide, et nous donnera le temps de nous adapter. Mais il implique une compréhension globale et un mouvement simultané vers le nouveau monde, ce qui est inévitable surtout lorsqu'on dispose d'un budget énergétique nettement plus mince. Si nous empruntons cette voie, nous aurons de bien meilleures chances de contourner l'effondrement et de façonner consciemment un avenir inconnu mais souhaitable. C'est cette transition-là que nous allons examiner dans le chapitre suivant.

5
La transition

« N'importe qui d'intelligent, avec une pointe de folie, peut rendre les choses plus grandes, plus complexes et plus violentes. Mais il faut une touche de génie – et beaucoup de courage – pour aller dans la direction opposée. »

– Albert Einstein

Reconstruire un monde post-pic pétrolier

Dilemme personnel à propos du pic pétrolier et de la fin de la croissance

Jusqu'à présent, pour nous, architectes de la civilisation industrielle moderne, la croyance collective a été la suivante : « Ce qui est grand est beau, obtenir toujours plus est bon, l'individu passe en premier, l'accumulation précède la charité, et l'uniformité simplifie les choses. » Tous ces mantras ont conduit à un type particulier de structure sociale, d'économie, de lois, de modèle économique et donc de style de vie.

Et maintenant, nous devons accepter que ce qui est petit est beau, que moins est mieux, que le local est important, que le collectif est une force, qu'il faut partager et que la diversité est primordiale.

C'est un énorme changement dans notre perspective culturelle. Ce n'est certes pas aisé, mais ce livre ne cherche pas à aborder des sujets simples et faciles à traiter. Il a pour ambition d'évoquer ce qui est susceptible de fonctionner dans un monde en plein déclin énergétique.

Si l'avenir semble sombre, c'est parce que nous pensons que le fonctionnement actuel du monde est la seule et la meilleure option possible. Nous avons été conditionnés de telle manière que, malheureusement, nous ne pouvons pas voir au-delà du paradigme actuel de la croissance industrielle. Tout discours sur la fin de la croissance évoque instantanément de forts sentiments de peur et de désespoir.

Alors, que sommes-nous censés faire ?

À la fin d'une de mes conférences sur ce sujet, une jeune femme, qui reconnaissait l'argument du pic pétrolier et de la fin de la croissance, a semblé perturbée et a dit : « Mais que puis-je faire en tant qu'individu ? Est-ce que ce n'est pas plutôt aux autorités ou aux gouvernements d'agir ? »

Je lui ai répondu que le fil conducteur de mes conférences visait avant tout la prise de conscience individuelle. Et ce, parce que la croissance a été le paradigme économique accepté jusqu'à présent et que, naturellement, le gouvernement, dans une démocratie, agit en fonction de ce qu'il pense que nous attendons de lui. Si nous continuons à croire à l'ancien paradigme de la croissance perpétuelle, c'est certainement ce paradigme qu'il utilisera lorsque nous voterons pour lui.

En conséquence, avant d'attendre une réponse nationale et internationale, nous devons déjà faire en sorte que tout le monde soit conscient de l'impossibilité de perpétuer une croissance sans fin. Ce n'est qu'alors que nous pourrons exiger des mesures correctes de la part des autorités, et alors seulement que celles-ci pourront répondre de manière appropriée.

Sans attendre que les gouvernements s'en rendent compte et agissent en conséquence, nous devons activement opérer un changement de paradigme sur le plan personnel et le diffuser autour de nous, jusqu'à obtenir une masse critique de personnes convaincues de la nécessité du changement, ce qui obligera alors les gouvernements à agir.

- Si nous attendons les décisions gouvernementales, ce sera trop peu, trop tard.
- Si nous agissons en tant qu'individus, ce sera trop peu.
- Mais si nous agissons en tant que communautés, groupes, associations, cela pourrait être suffisant, juste à temps!

Oui, la réponse doit être apportée au niveau communautaire, et doit être basée sur une nouvelle croyance collective.

Pour ce faire, nous devons aborder de manière holistique et systémique la situation difficile de la raréfaction énergétique. Faute de quoi nous ne proposerons que des réponses telles que « remplaçons nos ampoules par des DEL » ou « achetons des voitures économes en énergie ». Ces petits gestes, bien que nécessaires, ne sont que des solutions quantitatives et non qualitatives, et n'apportent donc pas de changement global.

Nous devons nous rappeler que l'objectif n'est pas de maintenir le monde tel qu'il est. Nous devons le repenser entièrement, puis le reconstruire pour qu'il puisse fonctionner selon un ensemble de principes complètement différents:

- Rechercher la stabilité et non pas la croissance.
- Penser petit et local au lieu de penser grand et mondial.
- Partager et coopérer plutôt que de se livrer une concurrence incessante.
- Promouvoir la résilience au lieu de l'efficacité, qui a pour seule finalité d'augmenter une productivité compulsive.

Tout cela vise à garantir que nous serons en phase avec la réalité du déclin énergétique.

Il ne s'agit pas seulement de défendre une idéologie culturelle éthiquement correcte, mais simplement de prendre conscience de ce qui va être possible dans un monde où la quantité d'énergie disponible diminue de jour en jour. Cela signifie également une diminution de l'argent.

Dans son livre intitulé *Sacred Economics: Money, Gift, and Society in the Age of Transition* [Sacro-sainte économie: argent, don et société à l'ère de la transition], Charles Eisenstein explique que la première réponse à une crise économique est habituellement de thésauriser de l'argent – d'accélérer la conversion de toutes sortes de ressources terrestres en argent. Nous pouvons constater que cette tendance est déjà à l'œuvre avec des appels récurrents à chercher du pétrole en Alaska, à commencer des forages en eau profonde, à fouiller le fond de la mer, à exploiter les dernières sources de gaz naturel, etc.[1]

Eisenstein explique comment l'argent créé de cette manière nous a en fait tous appauvris. Et donc, à l'inverse, nous pouvons en déduire que la destruction de l'argent a le potentiel de nous enrichir. En effet, la destruction de l'argent nous offre la possibilité de récupérer des pans entiers de notre bien-être collectif et de notre patrimoine commun, qui a été dilapidé dans ce monde moderne exclusivement articulé autour des notions d'argent et de propriété. Nous voyons cela se produire chaque fois qu'il y a une récession économique, ce que j'illustrerai à la fin de ce chapitre avec l'exemple de Cuba. Lorsque les gens ne peuvent plus payer pour divers biens et services, ils doivent plutôt compter sur les amis et le voisinage. Il s'agit d'un changement qualitatif. Là où il n'y a pas d'argent pour permettre les transactions, une économie basée sur le don refait surface et de nouveaux types d'échanges sont créés. Nous forgeons de nouveaux liens et de nouvelles relations. Et tout cela sort du cadre normal de la croissance économique quantitative.

Cela se produira de toute façon à la suite de la contraction économique et de l'effondrement prévisible de la monnaie, car les gens perdront leur emploi ou seront trop pauvres pour acheter quoi que ce soit. La seule option sera alors de sortir de la logique implacable de l'achat ou de la vente de biens et de services pour entrer résolument dans un monde nouveau où les échanges sous forme de dons, la réciprocité, l'autosuffisance et le partage communautaire prévaudront. Les gens s'entraideront et de vraies communautés naîtront. Si vous vous souciez principalement de la sécurité de votre propre avenir, l'investissement dans la communauté est probablement le meilleur placement que vous puissiez faire.

Développons maintenant cette réponse à travers une approche appelée la « méthode de transition ».

---

1. David Holmgren, *The Essence of Permaculture*, Victoria, Holmgren Design Services, 2006.

La méthode de transition

La transition, comme expliqué ci-après, est une façon structurée et consciente de passer en toute sécurité de notre état actuel de forte consommation d'énergie, basée sur les combustibles fossiles, à un état de faible consommation d'énergie, compatible avec la quantité d'énergie solaire et représenté par la troisième courbe.

Le concept de transition est né du travail que l'enseignant de permaculture Rob Hopkins a mené avec des étudiantes et des étudiants du Kinsale Further Education College pour présenter un « Plan d'action de descente énergétique ». Cette démarche a déjà été reprise dans plus de 2 000 initiatives, dans 50 pays à travers le monde. Le passage à la transition commence lorsqu'un petit groupe se rassemble, partageant une préoccupation commune par rapport à la réduction des approvisionnements en énergie bon marché (pic pétrolier), au changement climatique et à l'augmentation du ralentissement économique.

Le concept central du mouvement de la transition est que la vie après le pétrole pourrait être beaucoup plus agréable et épanouissante que le mode de vie actuel. Cela peut sembler difficile à visualiser ou à accepter pour certaines personnes, mais le mouvement s'appuie sur le constat suivant: « En changeant notre état d'esprit, nous pouvons réellement envisager la prochaine période comme une occasion à saisir plutôt que comme une menace, et concevoir ce futur à faible intensité de carbone comme une époque prospère, résiliente et féconde où la vie sera beaucoup plus agréable lorsqu'on la compare à celle qui prévaut dans notre culture de consommation aliénée, laquelle est basée sur la cupidité, la guerre et le mythe de la croissance perpétuelle. »

Pour nous préparer à cela, nous devons accepter les faits suivants:

- La croissance infinie au sein d'un système fini (la planète Terre) est impossible.
- Le déclin énergétique est inévitable. Nous devons prendre des mesures en fonction de cet état de fait.
- La société industrielle moderne a perdu sa résilience face aux chocs énergétiques.
- L'effondrement de la biodiversité, le changement climatique et le pic pétrolier sont liés et nécessitent que nous agissions collectivement, maintenant, en les prenant tous en compte.

- Si nous prévoyons et agissons assez tôt, et si nous utilisons la créativité et la coopération pour libérer le génie au sein de nos communautés locales, nous pouvons construire un avenir beaucoup plus épanouissant, enrichissant et paisible que la vie que nous menons aujourd'hui, en créant un lien encore plus fort avec la Terre.

Nous devons faire attention à ne pas confondre cela avec l'environnementalisme, car il existe une différence cruciale entre l'environnementalisme ordinaire et l'approche de la transition.

La plupart des gens ne s'en rendent pas compte, mais l'environnementalisme traite généralement des comportements individuels et se retrouve ainsi réduit à aborder les problèmes de façon individuelle : la réduction de la consommation, l'augmentation de l'efficacité ou la préservation de l'environnement. Utiliser des ampoules fluocompactes, faire du covoiturage, protéger les forêts et les rivières sont des gestes utiles, mais pas suffisants. Ceci est purement lié à la quantité et n'a rien à voir avec la qualité.

L'approche de la transition, en revanche, incarne à la fois la réduction quantitative de l'énergie consommée et de la consommation et une reconstruction qualitative de valeurs universelles qui ont été oubliées. L'approche de la transition traite de l'aspect le moins évident et le plus délicat de la reconstruction du tissu de notre monde, qui a été détruit par l'utilisation généralisée d'une énergie bon marché.

Dans notre quête de la quantité, incarnée par la croissance quantitative exponentielle perpétuelle, nous avons complètement perdu de vue quelque chose d'autre appelé la « qualité » – c'est un aspect qui est aussi réel que la quantité, mais qui est plus difficile à mesurer.

Nous pensons généralement à la qualité dans un sens de mesure quantitative. Nous classons les choses comme « de haute qualité » ou « de faible qualité ». Mais ce n'est pas la qualité à laquelle l'approche de la transition fait référence. Ici, la qualité signifie la nature unique de chaque chose. Deux pommes, ou deux fleurs ou deux personnes ont des qualités différentes à bien des égards. Si nous n'essayions pas de les mesurer, de les noter, l'une contre l'autre, nous reconnaîtrions le caractère unique de chacune. Chacune est juste ce qu'elle est, et c'est un aspect de la nature et de la réalité situé au-delà de la mesure. La mesure n'est qu'une forme de contrôle.

Pas étonnant que notre culture, que nous appelons « civilisation », soit obsédée par le contrôle. La civilisation d'aujourd'hui repose sur des mesures et des quantifications approfondies, qui sont toutes deux essentielles pour prendre le contrôle, le pouvoir. Mais la civilisation ne peut pas maîtriser une dimension comme la qualité, car la qualité est hors de contrôle. Pas étonnant que nous entendions des phrases comme « mon papa est le plus fort » pour mesurer l'amour, ou « mon pays est le meilleur pays » pour mesurer la fierté nationale. Nous avons oublié que tous les papas seront aimés sans mesure, et nous aimons tous le caractère unique de notre lieu de naissance, sans qu'il soit nécessaire de dénigrer d'autres lieux.

En conséquence, l'approche de la transition implique que nous devons reconstruire un grand nombre des aspects qualitatifs de notre monde que le luxe du pétrole bon marché et la croissance ont fait disparaître : les économies locales, les réseaux locaux, les petites entreprises, les relations personnelles, les actes de compassion et de partage, la croyance dans nos compétences et nos capacités personnelles, la croyance en la qualité plutôt qu'en la quantité, etc. Rien de cela ne peut être mesuré quantitativement. Ce sont simplement les qualités souhaitables d'un système. Lorsque nous perdons tout ou partie de ce qui précède, nous perdons effectivement une caractéristique fondamentale de ce système : la résilience.

La résilience, la capacité à s'adapter, est un aspect qualitatif des systèmes naturels comme notre environnement et notre communauté sociale. Elle est cruciale pour notre survie. Lorsqu'un système est résilient, il peut maintenir sa capacité à absorber les changements et les chocs externes. Par conséquent, la recherche de la résilience est le principe directeur de l'approche de la transition. C'est une démarche que l'on retrouve dans tous les pays du monde à la suite du pic pétrolier et du marasme économique persistant.

Afin de reconstruire une économie postpétrolière résiliente, l'approche transitionnelle incite les gens à renforcer le tissu de leurs communautés. Cela implique une renaissance des aspects qualitatifs de nos vies tels que les relations locales, qui ont été rompues en raison de l'économie, laquelle est basée sur la croissance et la mondialisation galopante. Depuis que l'individualisme est devenu la règle, nous avons oublié que nous faisons partie d'un réseau qui ne peut fonctionner que collectivement et non individuellement.

En réponse à cela, le mouvement environnemental est simplement préoccupé par la question suivante : « Comment pouvons-nous préserver le système dans son état actuel ? » Cela revient à simplement alimenter la courbe conceptuelle de la croissance avec de fausses solutions : toujours plus de solaire, d'éolien, de nucléaire et de toute la gamme des pseudo-alternatives au pétrole. Si le message de l'environnementalisme traditionnel se réduit à la question : « Pourquoi devrions-nous changer si nous pouvons simplement changer nos ampoules ? », alors il est loin de répondre à la nécessité d'un changement qualitatif. Pas étonnant que les personnes ordinaires ressentent une extrême frustration au vu de la portée et des effets réels du mouvement environnemental.

Apprendre à vivre dans un paradigme énergétique réaliste, avec ses contraintes, implique d'abandonner beaucoup de choses, mais aussi de récupérer les aspects qualitatifs de notre communauté.

Efficacité contre résilience

Le monde industriel moderne est basé sur la maximisation de la croissance économique, et ce, par l'augmentation constante de la productivité et de la production et la minimisation des coûts. C'est ce que nous appelons l'« efficacité ».

En cherchant à gagner en efficacité, notre système économique a évolué vers l'uniformisation et n'a pas pris en compte la diversité de la nature, cherchant au contraire à l'éliminer. Et pourtant, c'est l'abondance de la diversité dans la nature qui permet à cette dernière de fonctionner si efficacement. En ne respectant pas la diversité naturelle et en cherchant à améliorer l'efficacité et la rentabilité de la nature sur le plan économique, le monde industriel moderne est passé maître dans l'art de briser les systèmes naturels et d'en manipuler les composants pour obtenir en retour des gains à court terme.

L'histoire de notre civilisation industrielle est donc essentiellement celle d'une prise de contrôle de la nature. Le sol a été labouré; les rivières ont été endiguées; la nature sauvage a été transformée en monocultures; les micro-organismes ont été anéantis par des produits chimiques à large spectre; les prédateurs mangeurs de récoltes ont été chassés et éliminés; et des pesticides, des herbicides et des antibiotiques ont été généreusement épandus sur les cultures pour lutter contre ces « nuisibles ». Nous ne nous rendions pas compte que l'élimination de cette diversité au nom de l'efficacité avait pour effet de limiter nos options de récupération.

Aujourd'hui, nous faisons face au contrecoup de cette approche basée sur la croissance perpétuelle, le contrôle et la maximisation des profits, qui a fini par provoquer un effondrement écologique et par conséquent un effondrement financier. Nous devons donc modifier notre approche: la résilience doit remplacer l'efficacité en tant que principe organisateur de notre économie. Car l'efficacité rend le système dépendant et fragile.

Dans le monde actuel, centré sur l'humain et basé sur la croissance, les mythes de la performance, du progrès et du développement continuent de régner. Notre système alimentaire moderne illustre parfaitement à quel point un système et une société peuvent devenir difficilement adaptables et fragiles lorsqu'ils sont aussi fortement dépendants de pesticides issus du pétrole, de machines agricoles et d'engrais qui nécessitent un approvisionnement bon marché et régulier en pétrole pour la production, le transport et la transformation des aliments.

Inversement, la résilience repose sur l'idée qu'un système devrait pouvoir supporter un choc de l'extérieur sans se désagréger. Il dispose pour cela de plusieurs possibilités de récupération, et donc de la capacité de s'adapter et de changer selon les circonstances et de multiples façons. La nature fonctionne un peu comme Internet. Elle dispose de multiples interconnexions et donc de formes d'interdépendance variées. La diversité, qui est intrinsèquement intégrée dans la nature, offre plusieurs moyens de rebondir lorsque survient un problème.

L'approche transitionnelle affirme que, lorsqu'on manipule les éléments individuels d'un système complexe, tels que la communauté, les sols ou les écosystèmes, on perturbe le fonctionnement de ce système, ce qui le rend plus vulnérable en cas de crise. Nous en avons amplement la preuve dans l'effondrement écologique que connaît actuellement le monde.

Nous pouvons observer cette perte de résilience lors de certains événements. C'est elle qui est en cause lorsqu'une série de défaillances locales du réseau électrique entraîne un effondrement total de ce réseau à travers l'ensemble des États-Unis. Ou encore lorsque les étagères de supermarchés sont vides après seulement trois jours de grève des camionneurs. Ou lorsque les déchets s'empilent au-delà des limites sanitaires, en France, à la suite d'une grève des éboueurs. Un problème au départ mineur peut entraîner un dysfonctionnement beaucoup plus large.

C'est moins susceptible de se produire en Inde, car, comme dans de nombreuses sociétés moins industrialisées, la résilience reste importante dans les villages et les petites villes. Des problèmes similaires ont un effet moindre, sauf dans les mégapoles qui reposent davantage sur un modèle centralisé. Si beaucoup de choses doivent changer et s'améliorer en Inde, cela ne doit pas se faire au détriment de la résilience.

L'approche transitionnelle nous aide à comprendre et à aborder l'importance de la résilience et donc à prendre des mesures qui permettent de l'entretenir et de la reconstruire. Et l'idée de base pour y parvenir, c'est l'idée de communauté.

Le renforcement communautaire

Avant de découvrir le pétrole, notre monde dépendait des réseaux locaux de relations et de connexions que nous appelons « communauté ».

L'abondance de pétrole bon marché nous a permis de développer de nouvelles relations commerciales à plus longue distance. En conséquence, nos voisins et la communauté locale ont eu dès lors

moins d'importance parce qu'ils ne contribuaient plus directement à notre commerce ou à nos affaires.

En bref, nous avons brûlé notre capital social – les liens familiaux, communautaires et sociaux entre les personnes : amour, respect, compassion mutuelle, paix et harmonie – et ceci pour un gain financier à court terme. Ce type de capital peut être invisible, mais il est le fondement même de la santé d'une communauté. Actuellement, nous pouvons vivre sans rencontrer ou connaître notre voisin. La vie après le pic pétrolier nécessitera que nous reconstruisions les connexions au sein de notre communauté afin d'augmenter sa résilience.

Cependant, pour y parvenir, il faut plus qu'une simple réduction quantitative de la consommation telle qu'elle est souvent proposée par le mouvement environnemental. Nous devrons redécouvrir l'ancien paradigme qualitatif dans un nouveau contexte de rétrécissement énergétique. Faute de quoi nous ressentirons un sentiment d'impuissance et d'isolement, comme l'a exprimé la jeune femme lors de ma conférence. Pas étonnant qu'elle ait eu le sentiment qu'elle ne pouvait pas agir, que ce soit en tant qu'individu ou en tant que membre d'un groupe.

Isolement et impuissance sont contrebalancés dans l'approche transitionnelle, car le premier objectif de cette approche est de s'appuyer sur de petits groupes se réunissant spontanément pour discuter de la manière dont le déclin imminent de l'énergie et le ralentissement économique affecteront leur vie et leur communauté. Chaque personne peut ainsi sentir qu'elle n'est pas seule à être consciente de la situation critique que représentent le pic pétrolier et la fin de la croissance; cela donne à chaque individu et à la communauté tout entière un sentiment d'autonomisation, car les gens se rendent compte alors qu'ils appartiennent à quelque chose de plus grand qu'eux.

Pour animer ces groupes, l'approche transitionnelle tire de précieuses leçons du modèle de la nature qui s'auto-organise. Il n'y a pas de contrôle central. Cela rend la réplication de petites unités d'action dans les communautés plus facile et plus dynamique.

Passer du global au local

Se focaliser sur le développement de la communauté implique concrètement le retour au local. Avant que le recours au pétrole bon marché ne devienne une règle de base, créant l'illusion à court terme d'un monde globalisé, notre planète avait toujours été locale. Le déclin de l'énergie éliminera inévitablement l'option de la mondialisation. Rétrospectivement, l'ère du pétrole sera considérée comme une parenthèse de 150 ans qui aura permis à l'homme de s'éloigner un temps d'un mode de vie principalement local, avant d'y revenir lorsqu'il aura atteint le bas de la courbe de Hubbert.

Nous avons aujourd'hui l'illusion que le mondialisme est un pas en avant et assure une vie meilleure. Mais mener une existence moins énergivore, plus tournée vers le local et la résilience, peut nous conduire vers une meilleure qualité de vie. Une économie locale consolidée et vivante aurait de nombreux avantages par rapport à ce qui se passe aujourd'hui dans notre économie mondiale. S'orienter vers une économie locale pour faire face à la disponibilité moindre de l'énergie peut sembler effrayant pour nous qui avons toujours valorisé la croissance et qualifié notre économie mondiale en expansion de « développement » et de « progrès ». Beaucoup pensent que ce qui va dans le sens inverse de cette tendance est un effondrement et un échec absolu.

Pourtant, si nous considérons la démarche de la transition pour aborder des aspects clés de notre survie comme la nourriture, l'agriculture, les matériaux locaux et les produits locaux, nous nous rendons compte qu'en fait, c'est le contraire: l'avenir promet d'être plus sûr et plus durable.

L'alimentation locale

Se nourrir est certainement ce qu'il y a de plus vital. Par conséquent, la nourriture devrait être locale pour assurer le mieux possible la sécurité et le bien-être de notre communauté.

Contrairement à cette idée, notre système alimentaire moderne et énergivore est devenu extrêmement complexe, laissant derrière lui un taux record de dommages environnementaux, de gaspillage énergétique et d'iniquité sociale.

La situation alimentaire en Inde est au seuil d'une tragédie. Étant le deuxième pays au monde pour le nombre d'habitants, l'Inde perd rapidement sa nature agraire en s'alignant sur le modèle mondialisé de la nourriture à longue distance. Ce système énergivore, basé sur le marché, finit par créer l'illusion d'une pénurie alors qu'en fait nous avons assez pour nous nourrir tous.

L'Inde, qui était fondamentalement locale dans la gestion de ses besoins alimentaires, a modifié rapidement sa politique de croissance et de circulation de la nourriture pour gagner des parts de marché, entretenant l'illusion que cela représentait un progrès. D'un point de vue purement économique, il était logique de rechercher la plus grande marge possible de profit en rendant la nourriture non locale. Mais bien sûr, cela n'a été possible que grâce à la consommation d'énergie fossile bon marché. Tout cela sera bientôt remis en cause par les prix élevés de l'énergie.

L'approche de la transition souligne l'importance de la nourriture locale, car elle est logique à bien des égards.

- Manger local profite à l'économie locale. Préférez-vous aider votre épicier de quartier à subsister ou favoriser une grande chaîne de supermarchés avec laquelle vous n'avez aucune relation ?
- Manger local est plus respectueux de l'environnement. Les aliments qui parcourent de longues distances nécessitent des moyens de transport fonctionnant aux combustibles fossiles, créant ainsi de la pollution et contribuant au réchauffement climatique.
- Les fruits et légumes cultivés localement sont plus frais et plus nutritifs, et ont un meilleur goût. Découvrez-le par vous-même en dégustant des aliments cultivés à la campagne. De plus, ils sont meilleurs pour la santé.

- Acheter de la nourriture locale nous permet de rester en contact avec les saisons. En suivant les saisons de la Terre, nous mangeons les aliments lorsqu'ils ont atteint leur meilleur goût et leur meilleure valeur nutritive, lorsqu'ils sont le plus abondants et donc le moins chers. La consommation de cette nourriture locale et saisonnière nous donne également le sentiment de vivre un moment unique lié à une certaine période de l'année. En été, le chant mélodieux du coucou indien évoque la chaleur lourde et étouffante de cette saison, et accompagne la joie de manger des mangues. Et, en Inde, nous n'avons pas toutes les variétés à la fois. Il y a d'abord les mangues hafoos, puis les langda, puis les chausa, puis les daseri et ainsi de suite au fil des saisons. Cela permet une variation tout au long de l'année et préserve notre perception du temps comme un cycle.

L'autre tendance destructrice est que la nourriture est devenue une marchandise, un produit d'échange et de spéculation. Cela a entraîné des prix élevés et volatils, même pour les produits alimentaires de base. En fait, plutôt que de servir un objectif fondamental de survie, la marchandisation de la nourriture répond au concept financier d'accélération de la croissance de l'argent.

L'agriculture alternative

L'agriculture « moderne » est la méthode qui de fait est la plus pratiquée dans le monde. Nous savons aujourd'hui que cette méthode basée sur un usage agressif des produits chimiques ne respecte pas le sol. Elle est conçue pour maximiser le taux de productivité comme dans une usine. Ceci n'a toutefois été rendu possible que grâce au pétrole bon marché.

Le pétrole bon marché a corrompu notre manière de produire la nourriture, entraînant un labour agressif, l'utilisation de pesticides et d'engrais toxiques ainsi qu'une irrigation intensive. Ces pratiques toxiques et énergivores ont détruit la santé du sol et nous avons célébré cela comme la « révolution verte ». Le seul effet de cette révolution verte a été de transformer radicalement notre sol. Alors que celui-ci a constitué de tout temps un milieu vivant qui fonctionnait selon un tissu complexe, nous en avons fait une éponge qui retient l'eau et doit être nourrie avec des nutriments artificiels sous forme d'engrais.

Malheureusement et dangereusement, l'échec évident de l'agriculture chimique est amplifié par des palliatifs tels que les semences et les aliments génétiquement modifiés, censés assurer au mieux notre sécurité alimentaire. Je laisse à d'autres le soin de démontrer l'illusion qui se dissimule derrière cette nouvelle folie des aliments génétiquement modifiés, ainsi que les conséquences que cela aura sur le fonctionnement de la vie sur le plan génétique.

Je ne vais pas développer plus longuement cette thématique, mais nous devons prendre conscience qu'aucune transition sérieuse ne peut être faite sans que nous réexaminions complètement la façon dont nous cultivons nos aliments. Il ne s'agit pas seulement de supprimer les produits chimiques et d'appeler cette façon de faire « agriculture biologique ». Il s'agit d'apprendre à garder la vitalité du sol intacte et à travailler avec la nature plutôt que contre elle.

Pour commencer, nous avons l'énorme responsabilité de reconstituer la fertilité de notre sol avec les nutriments nécessaires à une production alimentaire saine. Il existe de nombreuses disciplines qui traitent de cette question : la permaculture, l'agriculture biodynamique, l'agriculture naturelle et autres.

La permaculture, par exemple, est une méthodologie pour concevoir des habitats humains durables et les modéliser d'après les écosystèmes naturels. La permaculture met l'accent sur l'abandon de l'agriculture industrielle et promeut un système de production alimentaire à petite échelle, diversifié et localisé.

David Holmgren, l'un des auteurs du concept, définit la permaculture ainsi : « L'aménagement de paysages imitant les modèles et les relations présents dans la nature, et visant à produire une abondance de nourriture, de fibres et d'énergie pour répondre aux besoins locaux. Les gens, leurs bâtiments et la façon dont ils s'organisent sont au cœur de la permaculture. Ainsi, la vision permaculturelle d'une agriculture permanente ou durable a évolué vers celle d'une culture permanente ou durable[2]. »

Il est donc logique que des modèles d'agriculture alternatifs, comme la permaculture, soient à la base de la réflexion et de la planification de tout projet de transition.

2. David Holmgren, *The Essence of Permaculture*, *op. cit.*

Matériaux et produits locaux

Donner la préférence aux matériaux et produits locaux est crucial pour développer la résilience des communautés. Le transport de matériaux et de produits vers des marchés éloignés consomme beaucoup d'énergie et est très coûteux, car il nécessite l'expédition, la transformation et l'emballage des marchandises. Cela entraîne également beaucoup de pollution. Lorsque nous achetons des produits qui viennent de loin, l'argent local s'échappe vers des pôles commerciaux éloignés, ce qui rend la communauté plus vulnérable économiquement.

L'achat de produits locaux génère des emplois locaux et encourage les propriétaires d'entreprises locales à contribuer à la communauté en soutenant les initiatives et les organisations locales qui favorisent l'autonomie de la communauté en la rendant indépendante, et donc plus résistante aux changements qui agitent le monde entier.

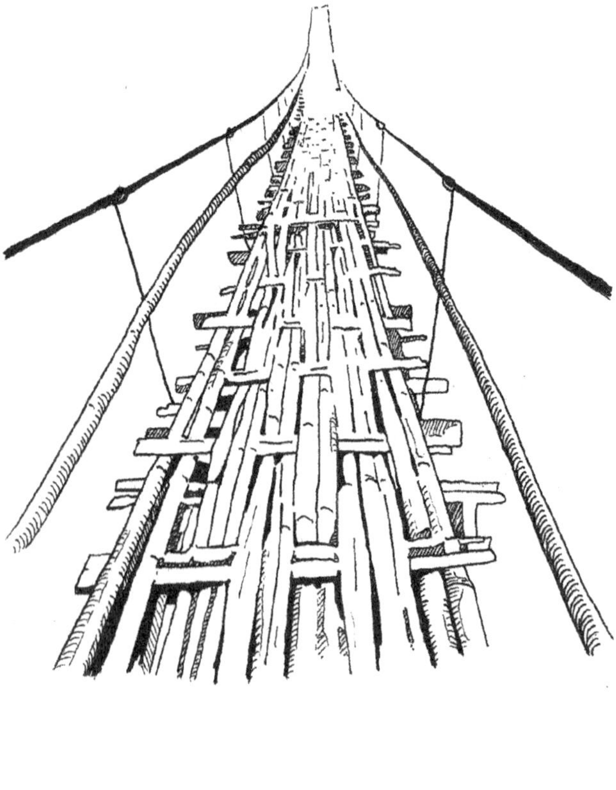

Conscience du pic pétrolier

Pour préparer la transition, nous avons surtout besoin d'une énorme déprogrammation vis-à-vis de la mentalité industrielle. Nous devons engager tous les niveaux de la communauté dans la compréhension de base du pic pétrolier et de ses répercussions sur la société. Cela va conduire à une inversion des règles de l'économie classique, et ce, par le passage de la croissance au rétrécissement.

Je trouve déconcertant que notre système éducatif, qui nous sensibilise à des principes allant des lois de la gravité à la physique quantique, ignore l'aspect le plus fondamental de la réalité, à savoir que la Terre nous donne des ressources selon une courbe en cloche et que la croissance exponentielle perpétuelle est une illusion dangereuse.

Nous devons donc travailler lentement à sensibiliser un public de plus en plus large aux enjeux du pic pétrolier, ce qui aura pour effet d'élargir la nouvelle croyance collective.

Nous devons impliquer les enseignants et les professeurs d'université dans les discussions sur le sujet et dans les activités des groupes de transition afin qu'ils puissent comprendre la notion de limites, puis modifier leur expertise afin de sensibiliser la prochaine génération dans le cadre des programmes d'enseignement.

Nous devons impliquer les milieux d'affaires et bancaires pour leur faire comprendre le nouveau paradigme du rétrécissement énergétique. Cela leur permettra de mieux interpréter les difficultés auxquelles ils font face actuellement et les aidera à élaborer des plans réalistes pour assurer l'avenir de leurs entreprises.

Cela débouchera ensuite sur l'engagement des responsables locaux dans les activités des groupes de transition afin qu'ils soient prêts à accepter de nouvelles politiques compatibles avec la transition, comme les initiatives alimentaires locales et les activités de renforcement de la communauté. Faire du mot « pic » un mot acceptable n'est possible que par une acceptation communautaire de cette réalité.

Depuis que j'ai pris pleinement conscience du pic pétrolier, j'ai remarqué qu'au début le concept était simplement ignoré, puis qu'il était moqué. Mais après l'effondrement économique de 2008, il a commencé à apparaître dans les médias entre guillemets : le « pic pétrolier », pour suggérer que ce n'est pas vraiment une vérité mais une spéculation. Nous devons surmonter ce déni et commencer d'urgence à intégrer la réalité du pic pétrolier dans nos programmes d'éducation et nos politiques publiques et de développement. Être timide ou évasif ne changera pas la géologie de cette planète.

L'Inde ignore encore totalement la réalité du pic pétrolier. Il est impératif qu'elle se réveille et comprenne les implications de ce concept. En tant que pays de plus de 1,3 milliard d'habitants, vivant sur un territoire limité avec un taux de croissance élevé et aucune réserve de pétrole significative, l'Inde court au désastre.

Cuba : une véritable histoire de pic pétrolier

Je termine ce livre avec l'exemple de Cuba – le seul pays au monde à avoir fait face à la version la plus extrême du pic pétrolier. Sa réponse a été exemplaire et couronnée de succès. Il est impératif que nous en tirions des enseignements ; le fait qu'il existe effectivement une réponse valable face à l'inévitable descente énergétique est très encourageant.

Après l'effondrement de l'Union soviétique en 1990, Cuba s'est trouvé du jour au lendemain à devoir faire face à une baisse importante de ses importations de pétrole. En conséquence, l'économie a immédiatement plongé. Les Cubains se sont retrouvés dans une situation comparable à celle d'un début soudain et extrême du pic pétrolier ; ce qu'ils appellent « la période spéciale ». Les importations de pétrole ont chuté de 75 % et celles de denrées alimentaires de 80 %, ce qui a entraîné l'effondrement des services de transport et le rationnement des aliments et du carburant. Le poids des Cubains a baissé en moyenne de 10 kg en quatre ans. Les pannes d'électricité et la pénurie d'eau sont devenues leur pain quotidien et la monnaie cubaine a été dévaluée au point d'être inutile. Malgré tout cela, le pays a survécu et la résilience des communautés cubaines en est sortie renforcée. L'exemple cubain est donc un excellent terrain d'observation pour comprendre comment faire face au pic pétrolier et à l'effondrement économique.

Le documentaire intitulé *The Power of Community* [Le pouvoir de la communauté], réalisé par Faith Morgan en 2006, explore comment les Cubains ont géré leur crise économique et énergétique – en développant un système local qui ressemble beaucoup à celui de l'approche de la transition décrit dans les sections précédentes.

Faith Morgan a été étonnée par la résilience des Cubains et s'est rendue compte que l'impasse économique du pays ne s'est pas résolue par la découverte de nouvelles sources d'énergie, mais par la transformation de la façon de voir l'économie et l'adoption d'une approche communautaire. Elle a appris comment les Cubains sont passés d'un système agricole industriel similaire au nôtre à une agriculture biologique approvisionnant les marchés alimentaires locaux. Cuba est passé de 21 000 tonnes de pesticides dans les années 1980 à seulement 1000 tonnes en 2005.

Après l'effondrement économique, les Cubains de tous horizons ont bien été obligés d'explorer les avantages des méthodes agricoles plus traditionnelles ou alternatives telles que le compostage, la permaculture, la lombriculture et une meilleure rotation des cultures. Les gens se sont regroupés pour trouver la moindre zone urbaine ou rurale disponible, pour y cultiver de la nourriture et en tirer le meilleur parti. Aujourd'hui, 80 % de la production alimentaire de Cuba est biologique. Cela a amélioré non seulement la qualité du sol, mais aussi la santé générale de la population.

La pénurie de carburant et le manque de fiabilité du système de transport public qui en a résulté ont incité le gouvernement à fournir plus d'un million de vélos à la population, laquelle a adopté la bicyclette comme moyen de transport dans sa vie quotidienne. Cela a également entraîné une amélioration de la santé publique générale.

Il était clair que le peuple cubain avait une spécificité qui facilitait cette transition, et c'était le sens de la communauté. La nature de la réponse collective a prouvé ainsi que le plus important n'était pas de trouver des solutions de haute technologie, mais d'améliorer les relations entre les gens. Le renforcement de la coopération et de la résilience sont les meilleures solutions.

L'approche cubaine a intuitivement mis en place tous les principes de la transition : améliorer la qualité des sols, reconstruire la communauté et sa résilience, cultiver des aliments locaux, développer une agriculture alternative et respectueuse de la Terre et encourager l'initiative locale. Tout cela avait été perdu à cause du pétrole bon marché et abondant.

Pour apprendre les principes fondamentaux de la transition vers une descente énergétique, l'expérience de Cuba peut servir d'exemple pour le reste du monde. Bien que les conditions dans chaque région et pays soient différentes, les principes fondamentaux restent les mêmes. La perspective culturelle visant à revitaliser les communautés locales doit être au centre de tous nos plans pour faire face à la descente énergétique. Il s'agit d'un changement *qualitatif* et c'est le seul qui puisse réellement permettre le changement *quantitatif* indispensable des modèles de consommation.

Si Cuba a pu le faire, n'importe quel autre pays peut le faire également, à condition de reconnaître d'abord la réalité de la baisse de disponibilité de l'énergie et de l'argent, puis d'adopter les principes de la méthode de transition.

Ce livre insiste sur le fait qu'il est impératif que nous agissions à l'échelle mondiale dès maintenant et que nous commencions à préparer notre voyage, inévitable mais significatif, en descendant le long de la courbe de Hubbert pour rejoindre la troisième courbe éternelle.

Remerciements

Mon voyage initial avec ce livre a commencé en 2001 avec mon intérêt croissant pour le pic pétrolier. Plus je faisais des recherches sur le sujet, plus je voyais clairement la corrélation entre la situation difficile qu'elle provoquait et ses effets sur l'économie mondiale et sur notre vie quotidienne. En fait, ceux qui ont étudié le pic pétrolier avaient anticipé et prédit l'effondrement économique qui, lorsqu'il s'est finalement produit, en 2008, s'est répandu comme une épidémie pour toucher tous les continents, confondant les pouvoirs chargés de notre bien-être. Il est toutefois étonnant que personne n'ait parlé de la véritable cause de la crise, qui est sans aucun doute liée à l'énergie.

Après dix ans de recherches, j'estimais avoir accumulé un ensemble de connaissances dignes d'être testées dans des cercles académiques et intellectuels. À peu près à la même époque, j'ai été invité dans diverses institutions de renom pour faire une présentation sur ce qui était, apparemment, un sujet pertinent et urgent. Des institutions telles que l'Energy & Resources Institute (TERI), à New Delhi, l'Indian Institute of Management (IIM), à Bangalore, et l'Indian School of Business (ISB), à Hyderabad. Les fortes réponses suscitées par ces présentations m'ont convaincu que le moment était en effet venu de rédiger un livre sur ces questions. Et alors que je commençais à y travailler, à reconstituer le puzzle et à en étoffer la logique, le livre a attiré ses propres partisans et bienfaiteurs. Voici les personnes qui, par leur enthousiasme, leur jugement et leur appui, ont fait de ce projet un véritable plaisir.

Mes plus fervents défenseurs ont été, bien sûr, les membres de ma famille que j'aime toujours autant – ma femme Tina, ma fille Zayn et mon fils Pablo. C'est avec une grande patience qu'ils ont pris connaissance de mes idées et de mes théories à différents stades de leur évolution. Tina m'a donné la latitude nécessaire pour explorer un espace qui a rendu ce voyage possible, et je lui en suis vraiment et exceptionnellement reconnaissant. C'est sa patience et sa compréhension qui m'ont donné la force d'approfondir et de m'accrocher à une perspective qui allait à l'encontre des croyances populaires.

Mes remerciements à Murzban Shroff, un ami proche et lui-même écrivain de renom, auteur du très acclamé *Breathless in Bombay*. Murzban s'est senti si interpelé par le sujet qu'il a pris sur lui de s'impliquer dans tous les aspects du livre – l'édition et l'aspect narratif, le style des illustrations, la conception de la couverture et de la mise en page – afin de s'assurer qu'il ne souffrirait d'aucun manque et que la portée de son message soit aussi forte et claire que possible. Murzban m'a également apporté un soutien moral quotidien pour mener à bien la tâche titanesque de la publication.

Mes remerciements au concepteur du livre, Anand Prahlad, pour avoir relevé le défi de créer un livre théoriquement radical mais visuellement attrayant. Anand, avec son tempérament froid et son approche équilibrée, a toujours été prêt à s'adapter aux changements évolutifs que le livre a connus.

Mes remerciements à Sahil Shah, pour avoir défini le style unique des croquis qui illustrent ce livre. Avec son propre esprit rebelle et son humour artistique, Sahil a permis d'alléger les dures réalités du sujet traité.

Un merci tout particulier à mon ami Montosh Lal, avec qui je partage beaucoup d'idées communes. Montosh a généreusement accepté de partager ses idées artistiques et le livre a pu bénéficié de ses longues années d'expérience en matière de design.

Je remercie tout particulièrement mon amie Aline Ranc, qui m'a surpris par ses talents de correctrice de première classe. Aline a si bien compris les enjeux soulevés dans ce livre qu'elle a également contribué de manière significative à son édition créative.

Je remercie Mita Kapur de Siyahi, un cabinet de conseil littéraire, pour son aide généreuse et son soutien, qui m'ont permis de m'orienter dans ce monde labyrinthique qu'est celui de l'édition.

Je remercie chaleureusement mon amie Nita Bali, qui, étant elle-même interpelée par le sujet du pic pétrolier, a donné aux premières versions de ce livre le premier coup de pouce indispensable.

Navin Muralidharan, un ami que j'ai initié au sujet du pic pétrolier, est devenu si convaincu de cette réalité qu'il me tient continuellement au fait de l'actualité autour du pic pétrolier. Il me tient quotidiennement informé des effets du déclin énergétique sur le monde financier. Je remercie Navin d'avoir régulièrement vérifié les implications du sujet de ce livre dans le monde réel.

Merci également à mon amie Shumita Didi, pour avoir accéléré le processus d'obtention des numéros ISBN.

Mes remerciements les plus chaleureux à ma tante, la Dr Najma Heptulla (ancienne vice-présidente du Rajya Sabha), qui a fait siens mes objectifs et m'a aidé à mettre sur pied les réseaux de soutien appropriés.

Mes remerciements collectifs aux innombrables amis, connaissances et visiteurs de ma ferme, qui ont écouté avec un esprit d'ouverture mes points de vue passionnés, parfois choqués et secoués par les faits que j'expose, mais toujours réceptifs à considérer leur véracité. Leur réponse individuelle a été, en effet, le terrain d'essai idéal pour chaque série d'améliorations apportées au livre.

Et enfin, je vous remercie, cher lecteur, qui avez fait le choix difficile de prendre ce livre malgré son sujet et son titre, sombre, qui annonce la fin de la croissance telle que nous la connaissons.

Annexe I

Civilisation du feu et comptabilité

Initialement écrit pour la Société des comptables agréés de Bombay et fortement inspiré par les livres de Charles Eisenstein intitulés The Ascent of Humanity *[L'ascension de l'humanité, 2007] et* Sacred Economics *[Sacro-sainte économie, 2011].*

La réalité d'aujourd'hui est régie par les lois de l'économie, et la comptabilité est donc devenue une discipline clé dans le développement et le maintien de notre monde industriel moderne. Les bilans, les livres comptables, les coûts et les ventes mènent tous à la déclaration finale de pertes et de profits qui est censée nous dire si une entreprise est viable ou non. Nous devons constamment nous assurer que nous avons pris en compte toutes les dépenses et que la somme de ces coûts reste inférieure à la somme des prix de vente. Si ce n'est pas le cas, nous devons utiliser une partie de nos économies pour que le spectacle puisse continuer. Et dépenser notre capital est un sujet tabou en économie. La comptabilité a donc une responsabilité, car elle détermine la survie même de l'entreprise. Voyons comment la comptabilité a évolué à travers l'histoire.

Pour retracer cette histoire, nous commencerons avec la maîtrise du feu. Dans un passé lointain, un de nos ancêtres a allumé un premier feu intentionnellement, libérant ainsi chaleur et lumière. Cet acte devait permettre à notre espèce de devenir dominante – le pouvoir qui en a résulté était indéniable – et l'*Homo sapiens* a pu commencer à gouverner le monde.

Bientôt la maîtrise du feu a été célébrée comme notre réalisation la plus glorieuse – un saut techno-évolutionnaire. En mettant le feu à un morceau de bois, nous pouvions désormais libérer 100 ans de lumière solaire en un instant. Aucun autre animal n'a la capacité d'allumer un feu intentionnellement, puis de l'utiliser pour chauffer, cuisiner, encercler les animaux lors d'une chasse, nettoyer les sous-bois, fondre des objets et ainsi modifier le monde. En fait, nous commencions à piger dans un capital d'épargne en utilisant du bois pour créer de l'énergie, mais les avantages évidents de l'utilisation de cette source d'énergie stockée étaient irrésistibles. À ce moment-là, le premier comptable n'était pas encore né. Donc, personne n'a prêté attention au déficit créé par l'action de brûler. Brûler allait devenir la caractéristique déterminante de notre culture appelée « civilisation ».

Après avoir brûlé pendant des siècles des réserves de capital solaire, nous avons fait un saut en commençant à brûler le charbon, ce qui a ouvert la porte à la destruction de milliers d'années de capital supplémentaire. Les flammes ont brûlé plus haut et une explosion de projets est devenue possible, transformant ainsi nos modes de vie et nos paysages. Nous étions hypnotisés par la naissance du monde industriel moderne, et nos manières de penser ont été profondément modifiées. Et sans le savoir, nous sommes devenus les adeptes d'une nouvelle religion : la croissance. Des milliers d'années de capital solaire combinées à un *capital naturel* irremplaçable comme le fer, le cuivre, la pierre, le sable, les minéraux, etc., ont été utilisées pour la construction des machines, des chemins de fer, des ponts, des usines, ce que nous appelons des « actifs immobilisés » dans nos bilans. Mais aucune écriture comptable n'a été inscrite dans les bilans pour tenir compte du coût réel de ces matières premières.

Consommer n'importe quel capital, ce qui correspond à un déficit, sans en tenir compte est un sacrilège en comptabilité. Pourtant, cela a été admis, car les avantages étaient proprement stupéfiants. Nous avons pu ajouter un confort inimaginable à nos modes de vie alors que, simultanément, nous avons accumulé un déficit de centaines de milliers d'années de capital solaire, brûlé sur l'autel de la croissance. C'est devenu une pratique reconnue. Nous l'avons surnommée « progrès ». Et les flammes sont montées de plus en plus haut.

Mais la star de ce spectacle de combustion n'était pas encore arrivée. En 1859, nous avons trouvé comment accéder à une nouvelle réserve où l'énergie solaire avait été accumulée depuis des centaines de millions d'années. C'était le pétrole. Avec le pétrole, nous sommes réellement passés à la vitesse supérieure en brûlant des centaines, puis des milliers, puis des millions d'années de capital solaire à la fois. Brûler cette densité de capital solaire nous a permis de propulser notre monde industriel comme une fusée. Le feu est devenu un immense brasier et la croissance économique a pris la forme d'une courbe exponentielle montant de plus en plus vite. Nos têtes sont entrées dans les nuages alors que nous oubliions le lien entre la valeur et la mesure, le capital naturel et l'argent, la réalité et le concept, le corps et l'esprit. Nous nous sommes persuadés que ce n'était pas le stock d'énergie solaire enfoui au sein de notre Terre, et brûlé à toute vitesse, qui rendait possible la croissance, mais nos idées – de simples constructions de notre esprit.

La plus meurtrière de ces idées était une construction symbolique appelée « argent ». C'est une représentation de la valeur, mais pas une valeur en soi. Un lubrifiant pour la croissance tout au mieux. Nous avons modifié nos pratiques comptables en conséquence. Nous avons estimé que le prix du capital solaire ne devait prendre en compte que ce qu'il en coûtait pour l'extraction. Nous n'avons jamais considéré combien cela coûterait réellement si nous devions remplacer ce capital parti en fumée. Car de toute façon, c'était impossible. Brûler 1000 ans de capital solaire par minute pour simplement aller faire ses courses et considérer cela comme une dépense normale, même avec un salaire à huit chiffres, c'est un sérieux problème de fraude comptable.

Mais alors, sommes-nous vraiment des comptables ?

En fait, nous avons réalisé un astucieux tour de passe-passe. Nous avons échangé du capital réel contre un concept symbolique appelé « argent ». Ce qui nous permet de ne rendre compte que de l'argent et non des capitaux réels et irremplaçables que sont l'énergie et les ressources utilisées. Pire encore, les concepts ont tendance à se superposer pour former de nouvelles lois économiques. Et ainsi, « l'argent représente la valeur » s'est transformé en « la valeur de l'argent évolue dans le temps », et la déclaration « l'argent doit croître » est devenue une loi. Et encore une fois, cette loi s'est transformée en « cette croissance doit s'accélérer ». L'argent *doit* donc croître de façon exponentielle, même si un enfant peut comprendre que, sur une planète finie, l'énergie et les ressources qui nous sont nécessaires ne se comportent pas de cette façon. Mais qui aurait l'idée de demander cela aux enfants ?

Après nous être engagés dans des concepts exponentiels, nous avons été contraints d'alimenter la flamme et de la faire monter toujours plus haut, toujours plus vite. De nouvelles formes de capital ont été nécessaires pour ce faire. Ce qui a été brûlé cette fois, c'est le *capital écologique* irremplaçable de la nature – la fertilité des sols, les forêts qui abritent la vie, les rivières vivantes, le réseau magique interespèces et la biodiversité dans son ensemble. Tout est en train de disparaître dans l'entonnoir du moteur économique, et on traduit cela avec un aplomb triomphant sur les feuilles de comptabilité en tant que produit intérieur brut. Quelqu'un a-t-il pensé à faire un bilan du coût de ces ressources écologiques ? Certainement pas, car exprimer cela serait considéré comme un acte antisocial. Vous seriez considéré comme un luddite, un empêcheur de tourner en rond, un collapsologue, un de ces écologistes grimpant dans les arbres pour les protéger ou, pire encore, comme un perdant amer et vindicatif.

Pourtant, la réalité dispose de son propre bilan, bien au-delà d'une feuille de calcul Excel. Le calcul est minutieux et non numérique. Le déficit accumulé se manifeste par l'assèchement des rivières, la dégradation des sols, la disparition des forêts, la baisse des nappes phréatiques, la diminution de la biodiversité, l'extinction des espèces et d'autres signes de disparition de la vie. C'est la perte d'un aspect unique de l'univers appelé *qualité* dont nous n'avons jamais pris la peine de tenir compte, dans notre obsession de ne comptabiliser que la *quantité*. En fait, le constat selon lequel la qualité se situe au-delà de la comptabilité traditionnelle est devenu évident lorsque nous avons désespérément tenté d'inclure cette perte dans les bilans traditionnels sous le couvert d'études environnementales ou de tentatives pour chiffrer le coût écologique.

Pendant ce temps, les flammes économiques léchaient les nuages et exigeaient d'être nourries. Pris au piège de nos principes et des intérêts composés liés à la valeur temporelle de l'argent, nous avons été obligés de trouver de nouveaux types de capitaux à injecter dans la chaudière pour maintenir la combustion à la hausse.

Et c'est ainsi que nous avons commencé à brûler le *capital social* – les liens entre les membres de la famille, les amis et les connaissances locales. Tout le monde a dû sacrifier ses liens personnels, ses relations et ses loisirs pour aller travailler de 9 à 17 heures, (quand ce n'est pas de 9 à 21 heures et au-delà), et ceci, 5 jours par semaine (quand ce n'est pas aussi le week-end). L'adage « le temps, c'est de l'argent » est désormais une loi immuable. Plus de temps de loisir avec les enfants le soir, plus de parties de cartes décontractées dans un club, plus de visite inopinée chez le voisin. La destruction de nos liens sociaux est devenue une nécessité pour alimenter la croissance et la rentabilité de notre entreprise. Et qu'est-ce que cela nous a coûté ? Malheureusement, nous ne savons pas comment chiffrer la valeur d'une relation, d'un sourire, d'une soirée tranquille passée en famille, ni comment le traduire sous forme de nombres sur une feuille de calcul. Disons simplement que nous l'avons plus ou moins traduit par une augmentation appropriée des salaires ou des primes annuelles. Une qualité incommensurable compensée par une quantité limitée. Une fois de plus, le déficit nous saute aux yeux sous la forme de travailleurs et de travailleuses surmenés et déprimés, de taux de suicide élevés, de familles qui ne fonctionnent plus, de divorces endémiques et de jeunes indisciplinés et capricieux.

L'enfer s'est encore élargi pour engloutir le prochain type de capital, appelé le *capital communautaire*. Des histoires, des idées, des mots, des phrases, des chansons, des airs dont la propriété intellectuelle était détenue par la communauté ont été arrachés de la sphère publique pour être convertis et privatisés en capital financier. Autrefois partagés et appréciés de tous, ils sont désormais inaccessibles. Les utiliser gratuitement vous expose à des poursuites judiciaires. Cela revient à appauvrir tout le monde pour le gain de quelques-uns. Avons-nous pris en compte cette perte pour la communauté ? Non, car les communautés ne tiennent pas de registres comptables, seules les entreprises le font.

Et enfin, pour franchir les dernières étapes et empêcher le feu de faiblir, nous avons brûlé le *capital spirituel* – des vertus comme l'honnêteté, la foi, l'intégrité et la confiance entre les gens, entre les communautés. Maintenant, enrober son discours de mensonges pour vendre un produit est considéré comme un art que l'on appelle « publicité ». Obliger les travailleuses et les travailleurs à accepter de conserver leur emploi en échange d'une baisse de salaire est appelé « gestion du personnel ». Les manipulations gouvernementales sont baptisées « politique ». Violer tout ce qui est possible est désormais désigné sous l'euphémisme « exploitation », qui résonne fièrement lors des réunions de conseil d'administration : « exploitation des marchés », « exploitation des ressources ». Existe-t-il un mode de calcul pour estimer ce que nous coûte la perte de ces vertus ? C'est une question stupide, car, en fait, si les rapports financiers montrent des bénéfices records, c'est en raison même de la perte de ces vertus. De nos jours, le nombre d'escroqueries témoigne amplement de la perte de cette forme de capital.

Et maintenant, il est temps de faire nos comptes. Nous constatons que l'incendie que nous avons allumé il y a 10 000 ans a consumé à peu près toutes les formes de *capitaux de la planète* que nous pouvions imaginer. Il ne reste plus rien à brûler, et les flammes de notre croissance économique sont de plus en plus anémiques. Nous en avons la preuve avec la succession des crises que nous avons délibérément engendrées et sciemment nourries dans nos systèmes comptables creux et mensongers. L'effondrement financier mondial de 2008, la crise de l'euro, la fin de l'énergie bon marché, les prix élevés des aliments, l'effondrement de secteurs industriels, la destruction des emplois, la guerre pour les ressources, la baisse des nappes phréatiques, les sols empoisonnés, la fonte des glaciers, l'assèchement des rivières et surtout le réchauffement de la planète… Tout cela a la même origine : le déficit causé par la combustion du capital terrestre, totalement oublié par des pseudo-méthodes de comptabilité qui ne prennent en compte qu'un capital symbolique appelé « argent ». Et ceci, chère lectrice, cher lecteur, n'est pas de la bonne comptabilité.

C'est l'économie moderne, avec son faux principe de croissance perpétuelle, qui est coupable. La comptabilité est son meilleur complice. Il est temps de mettre en place une véritable comptabilité, une *comptabilité énergétique*, avant que le feu ne consume nos âmes.

Annexe 2

Réfutation de 7 points sur le bonheur énergétique

Après la sortie de la première édition de ce livre en anglais, en 2013, j'ai reçu plusieurs lettres qui remettaient en question mon argument central voulant que la croissance économique réelle était terminée à l'échelle mondiale et que nous allions maintenant être en perpétuelle contraction économique. Il y a même eu un article intitulé « 7 points sur le bonheur énergétique » dans un journal local, qui essayait de transmettre le message que tout allait pour le mieux dans le monde de l'énergie et donc dans celui de la croissance perpétuelle. Quelqu'un m'a envoyé ces 7 points et je vais tâcher d'y répondre dans cette annexe.

Pour beaucoup, instinctivement, la fin de la croissance est inacceptable et donc impossible. Qu'elle soit acceptable ou non, nous devons d'abord essayer de voir si une croissance économique perpétuelle est possible. Pour évaluer cela, nous devons être conscients de deux points principaux :

- La relation directe entre l'énergie bon marché (combustibles fossiles) et notre croissance économique exponentielle ;
- Les principes de la comptabilité énergétique, qui reposent sur les lois de l'énergie dans l'univers (thermodynamique) et encore plus sur les limites de l'énergie sur une planète finie (géologie).

Je laisse de côté les détails de l'argumentation ; pour les connaître, vous pouvez consulter les sections précédentes de ce livre et d'autres excellentes références que je cite en fin d'ouvrage. Passons donc immédiatement à mes réponses à ces 7 points sur le bonheur énergétique.

Point n° 1 : l'emprise du pétrole sur l'économie mondiale est moindre qu'avant.

D'où sort cette affirmation ? Il s'agit simplement d'une déclaration fantaisiste faite par les gouvernements et le monde des affaires. La réalité économique à l'échelle mondiale indique le contraire. Les principes fondamentaux faisant du pétrole et de l'énergie des produits indispensables à l'économie industrielle n'ont pas changé. Sinon, les États-Unis ne choisiraient pas de mettre en place des mesures désespérées, coûteuses et sans pitié pour l'environnement telles que la fracturation hydraulique et le forage en eau profonde. Le Canada ne serait pas disposé à détruire ses forêts primaires, à détourner ses rivières et à brûler des stocks de gaz naturel pour produire un combustible à faible énergie nette extrait des sables bitumineux. Et les États-Unis n'auraient pas mené une guerre à 1000 milliards de dollars pour maintenir leur présence dans les pays riches en pétrole. La Chine n'achèterait pas de grandes parties de l'Afrique pour combler ses besoins énergétiques et n'entretiendrait pas la plus grande armée permanente pour soutenir ses ambitions.

La réalité est encore plus évidente si l'on considère l'état de l'économie mondiale. Les États-Unis se trouvent dans une unité de soins intensifs avec une dette qui croît de façon exponentielle et qui est estimée à environ 22 700 milliards de dollars, fin 2021 (ce qui équivaut à imprimer de l'argent et à hypothéquer l'avenir). Le Royaume-Uni suit l'exemple des États-Unis avec de faux investissements symboliques prêts à imploser. Le Japon est en récession constante. L'euro a du mal à rester stable. L'Inde et la Chine (les derniers bastions de la croissance grâce à des ressources bon marché, à la réserve de main-d'œuvre d'origine rurale et à des gouvernements prêts à se plier en quatre pour confisquer les biens communs et exploiter au maximum tout ce qui provient de l'environnement), sont prêtes à tout pour essayer de retrouver les niveaux records de croissance qu'elles ont connus au cours des décennies précédentes ; mais cela est voué à l'échec malgré la promulgation de nouvelles lois qui suppriment tout semblant d'équité, toute protection environnementale et toute autonomie des populations locales, et détruisent les intérêts nationaux.

Désolé, mais tous les indicateurs montrent de manière globale que l'emprise du pétrole et de l'énergie bon marché, qui n'existe que sous forme de combustibles fossiles, est de plus en plus importante. Bien sûr, nous pouvons prétendre simplement que nous trouverons d'autres moyens de nous en sortir, avec les énergies alternatives et la technologie. Mais ces dernières dépendent énormément des combustibles fossiles. Toutes sortes d'innovations plus ou moins fantaisistes étaient possibles lorsque nous étions dans la phase ascendante de la courbe en cloche de la consommation des ressources (pas seulement du pétrole). Mais maintenant que nous avons franchi le sommet et que nous redescendons, les contraintes deviennent de plus en plus fortes.

Point n° 2 : les niveaux de croissance antérieurs ont entraîné une augmentation de la demande de pétrole aux États-Unis, mais ce n'est plus le cas aujourd'hui.

Je crains que ce genre d'argument tatillon ne soit mis de l'avant par les économistes que pour dissimuler la gravité de la situation. Les économies peuvent croître pendant une courte période avec toutes sortes d'astuces et d'ajustements, grâce à la baisse des taux d'intérêt et à l'injection d'argent bon marché (c'est-à-dire à l'impression de dollars). Ce n'est pas un signe de stabilité, et certainement pas le signe d'une économie saine qui continuerait de croître à l'avenir. La mesure du PIB elle-même est devenue si opaque que, souvent, elle ne donne pas la juste mesure de la croissance réelle.

Jusqu'à maintenant, une baisse de la demande de pétrole a toujours été un indicateur de ralentissement de la croissance réelle. Mon livre explique en long et en large les nombreuses manières qui sont utilisées pour produire une croissance artificielle grâce à des définitions alambiquées et à des constructions mathématiques – des fonds spéculatifs aux produits dérivés en tout genre.

Et par ailleurs, pourquoi ne citons-nous que les États-Unis ? Est-ce là l'indicateur de la situation économique mondiale ? Et cela signifie-t-il que ce qui est possible aux États-Unis est reproductible partout dans le monde ? Je suis particulièrement perplexe lorsque je vois des dirigeants indiens célébrer l'exploitation du gaz de schiste et des sables bitumineux. Qu'est-ce que cela a à voir avec la population de l'Inde ? Nous n'avons rien de tel sur quoi nous replier même à court terme. Sommes-nous excités simplement parce que nos voisins font brièvement la fête ?

Point n° 3 : la consommation des voitures américaines a baissé.
Voici la carte magique de « l'efficacité ». Mais comme je l'ai expliqué dans les sections précédentes, l'efficacité n'entraîne pas une moindre consommation d'énergie. En fait, c'est tout le contraire dans une économie basée sur la croissance. Cela peut paraître surprenant, et c'est pourquoi on parle d'un « paradoxe ». Ce dernier a été expliqué par l'économiste britannique Stanley Jevons. Comme il est un peu difficile à saisir, j'ai donné trois exemples dans le chapitre 3 pour montrer que l'affirmation selon laquelle l'efficacité permettra de redresser la situation est une illusion.

Permettez-moi de rappeler ici l'un de ces exemples : au cours des 150 dernières années, tous les appareils fabriqués par l'homme ont consommé de moins en moins d'énergie, pas seulement nos voitures ou nos ampoules. Alors comment se fait-il que la consommation d'énergie ait augmenté de façon exponentielle ? La réponse est la suivante : dans un paradigme où l'argent croît de manière exponentielle, nous utiliserons toujours les gains d'efficacité pour fabriquer plus de produits, plus de systèmes et plus de services. Et cumulativement, ce processus entraîne une augmentation de la consommation d'énergie. Cela relève de l'exigence d'un système financier fondé sur une croissance exponentielle perpétuelle.

En fait, l'efficacité énergétique permet d'accélérer la consommation de l'énergie et par conséquent celle des ressources disponibles sur la planète. Dans une logique de croissance, cela exacerbe le problème. Si nous arrêtions de courir après la croissance exponentielle, l'efficacité énergétique deviendrait certainement très utile. Mais ce n'est pas de cela que nous parlons. Nous discutons constamment de la manière de favoriser la croissance, qu'elle soit réelle ou non.

Point n° 4 : la consommation de pétrole aux États-Unis a baissé de 3,7 % depuis 2010.
Oui, bien sûr ! Mais globalement la consommation a augmenté dans le reste du monde. En particulier parce que les États-Unis ont

délocalisé la majeure partie de leurs usines, le plus souvent dans les pays ayant une économie émergente. La délocalisation de leurs unités de fabrication ne change rien à l'évolution du pic de production pétrolier et à la descente énergétique qui va suivre.

Et encore une fois, pourquoi ne citons-nous que ce qui se passe aux États-Unis ? L'Inde et la Chine sont des pays où les États-Unis ont promu leur mode de vie consumériste et leur modèle de croissance. C'est là que ça se passe. Peut-on sérieusement affirmer que la consommation de pétrole en Inde et en Chine suit la même pente que celle qui prévaut aux États-Unis ?

Point n° 5: les investissements dans les énergies renouvelables augmentent.

Et les subventions aussi, sous différentes formes (directement sous forme d'argent ou indirectement par des aides à la recherche, le don de terrains, des garanties boursières…). Sans ces subventions, la plupart des sources d'énergie alternatives ne se développeraient tout simplement pas. Parce que la plupart produisent de l'énergie chère ou même en consomment plus qu'elles n'en produisent. Les évaluer sur le plan financier est trompeur. Subventionner des énergies alternatives n'est qu'un moyen d'éviter de dévoiler aux contribuables les coûts énergétiques réels. Veuillez relire ce que j'ai écrit sur l'opposition entre économie et énergie. Vous vous rendrez compte que cela ne résout pas la question énergétique, mais crée une illusion du fait d'une fausse comptabilité de l'énergie appuyée par une discipline illusoire appelée « économie ». Le chapitre 3 de cet ouvrage aborde de façon très détaillée les illusions et les raisonnements fallacieux des promoteurs des énergies alternatives, qui ignorent les principes fondamentaux de la comptabilité énergétique.

Point n° 6: l'Inde va augmenter de 20 000 mégawatts sa capacité solaire sur un horizon de 4 à 5 ans.

Dans ce cas-là, nous n'aurions plus rien à craindre. Sauf que oui.

L'énergie solaire aurait toute sa place, mais dans un paradigme complètement différent de sobriété énergétique. Elle est utile si elle est distribuée localement et s'il existe un contexte de baisse de la consommation, qui correspond implicitement à une baisse de la puissance énergétique utilisée. Mais imaginer que l'énergie solaire va sauver la mise de nos entreprises et de notre économie basée sur la croissance, comme si de rien n'était, est trompeur. Alors oui, il est bon que l'Inde renforce sa capacité solaire, mais c'est une tout autre chose de croire que cela aidera à faire évoluer une économie qui reste toujours axée sur les combustibles fossiles. Et il est plus faux encore de dire que le solaire va permettre de poursuivre la croissance (encore une fois, c'est un argument fondamental de ce livre).

Le solaire est intermittent, est une énergie de faible densité, nécessite des moyens de stockage coûteux et ne fournit que de l'électricité. Par conséquent, l'énergie solaire seule ne pourra jamais subvenir aux besoins d'une économie fondée sur la croissance. Elle peut au mieux agir comme un complément. En outre, cette énergie devient de plus en plus limitée lorsqu'on se déplace vers des latitudes plus élevées en raison de la déclinaison solaire. Ces faits concrets sont souvent passés sous silence par les partisans de l'énergie solaire.

Et qu'en est-il des sous-produits du pétrole: le bitume, les plastiques, les lubrifiants, les isolants, les pesticides, les produits pharmaceutiques, les matériaux synthétiques et une liste interminable dont on n'entend jamais parler? Aucun panneau solaire, aucune éolienne, aucune centrale nucléaire ou pile à combustible ne peut en produire.

Point n° 7: le Brésil, les États-Unis et l'Inde font la promotion de l'éthanol comme carburant.

Une belle histoire malheureusement incomplète. Promouvoir quelque chose ne signifie pas que cela va résoudre le problème, à savoir comment maintenir la croissance. L'éthanol a un rendement énergétique très faible: il exige presque autant d'énergie pour sa production que la quantité qu'il donne en retour. C'est un effort désespéré qui détourne notre production agricole afin de produire du carburant pour nos voitures plutôt que de la nourriture pour les gens. Et ce, avec un gain énergétique marginal. Bravo, quelle grande idée! Ce type de carburant n'a aucun intérêt, ni sur le plan de l'énergie, ni sur le plan de l'écologie, ni sur le plan de l'équité. Au contraire, c'est un révélateur du début de la descente énergétique. C'est la preuve que nous vivons à une époque de désespoir énergétique. Il ne faut surtout pas se féliciter de cela; cette forme d'énergie prouvera rapidement sa propre futilité.

Alors, cher lecteur, chère lectrice, pourquoi tous ces discours ? Pourquoi les médias ont-ils besoin de dresser à la hâte cette liste de 7 déclarations douteuses visant à rassurer les habitants de cette planète ? Pourtant, ce que je vois autour de moi indique exactement le contraire.

Oubliez un instant pourquoi *ils* essaient de nous faire croire cela, et réfléchissez plutôt à la raison pour laquelle *nous* nions que nous vivons sur une planète finie, qui est soumise aux lois de la géologie (courbe en cloche des ressources) et aux lois de la thermodynamique (lois immuables de l'énergie).

De manière plus générale, pourquoi ne prenons-nous pas en compte le fait qu'il ne s'agit pas seulement de contraintes énergétiques, mais aussi de toutes sortes d'autres contraintes ? Terre, eau, écosystèmes, air pur, équité et autres aspects qualitatifs des limites sociales et écologiques sont oubliés au bord du chemin contre toute raison et sensibilité. Pas étonnant que se multiplient les guerres pour les ressources, les batailles pour l'acquisition de terres, l'éclatement des communautés et même l'invasion de pays. C'est le prix à payer sur l'autel de la croissance perpétuelle.

Alors, pourquoi sommes-nous dans le déni alors que nous savons tous intuitivement qu'une croissance quantitative illimitée n'est pas possible ? La raison en est peut-être simplement que nous constatons que nous sommes maintenant pris au piège. Notre définition exponentielle de l'argent définit le système financier et industriel. Si l'argent doit croître avec le temps, ces systèmes ne peuvent fonctionner qu'en grossissant également. Ils vacillent et chutent lorsque la croissance n'est plus au rendez-vous. Il semble qu'il n'y ait donc pas d'autre choix que de les faire fonctionner à tout prix. Même si cela signifie ignorer les connaissances scientifiques et brûler l'énergie, les ressources et le reste des systèmes vivants de la planète pour courir après un mirage de plus en plus inaccessible.

Nous sommes bien coincés ! Nous sommes prêts à ignorer la science, les données réelles et même le bon sens, comme si nous croyions qu'en ne regardant pas la vérité en face, nous verrons les problèmes disparaître d'eux-mêmes. Je suis désolé d'être le porteur de cette nouvelle inquiétante, mais la croissance est bel et bien terminée. Nous connaissons un déclin économique sous diverses formes. Cette vérité ne disparaîtra pas parce que nous la dissimulons sous des arguments simplistes. En fait, rester dans le déni nous expose à un choc encore plus grand. Actuellement, nous multiplions la construction et la création de systèmes financiers et d'entreprises dans l'espoir qu'un jour tout sera miraculeusement résolu. Je vous donne rendez-vous dans 5 ans. Nous verrons bien si l'économie classique s'est redressée ou si elle est condamnée à l'échec. La perspective énergétique semble confirmer l'amère réalité qui se dessine sous nos yeux. Et l'économie classique est de moins en moins apte à relever les défis auxquels nous faisons face.

De plus, les baisses ponctuelles du prix du pétrole ne sont pas un bon signe, contrairement à ce que beaucoup espèrent. C'est comme le canari dans une mine de charbon: c'est l'expression d'un problème bien plus profond dans le domaine énergétique. Nous n'avons rien changé depuis le krach financier mondial de 2008. Les mêmes alertes se manifestent aujourd'hui. Préparez-vous pour un autre effondrement financier majeur.

En fait, ce comportement de fluctuation des prix du pétrole a déjà été expliqué et prévu par les experts de l'énergie et du pic pétrolier. C'est le « phénomène d'accélération/décélération ». Quand le prix monte, la consommation baisse. Quand la consommation baisse, les stocks montent et les prix baissent; la consommation repart et se heurte de nouveau aux limites, puis le prix monte et on recommence. Ce phénomène indique clairement la fin de l'énergie bon marché, qui est le moteur fondamental de la croissance. Ce n'est pas une surprise pour les personnes qui comprennent les principes énergétiques. Ces principes sont très bien expliqués dans des dizaines d'articles sur Internet.

Comprendre le pic pétrolier, l'énergie et les limites de la croissance est difficile parce que nous avons tous été conditionnés à croire que la croissance est un acquis et un impératif. Elle doit donc se perpétuer. Nous pensons que la poursuite de la croissance n'est qu'une question d'ingéniosité humaine et de volonté politique; toutes les civilisations précédentes pensaient de même, jusqu'à ce que les gens soient à court de ressources dans leur région. Malheureusement, le problème se pose maintenant à l'échelle mondiale et, en dehors de l'espace, il n'y a plus aucun endroit où se réfugier.

En résumé :

1. L'énergétique est la vraie loi de l'univers ; ce n'est pas l'économie.
2. Soit nous nous alignons sur cette réalité, soit nous serons appelés à commettre des erreurs très douloureuses (qui se produisent déjà). La réalité n'accepte pas les compromis.

Les 7 points mentionnés dans l'article ignorent ces deux vérités et sont un excellent moyen de nous endormir en nous donnant le sentiment que tout va bien. Comme l'a dit la philosophe Ayn Rand, « nous pouvons ignorer la réalité, mais nous ne pouvons ignorer les conséquences de l'ignorance de la réalité ».

Suis-je négatif lorsque j'affirme que la croissance est sans doute terminée ? Non, certainement pas ! Ce que j'affirme, c'est qu'il existe des moyens de façonner un monde beaucoup plus beau, plus sain et plus équitable, plus susceptible aussi de fonctionner face à la dure réalité de la descente énergétique. J'en parle d'ailleurs dans le chapitre 5 qui s'intitule « La transition ». Mais pour aller dans ce sens, nous devons d'abord sortir du déni.

Comme vous devez le comprendre maintenant, le sujet est vaste et délicat. Nous devons l'étudier avec discernement et en toute objectivité pour détricoter notre croyance culturelle qui repose sur 250 ans de croissance quantitative exponentielle. Il nous faudra donc du temps pour accepter cette réalité. Comme l'a dit Alex Haley, un écrivain d'une grande sagesse : « Soit vous faites face à la réalité, soit vous serez rattrapé par la réalité. »

Bref, la réalité ne se négocie pas !

Bibliographie et références

1. Sources

Abbey, Edward. *The Journey Home: Some Words in Defense of the American West*, New York, Plume, 1991 [1977].

ASPO Newsletter #100. (Voir aussi, en français, l'Association pour l'étude des pics pétrolier et gazier, <aspofrance.org>.)

Ayres, R.U. « The fog of economics », dans J.-F. Gerber et R. Steppacher (dir.), *Towards an Integrated Paradigm in Heterodox Economics – Alternative Approaches to the Current Eco-social Crises*, Basingstoke, Palgrave-Macmillan, 2012, p. 47-63.

Baines, Colin. The Co-operative Group.

Bartlett, Albert. *Arithmetic, Population and Energy*, Université du Colorado à Boulder, 2011. (Présentation en français: <www.albartlett.org/presentations/arithmetic_population_energy_transcript_french.html>.)

Black-Scholes (modèle). Wikipedia.org.

Boulding, Kenneth. Congrès des États-Unis, *Energy reorganization act of 1973: Hearings*, 93e Congrès, 1re séance, 1973, Reed Business Information, The Disease and the Trigger, Tribune Media Services, 2008.

BP. *BP Statistical Review of Word Energy*, 2012.

Brown, Ellen. « It's the Derivatives, Stupid! Why Fannie, Freddie, AIG had to be Bailed Out », *Global Research*, 18 septembre 2008. (La citation originale de Robert Chapman est tirée de James Wesley, « Derivatives – The Mystery Man Who'll Break the Global Bank at Monte Carlo », *SurvivalBlog.com*, septembre 2006.)

Campbell, Colin J. *SunWorld*, 1995.

Campbell, Colin J. « Peak oil: An outlook on crude oil depletion », 2002, disponible au <www.greatchange.org/ov-campbell,outlook.html> (consulté le 25 avril 2016).

Center for Sustainable Systems Newsletter, *US Food System Factsheets*.

Chefurka, Paul. <Paulchefurka.ca>.

Deffeyes, Kenneth. *Hubbert's Peak: The Impending World Oil Shortage*, Princeton, Princeton University Press, 2001.

Donnelly, John. « Price rise and new deep-water technology opened up offshore drilling », *The Boston Globe*, 11 décembre 2005.

Georgescu-Roegen, Nicholas. *The Entropy Law and the Economic Process*, Cambridge (MA), Harvard University Press, 1971. (En français, voir *La décroissance. Entropie, écologie, économie*, trad. Jacques Grinevald et Ivo Rens, Paris, Sang de la Terre, 2005 [1979].)

Ghanta, Praveen. <https://truecostblog.com/>.

Goodman, James. <Ilovemountains.org>.

Greer, John Michael. *The Archdruid Report*, <http://thearchdruidreport.blogspot.com/>.

Hall, C., Balogh, S. et D. Murphy. « What is the minimum EROEI that a sustainable society must have ? », *Energies*, vol. 2, nº 1, 2009, p. 5-47.

Hall, C. et K. Klitgaard. *Energy and the Wealth of Nations: Understanding the Biophysical Economy*, New York, Springer, 2011.

Heinberg, Richard. *Snake Oil: How Fracking's False Promise of Plenty Imperils our Future*, Santa Rosa (CA), Post Carbon Institute, 2013.

Hewitt, Mike. <DollarDaze.org>.

Hirsch, Robert L. *Hirsch Report*, Département de l'Énergie des États-Unis, 2005, et *U.S. Military, Joint Operating Environment Report*, 2010.

Holmgren, David. *The Essence of Permaculture*, Victoria, Holmgren Design Services, 2006. (Traduit en français sous le titre *Permaculture. Principes et pistes d'action pour un mode de vie soutenable*, Paris, Rue de l'échiquier, 2014.)

Lambert, J. et G. Lambert. *Life, Liberty, and the Pursuit of Energy: Understanding the Psychology of Depleting Oil Resources*, Londres, Karnak Books, 2015.

Lambert, J., Hall, C., Balogh, S., Poisson, A. et A. Gupta. *EROI of global energy resources: Preliminary status and trends. Report for the United Kingdom's Department for International Development*, New York, State University of New York, 2012.

Martenson, Chris. *The Crash Course: The Unsustainable Future of Our Economy, Energy, and Environment*, New York, John Wiley & Sons, 2009. (Disponible en français à l'adresse suivante: <https://esprit-riche.com/le-crash-course-de-chris-martenson-en-francais/>.)

Morgan, Faith. *Power of Community*, Community Service Inc., 2009.

Murphy, David. <theoildrum.com>.

Murphy, David et Charles Hall. « Year in review: EROI or energy return on (energy) invested », *Annals of the New York Academy of Sciences*, vol. 1185, 2010, p. 102-118.

Ranken Energy, <www.ranken-energy.com>.

Roy, Arundhati. *The Greater Common Good*, Bombay, India Book, 1999.

Rubin, Jeff et Peter Buchanan. « What's the Real Cause of the Global Recession ? », *StrategEcon*, CIBC World Markets Inc. et Bloomberg, 2008.

Schumacher, E.F. *Small is beautiful. Une société à la mesure de l'homme*, Paris, Contretemps/Seuil, 1978.

Simmons, Matthew R. *Twilight in the Desert : The Coming Saudi Oil Shock and the World Economy*, New York, John Wiley & Sons, 2006.

Stewart, Ian. « The mathematical equation that caused the banks to crash », *The Guardian*, 12 février 2012.

Stockman, Vivian. <Ohvec.org> et <Southwings.org>.

Strahan, David. *The Last Oil Shock : A Survival Guide to the Imminent Extinction of Petroleum Man*, Londres, John Murray, 2008.

Tainter, Joseph A. *The Collapse of Complex Societies*, Cambridge, Cambridge University Press, 1988. (En français : *L'effondrement des sociétés complexes*, Paris, Le Retour aux sources, 2013.)

Tverberg, Gail. « World Energy Consumption by Source, Based on Vaclav Smil estimates from Energy Transitions : History, Requirements and Prospects together with BP Statistical Data for 1965 and subsequent », *Our Finite World*.

U.S. National Archives, images.

Van der Veer, Jeroen. « Three Hard Truths about the World's Energy Crisis », *The Standard*, 2007.

Wheatcroft, Patience. « The Next Crisis : Prepare for Peak Oil », *The Wall Street Journal*, 2010.

World Bank Group. *World Development Indicators Database*, Washington (DC), The World Bank, 2008. (Données de la Banque mondiale sur le développement dans le monde disponibles en français sur le site <https://donnees.banquemondiale.org/>.)

Zabel, Graham. « Peak People : The Interrelationship between Population Growth and Energy Resources », London School of Economics, publication d'origine dans le *Energy Bulletin*, 2009.

2. Matériel de référence

Livres en anglais

* *The Party's Over*, de Richard Heinberg (Gabriola Island, New Society Publishers, 2003).

* *Powerdown : Options and Actions for a Post-Carbon World*, de Richard Heinberg (Gabriola Island, New Society Publishers, 2004).

* *Snake Oil : How Fracking's False Promise of Plenty Imperils Our Future*, de Richard Heinberg (Santa Rosa [CA], Post Carbon Institute, 2013).

* *Twilight in the Desert : The Coming Saudi Shock Oil and the World Economy*, de Matthew Simmons (New York, John Wiley and Sons, 2005).

* *The Long Descent: A User's Guide to the End of the Industrial Age*, de John Michael Greer (Gabriola Island, New Society Publishers, 2008).
* *The Long Emergency: Surviving the Converging Catastrophes of the Twenty-First Century*, de James Howard Kunstler (New York, Grove/Atlantic, 2005).
* *Regaining Paradise – Towards a fossil fuel free society*, de T. Vijayendra (2009).
* *The Collapse of Complex Societies*, de Joseph A. Tainter (Cambridge, Cambridge University Press, 1988).
* *Out of Gas: The End of the Age of Oil*, de David Goodstein (New York, W.W. Norton, 2004).
* *Overshoot: The Ecological Basis of Revolutionary Change*, de William Catton (Chicago, University of Illinois Press, 1980).
* *The Age of Oil is Over: What to Expect as the World Runs Out of Cheap Oil*, de Matthew Savinar (Salvinar, 2004).
* *The Final Energy Crisis*, d'Andrew McKillop (Londres, Pluto Press, 2005).
* *High Noon for Natural Gas: The New Energy Crisis*, de Julian Darley (White River Junction, Chelsea Green, 2004).
* *The End of Oil: On the Edge of a Perilous New World*, de Paul Roberts (New York, Houghton Mifflin, 2004).

Livres en français (sélection faite par le traducteur)

* *Pétrole: la fête est finie. L'avenir des sociétés industrielles*, de Richard Heinberg (Plogastel Saint-Germain, Demi-Lune, 2008).
* *La fin de la croissance*, de Richard Heinberg (Plogastel Saint-Germain, Demi-Lune, 2012).
* *La fin du pétrole. Le vrai défi du XXIe siècle,* de James Howard Kunstler (Paris, Plon, 2005).
* *L'effondrement des sociétés complexes*, de Joseph A. Tainter (Paris, Le Retour aux sources, 2013).
* *L'effondrement. Petit guide de résilience en temps de crise*, de Carolyn Baker (Montréal, Écosociété, 2016).
* *L'âge des low-tech. Vers une civilisation techniquement soutenable*, de Philippe Bihouix (Paris, Seuil, coll. « Anthropocène », 2014).
* *Le bonheur était pour demain. Les rêveries d'un ingénieur solitaire*, de Philippe Bihouix (Paris, Seuil, coll. « Anthropocène », 2019).
* *Manuel de transition. De la dépendance au pétrole à la résilience locale*, de Rob Hopkins (Montréal, Écosociété/Silence, coll. « Savoir-faire », 2010).
* *Or noir. La grande histoire du pétrole*, de Mathieu Auzanneau (Paris, La Découverte, 2015).
* *Pétrole apocalypse*, d'Yves Cochet (Paris, Fayard, 2005).
* *Creuser jusqu'où? Extractivisme et limites à la croissance*, sous la direction d'Yves-Marie Abraham et David Murray (Montréal, Écosociété, 2015).

* *Guérir du mal de l'infini. Produire moins, partager plus, décider ensemble*, d'Yves-Marie Abraham (Montréal, Écosociété, 2020).

Romans

* *En panne sèche*, d'Andreas Eschbach (Nantes, L'Atalante, 2009). La première phrase du livre est : « Même la dernière goutte d'essence permet d'accélérer. »

* *Fracking*, de François Roux (Paris, Albin Michel, 2018). Aux États-Unis, vous n'êtes pas propriétaire du sous-sol de votre terrain. Une exploitation en agriculture biologique doit faire face à la prospection du gaz de schiste.

Blogue

* <www.lemonde.fr/blog/petrole/>.

3. Ressources sur le pic pétrolier

RICHARD HEINBERG : Je commencerais par des livres de Richard Heinberg, dont deux ont été traduits en français : *Pétrole : la fête est finie !* et *La fin de la croissance*. En anglais, vous pouvez poursuivre avec *Oil Depletion Protocol* [Protocole d'épuisement du pétrole] et *Searching for a Miracle* [À la recherche d'un miracle]. Heinberg est équilibré et impartial et traite la question avec toute la prudence requise ; il donne un véritable aperçu des différentes voies que nous pourrions emprunter en tenant compte de toutes les limites pratiques et des possibilités d'innovation. Quiconque souhaite s'informer sur le sujet devrait consulter ses livres.

KENNETH S. DEFFEYES : Je recommande *Hubbert's Peak : The Impending World Oil Shortage* [Le pic d'Hubbert : l'imminente pénurie mondiale de pétrole] et *Beyond Oil : The View from Hubbert's Peak* [L'après-pétrole. Les perspectives selon le pic de Hubbert].

JOHN MICHAEL GREER : Une vision très équilibrée, éclairée, élégamment formulée et cohérente de l'épuisement énergétique. Je suggérerais de lire *The Long Descent* et *The Ecotechnic Future*. Ce sont de véritables guides pour comprendre la question d'un point de vue pratique. Hautement recommandé. Son blogue hebdomadaire, *The Archdruid Report*, est une lecture incontournable pour moi. Visitez-le. (Traduit en français : *La fin de l'abondance. L'économie dans un monde post-pétrole.*)

GAIL TVERBERG : « Introduction to Peak Oil ». Basé sur des données fiables, ce texte fort bien écrit présente les recherches scientifiques portant sur le pic pétrolier.

ALBERT A. BARTLETT : Professeur émérite en physique nucléaire à l'Université du Colorado à Boulder, aux États-Unis, décédé en 2013). Pour une référence complète sur la croissance exponentielle, découvrez ses conférences sur son site : <www.albartlett.org/>.

MATT SIMMONS: Analyste énergétique de longue date, il montre dans son livre *Twilight in the Desert* combien les prédictions sur les réserves de pétrole en Arabie saoudite sont optimistes et démontre de manière convaincante que le pic de la production saoudienne sera bientôt atteint, après quoi le monde se retrouvera devant une pénurie catastrophique de pétrole.

Films documentaires et entretiens sur le pic pétrolier

The End of Suburbia [La fin de la banlieue] est disponible sur YouTube avec sous-titrage en français: <www.youtube.com/watch?v=S7zrH1971fI>.

A Crude Awakening, the Oil Crash [Un réveil brutal: la fin du pétrole] est également disponible sur YouTube avec sous-titrage en français: <www.youtube.com/watch?v=ERYSVhtD49w>.

Ce sont deux excellents documentaires sur le pic pétrolier. À consulter également:

CHRIS MARTENSON: Pour comprendre le lien entre le pic pétrolier et la crise du crédit, vous pouvez regarder ses vidéos (en anglais) en cherchant « Peak Prosperity » sur YouTube.

Plusieurs conférences (en anglais) de **RICHARD HEINBERG** sont également disponibles sur Internet. De même pour **COLIN CAMPBELL**, géologue pétrolier britannique à la retraite, qui a prédit que la production de pétrole conventionnel culminerait en 2007. De nombreuses vidéos sur le sujet, représentant des réalistes et des croissancistes, peuvent être trouvées sur Internet.

Autres ressources sur le pic pétrolier

En anglais

THE OIL DRUM: Ce site Web a publié de 2005 à 2013 des articles soigneusement réfléchis sur l'énergie et sur notre avenir. Ses archives sont consultables au <http://theoildrum.com/special/archives>.

DAVID STRAHAN: Strahan est journaliste et réalisateur de documentaires, et son livre *The Last Oil Shock* [Le dernier choc pétrolier], axé sur le Royaume-Uni et publié en 2008, est un guide indispensable pour comprendre les enjeux de la crise pétrolière. Lecture vivement recommandée pour les débutants comme pour les experts.

ENERGY BULLETIN: Un lieu d'échange exceptionnel qui regroupe les informations et les événements d'actualité concernant le pic de l'approvisionnement énergétique mondial, le changement climatique et les sujets connexes: <https://energybulletin.org/>.

POST CARBON INSTITUTE: Cet institut a publié plusieurs livres importants sur la question. Son site offre une compilation d'informations techniques détaillées sur le pic pétrolier et l'épuisement de l'énergie: <www.postcarbon.org/>.

THE WOLF AT THE DOOR [Le loup à la porte]: Ce petit livre de Paul Thompson, publié en 2006, propose une initiation au pic pétrolier.

THE OIL WE EAT [Ce pétrole que nous mangeons], de Richard Manning, et **EATING FOSSIL FUELS** [Manger des énergies fossiles], de Dale Allen Pfeiffer: Ces ouvrages examinent tous deux la dépendance des agricultures modernes à l'égard des combustibles fossiles. Ils sont fortement recommandés.

PEAK OIL BLUES: Ce site excellent et convivial a fonctionné de 2008 à 2013. Il était géré par des psychothérapeutes formés professionnellement pour aider ceux qui essaient de se réconcilier avec le pic pétrolier et ses répercussions sur leur vie et leurs projets: <https://peakoilblues.org/>.

En français (sélection du traducteur)

ASPO: L'Association pour l'étude du pic pétrolier et gazier (ASPO) regroupe des professionnels liés aux questions énergétiques. Son site présente, de manière équilibrée et technique, un inventaire d'informations et de données critiques sur le pic pétrolier et l'épuisement de l'énergie: <https://aspofrance.org/> et <www.aspo.be/>.

ASSOCIATION NÉGAWATT: Cette association regroupe des personnes travaillant principalement dans le domaine des énergies renouvelables. Elle a une particularité qui la distingue d'autres associations: elle met l'accent sur la diminution de la consommation. Toutefois, elle ne va pas assez loin, oubliant que, derrière le pic pétrolier, il y a le pic de production de tout le reste. Elle propose malgré tout des scénarios intéressants: <https://negawatt.org/>.

PHILIPPE BIHOUIX: On peut trouver des conférences de cet ingénieur sur YouTube. Il insiste particulièrement sur la nécessité de sortir de la croissance et des technologies complexes.

INSTITUT MOMENTUM: Fondé en 2011, il se veut un laboratoire d'idées sur les enjeux de la société industrielle et sur la nécessité d'une décroissance solidaire face au choc de l'effondrement en cours. On y retrouve notamment Yves Cochet, ancien ministre de l'Environnement, Agnès Sinai, journaliste spécialisée dans les questions d'énergie, Alain Gras, philosophe des techniques, Alice Le Roy, professeure d'écologie urbaine, Thierry Salomon, ingénieur également engagé dans l'association Négawatt, et Mathilde Szuba, sociologue spécialiste de la transition et du rationnement: <www.institutmomentum.org>.

Rapports officiels sur le pic pétrolier

Le débat sur le pic pétrolier a provoqué, entre 2005 et 2010, la publication de plusieurs rapports gouvernementaux. Cependant, l'exploitation des pétroles non conventionnels a permis de reporter pour un temps la menace, et la plupart des travaux ont été mis en veille… Mais depuis 2018, les voyants sont de nouveau passés au rouge!

LE RAPPORT HIRSCH: Ce rapport de 2005 commandé par le département de l'Énergie des États-Unis conclut que « le pic mondial de la production de pétrole va provoquer, aux États-Unis et dans le monde, une situation sans précédent concernant la gestion des risques » ; et que faute de mesures d'atténuation opportunes, les conséquences économiques, sociales et politiques seront brutales, révolutionnaires et permanentes. Pour éviter un choc trop brutal, il faut commencer à faire la transition « plus d'une décennie avant le pic ». <www.researchgate.net/publication/265247245_Peaking_of_World_Oil_Production_Impacts_Mitigation_and_Risk_Management>.

LA COMMISSION PARLEMENTAIRE BRITANNIQUE SUR LE PÉTROLE ET LE GAZ: Cette commission, fondée en juin 2007, est composée de députés et de lords du gouvernement. Elle se penche sur le débat concernant la date du pic mondial de production de pétrole et examine l'éventail des répercussions, des atténuations et des solutions possibles. <https://publications.parliament.uk/pa/cm/cmallparty/register/peak-oil-and-gas.htm>.

LE DEUXIÈME RAPPORT DU GROUPE DE TRAVAIL DE L'INDUSTRIE BRITANNIQUE SUR LE PIC PÉTROLIER ET LA SÉCURITÉ ÉNERGÉTIQUE (ITPOES): Un groupe de chefs d'entreprise de premier plan a réalisé ce rapport entre 2008 et 2010 pour préparer le Royaume-Uni au pic pétrolier. Le rapport, publié sous forme de livre en 2010, annonce qu'en cas de pénurie de pétrole ou d'insécurité de l'approvisionnement, nous ferons face à une volatilité des prix qui déstabilisera potentiellement l'activité économique, politique et sociale. Les auteurs pensaient alors que cette instabilité commencerait avant 2015. Ce rapport est disponible sur Internet: <http://ecolo.org/documents/documents_in_english/UK-Peak-Oil-Report-09.pdf>.

RAPPORT DU GOUVERNEMENT AUSTRALIEN SUR LE PIC PÉTROLIER: Ce rapport, réalisé par le ministère du Transport et datant de 2009, a conclu que le pic pétrolier serait atteint vers 2017 et qu'il serait suivi d'une baisse permanente de la production. Il peut être téléchargé ici: <www.aspo-australia.org.au/References/Bruce/BITRE-Report-117-Oil_supply_trends-2009.pdf>.

RAPPORT ANNUEL DE L'AGENCE INTERNATIONALE DE L'ÉNERGIE: Dans l'édition de 2018, l'Agence confirme que le pic pétrolier (pour le pétrole conventionnel) a eu lieu en 2008 et que celui pour l'ensemble des pétroles, incluant les pétroles non conventionnels, aura lieu avant 2025. Depuis 2008, la production de pétrole conventionnel baisse de plus de 2,5 millions de barils par jour, et d'ici 2025 la baisse sera telle que le pétrole de schiste ne pourra plus la compenser. <www.iea.org/reports/world-energy-outlook-2018>.

Livres sur la transition, la permaculture, l'agriculture naturelle et l'économie alternative

La révolution d'un seul brin de paille: une introduction à l'agriculture sauvage, *de Masanobu Fukuoka, Éditions Guy Trédaniel [1975 au Japon, 2005 en France].*

Ce classique intemporel conteste avec élégance les points de vue habituels sur la nature et la vie elle-même. L'auteur les réfute avec une approche humble qui permet de comprendre les façons simples et intelligentes de se relier à l'environnement et à la communauté.

Disponible en ligne en français: <www.permatheque.fr/PDF/mansobufukuoka-larevolutiondunseulbrindepaille.pdf>.

The Sharing Solution: How to Save Money, Simplify Life and Build Community *[La solution du partage: comment économiser de l'argent, simplifier sa vie et créer une communauté], de Janelle Orsi et Emily Doskow [2009].*

Ce guide pratique du partage communautaire apporte des réponses viables à un manque prévisible d'énergie et de ressources. Le livre présente les avantages environnementaux et sociaux du partage, au niveau local comme au niveau mondial.

Disponible en ligne en anglais: <http://library.uniteddiversity.coop/Money_and_Economics/The_Sharing_Solution.pdf>.

Small is Beautiful: une société à la mesure de l'homme, *de Ernst Friedrich Schumacher, Seuil [1973 en anglais, 1978 en français].*

Un classique qui a renversé la vision qu'avait le monde occidental de l'économie. C'est une lecture incontournable pour quiconque entame le voyage de la transition du monde de nos dirigeants vers un monde au-delà du pétrole.

Disponible en ligne en français: <www.enpleinegueule.com/francais/lire/Small_Is_Beautifull-fr.pdf>.

Manuel de transition. De la dépendance au pétrole à la résilience locale, *de Rob Hopkins, Écosociété/Silence [2008 en anglais, 2010 en français].*

Rob Hopkins, professeur de permaculture et de construction naturelle, cofondateur du Réseau de la transition, appelle dans ce guide pratique à une réponse communautaire – une démarche locale durable et agréable – dans laquelle les groupes traitent des problèmes comme la nourriture, le transport, l'énergie, les matériaux de construction, les déchets et même leur propre monnaie locale. Rob Hopkins parle d'« addiction » au pétrole, et aborde « le trouble du stress post-pétrolier » en se servant de la psychologie de la toxicomanie pour aider à soulager les symptômes de sevrage des citadins.

Permaculture. Principes et pistes d'action pour un mode de vie soutenable, *de David Holmgren, Éditions Rue de l'échiquier [2002 en anglais, 2014 en français].*

David Holmgren établit une corrélation entre les multiples manières dont nous organisons nos vies, nos communautés et nos paysages et notre capacité à nous adapter de façon créative aux réalités écologiques qui façonnent le destin humain.

Faites circuler nos livres.
Discutez-en avec d'autres personnes.
Si vous avez des commentaires,
n'hésitez pas à nous les faire parvenir.

écosociété

ÉDITIONS ÉCOSOCIÉTÉ

C.P. 32 052, comptoir Saint-André
Montréal (Québec) H2L 4Y5
ecosociete@ecosociete.org

www.ecosociete.org

DIFFUSION ET DISTRIBUTION

Au Canada : Diffusion Dimedia
En Europe : Harmonia Mundi Livre

Achevé d'imprimer en mars 2022 sur les presses
de Présence Graphique à Monts (37), en France,
pour le compte des Éditions Écosociété